Ruffert/Wißmann (Hrsg.)

Verwaltungsrecht als politisches Recht

Deutsch-Polnisches Verwaltungskolloquium

Verwaltungsrecht als politisches Recht

Referate des
XXI. Deutsch-Polnischen Verwaltungskolloquiums
vom 22. bis 25. September 2019 in Berlin

Herausgegeben von
Prof. Dr. Matthias Ruffert
Humboldt-Universität zu Berlin

und
Prof. Dr. Hinnerk Wißmann
Universität Münster

Bibliografische Information der Deutschen Nationalbibliothek ǀ Die Deutsche Nationalbibliothek verzeichnet diese Publikation in der Deutschen Nationalbibliografie; detaillierte bibliografische Daten sind im Internet über www.dnb.de abrufbar.

ISBN 978-3-415-06944-2

© 2021 Richard Boorberg Verlag

Satz: Thomas Schäfer, www.schaefer-buchsatz.de ǀ Druck und Bindung: Esser printSolutions GmbH, Westliche Gewerbestraße 6, D-75015 Bretten

Richard Boorberg Verlag GmbH & Co KG ǀ Scharrstraße 2 ǀ 70563 Stuttgart
Stuttgart ǀ München ǀ Hannover ǀ Berlin ǀ Weimar ǀ Dresden
www.boorberg.de

Vorwort

Der vorliegende Tagungsband dokumentiert die Vorträge des XXI. Deutsch-Polnischen Verwaltungskolloquiums vom 22. bis 25. September 2019 in Berlin.

Die Teilnehmerinnen und Teilnehmer widmeten sich diesmal dem Generalthema „Verwaltungsrecht als politisches Recht". Dadurch ließen sich besonders enge Bezüge zwischen Verwaltungs- und Verfassungsrecht herstellen. Dies geschah am ersten Kolloquiumstag durch die vergleichende Betrachtung des Parlamentsrechts aus polnischer und deutscher Sicht durch *Prof. Dr. Michał Bernaczyk* (Wrocław) und *Prof. Dr. Wolfram Cremer* (Bochum) unter der Fragestellung, ob das Recht der Parlamentsverwaltung Verwaltungsrecht sei. *Dr. Piotr Czarny* (Krakau) und *Prof. Dr. Matthias Rossi* (Augsburg) analysierten das Parteienrecht an der Schnittstelle von Verfassungs- und Verwaltungsrecht. Der zweite Kolloquiumstag nahm die (verfassungsrechtlich gewährleisteten) Kommunikationsfreiheiten im Verwaltungsrecht durch die Referate von *Prof. Dr. Andrzej Wróbel* (Warschau) und *Prof. Dr. Dieter Kugelmann* (Mainz) in den Blick. Eine spezifische Verbindung verfassungsrechtlicher Garantien und verwaltungsrechtlicher Theorie und Dogmatik thematisierten schließlich die Beiträge von *Prof. Dr. Krzysztof Ślebzak* (Poznan) und *Prof. Dr. Heinrich-Amadeus Wolff* (Bayreuth) zum Grundrechtsschutz im öffentlichen Dienst.

Der Tagungsort Berlin ermöglichte einen Einblick in die politische Praxis des Verwaltungsrechts. Im Deutschen Bundestag diskutierten die Teilnehmerinnen und Teilnehmer aktuelle Fragen der Parlamentsverwaltung mit dem Direktor beim Deutschen Bundestag, Staatssekretär *Prof. Dr. Horst Risse*, und wurden von der Deutsch-Polnischen Parlamentariergruppe empfangen. Frau Generalkonsulin *Prof. Dr. h.c. mult. Cornelia Pieper* empfing den Teilnehmerkreis im Auswärtigen Amt.

Die Organisatoren des Kolloquiums und Herausgeber dieses Bandes danken ihnen hierfür. Sie danken vor allem der Fritz Thyssen-Stiftung für Wissenschaftsförderung für die großzügige Unterstützung der Tagung, ebenso der Hohbühl-Stiftung sowie der Westfälischen Wilhelms-Universität Münster. Unser Dank gilt auch dem Internationalen Büro der Humboldt Universität zu Berlin für die Förderung von Kolloquium und Publikation aus dem DAAD-Programm Ostpartnerschaften. Dem Wissenschaftlichen Mitarbeiter *Martin Junker* danken wir für die organisatorische Unterstützung während des Kolloquiums, den Wissenschaftlichen Mitarbeiterinnen *Louise Majetschak* und *Hoa Vuong* für die redaktionelle Arbeit zur Vorbereitung der

Drucklegung. Dem Boorberg-Verlag, namentlich Herrn *Dr. Arnd-Christian Kulow* und Frau *Kira Ruthardt* sind wir für die Veröffentlichung dankbar.

Die Schlussredaktion dieses Bandes fällt mitten in die Zeit der Pandemie, die in Polen wie in Deutschland das öffentliche Leben dominiert. Um so mehr sind wir uns des Wertes der nun schon Jahrzehnte andauernden guten Zusammenarbeit zwischen Rechtswissenschaftlern aus beiden Ländern bewusst und freuen uns auf deren Fortsetzung.

Matthias Ruffert
Hinnerk Wißmann

Inhaltsverzeichnis

Recht der Parlamentsverwaltung – Verwaltungsrecht?

von
Michał Bernaczyk, Breslau/Wrocław[*]

I. Einführung

Der folgende Vortrag beschäftigt sich mit der genannten Thematik aus einer akademischen, verfassungsrechtlichen Perspektive. Jedoch soll diese verfassungsrechtliche Perspektive nicht zu einem Phänomen führen, das in der vergleichenden Rechtswissenschaft – sarkastisch – als die *Beschlagnahme der Krone*[1] bezeichnet wird. Diese sarkastische Bemerkung richtete sich vor allem gegen die Verfassungsrechtler, um ihre Arroganz und die Annahme, dass das Verfassungsrecht die führende Rechtdisziplin sei, auszubremsen. Eine solche Überheblichkeit kann aus dem grundlegenden Kriteriumsmerkmal zeitgenössischer Verfassungen resultieren – der sog. Überlegenheitsklausel, die als die Quelle der höchsten Rechtskraft gilt: *„Die Verfassung ist das oberste Recht der Republik Polen"*[2] (Artikel 8 der Verfassung der Republik Polen vom 2. April 1997, nachstehend „Verfassung der Republik Polen" genannt).

Das Verfassungsrecht erlaubt es nicht, trotz dieses formalen Merkmals, alle Rechtskonflikte zu lösen. So definiert die Verfassung auch nicht immer genau das System der Verfassungsorgane, die die öffentliche Gewalt ausüben. Die Verfassung schweigt auch über den Status des offiziellen Beamtenapparats, die Organisationsstruktur, die diesen Behörden dienen soll. Die Aufgabe der Rechtsnormenklärung oder das Füllen der Rechtslücken obliegt dann dem Verwaltungsrecht. Das Verfassungs- und Verwaltungsrecht in Kontinentaleuropa stehen in einer engen Beziehung zueinander. Ihr

---

[*] *Michał Bernaczyk* ist Inhaber des Lehrstuhls für Verfassungsrecht an der Universität Breslau/Wrocław.

[1] Zum Thema der europäischen Perspektive auf das vergleichende Studium des Verfassungsrechts siehe *A. v. Bogdandy*, Vergleichendes Verfassungsrecht: Ein umstrittener Bereich, in: M. Rosenfeld/A. Sajó (Hrsg.), The Oxford Handbook of Comparative Constitutional Law, Oxford 2013, 30.

[2] Der ins Deutsche übersetzte Text der Verfassung der Republik Polen ist auf der Website der Kanzlei des Sejm der Republik Polen unter http://www.sejm.gov.pl/prawo/konst/niemiecki/kon1.htm verfügbar (letzte Abfrage am 15.06.2020).

gemeinsamer Ursprung, der auf die deutsche Rechtswissenschaft des 19. Jahrhunderts zurückgeht, wird in der vergleichenden Rechtswissenschaft hervorgehoben. Beide basieren auf ähnlichen Konstruktionsprinzipien, beide sind öffentlich-rechtlich, beide betonen die Eigenschaft der proprietären Normalität. Auch in dem polnischen Zweikammerparlament, das aus dem Parlament (pol. Sejm) und dem Senat besteht, werden Verfassungsrecht und Verwaltungsrecht vereint. So sind die (parlamentarische) Geschäftsordnung des Sejms und die (parlamentarische) Geschäftsordnung des Senats eine Quelle des Verwaltungsrechts, da sie die Kriterien des letzteren erfüllen. Dies entzieht ihnen jedoch keineswegs die Eigenschaften einer verfassungsrechtlichen Quelle. Vielmehr ist es ein wissenschaftliches und praktisches Problem, die Folgen der Einbeziehung parlamentarischer Regelungen in die Kategorie des Verwaltungsrechts einzuordnen: So ist einerseits die Abgrenzung zwischen „Verwaltung" und der Ausübung verfassungsmäßiger Funktionen der Legislative (grundsätzlich wird zwischen Legislative und der Besetzung von kreativen Positionen sowie der ausschließlich dem Parlament zugewiesenen Kontrolle unterschieden[3]) problematisch. Der Begriff der Verwaltung deckt sich nicht immer mit dem Wesen der Tätigkeit des Parlaments und seiner Organe. Andererseits basiert die Tätigkeit der Behörden (einschließlich der Verwaltung) auf dem Gesetz, wodurch ein Problem mit der Kontrolle der Tätigkeit der „parlamentarischen öffentlichen Verwaltung" entsteht. Im Artikel 184 der polnischen Verfassung heißt es: „In dem durch das Gesetz bestimmten Umfang kontrollieren das Oberste Verwaltungsgericht und die anderen Verwaltungsgerichte die Tätigkeit der öffentlichen Verwaltung. Diese Kontrolle umfasst auch Entscheidungen über die Gesetzmäßigkeit der Beschlüsse der örtlichen Selbstverwaltungsorgane und der Normativakte der lokalen Organe der Regierungsverwaltung." Wenn die Kontrolle innerhalb des im Gesetz festgelegten Umfangs liegt, versetzt sie das Parlament in die Lage eines Richters in eigener Angelegenheit. Dies bedeutet jedoch nicht, dass die Legislative die Reichweite der Beweiskraft von Verwaltungsgerichten frei regeln kann, denn das Verfassungsprinzip der Justiz wird im Großen und Ganzen als das Recht auf Zugang zum Gericht (Artikel 45 der Verfassung der Republik Polen) und die Zuständigkeit der ordentlichen Gerichte (Artikel 177 der Ver-

---

3 Es sei jedoch darauf hingewiesen, dass die Diskussion über die Funktionen des polnischen Parlaments noch im Gange ist und es möglich ist, diese Fragen umfassender zu behandeln. *Andrzej Bałaban* unterscheidet bis zu sechs Funktionen des Sejms, siehe A. *Bałaban*, Ankieta konstytucyjna, in: M. Serowiec/A. Bień-Kacała/A. Kustra-Rogatka (Hrsg.), Potentia non est nisi da bonum. Jubiläumsbuch gewidmet Professor Zbigniew Witkowski, 2019, 92, und dort etablierte Literatur.

fassung der Republik Polen[4]) verstanden. Dies ist jedoch eine rein theoretische Annahme, da die personelle Dysfunktion des polnischen Verfassungsgerichtshofs zeigt, dass er nun entschlossen ist, Versuche der gerichtlichen Kontrolle (auf der Ebene der Anwendung oder Schaffung von Recht) in Zusammenarbeit mit dem Parlament zu verhindern. Ein Beispiel dafür stellt das Urteil des Verfassungsgerichtshofes vom 11. September 2017 dar (K10/17). Der Verfassungsgerichtshof stellte fest, dass die Artikel 1, 68 § 1 in Verbindung mit den Artikeln 67 und 325 der Zivilprozessordnung, die es den ordentlichen Gerichten und dem obersten Gerichtshof ermöglichen, die Richtigkeit des Verfahrens zur Auswahl der Richter am Verfassungsgerichtshof oder die Ernennung des Verfassungsgerichtshofpräsidenten sowie des -vizepräsidenten zu beurteilen, verfassungswidrig sind, weil sie in die Ausübung der verfassungsrechtlichen Befugnisse des Parlaments (Auswahl der Richter am Verfassungsgerichtshof), des Präsidenten der Republik Polen (Ernennung eines Verfassungsgerichtshofpräsidenten und eines Vizepräsidenten) und der Generalversammlung der Richter am Verfassungsgerichtshof (Präsentation von Kandidaten für das Amt) eingreifen. Doch selbst wenn die derzeitigen Rechtsstaatlichkeitsprobleme in Polen beiseitegeschoben würden und die gerichtliche Parlamentskontrolle nicht in Frage gestellt würde, gäbe es Zweifel an der Tiefe dieser Kontrolle wegen des Grundsatzes der Autonomie der Parlamentskammern. Der Grundsatz wird im polnischen Verfassungsrecht als die Anerkennung der Parlamentskammer als eigens zuständig für „bestimmte Entscheidungen über ihre interne Organisation und Arbeitsweise" verstanden.[5] Diese „Entscheidung" beginnt in erster Linie mit einer spontan ausgeübten Rechtskompetenz (Verordnungserlass) in Form eines Beschlusses und in einem Verfahren,[6] das ausschließlich innerhalb der Zuständigkeitsgrenzen einer bestimmten Kammer (Parlament oder Senat) eingeleitet und abgeschlossen wird.

Im Folgenden werden diese drei problematischen Themenbereiche vertieft, beginnend mit terminologischen Bemerkungen. Anschließend werden Satzungsmerkmale des Parlaments und Senats diskutiert, um die Probleme bezüglich ihrer Klassifizierung im polnischen Rechtssystem aufzuzeigen.

II.   Terminologische Anmerkungen

Zweifelsohne ist der Begriff des Verwaltungsrechts in Polen weiterhin Gegenstand von zahlreichen Debatten. Innerhalb der Verwaltungsrechtswis-

---

4 Art. 177 der Verfassung der Republik Polen besagt: Die ordentlichen Gerichte üben die Rechtsprechung in allen Angelegenheiten mit Ausnahme derer aus, die gesetzlich der Zuständigkeit anderer Gerichte vorbehalten sind.

5 *L. Garlicki*, Polskie prawo konstytucyjne, Zarys wykładu, 2017, S. 219.

6 Der einzige „externe" Teilnehmer an diesem Verfahren ist der Ministerpräsident, soweit er die Regelungen des Sejms oder des Senats im Amtsblatt „Monitor Polski" veröffentlicht.

senschaft existieren mehrere Definitionen des Verwaltungsrechts, die im kollektiven Bewusstsein der polnischen Forscher an Popularität gewonnen haben. Die Definitionen entstanden nicht als isolierte Ideen, sondern fanden ihren Ursprung in den Denkweisen über das Verwaltungsrechtswesen in Frankreich und in Deutschland. So begann beispielsweise *Jan Zimmermann* im Rahmen einer wissenschaftlichen Vorlesung die Suche nach einer Definition des Verwaltungsrechts in Polen unter Bezugnahme auf die deutsche Rechtswissenschaft.[7] Der Schlüssel zur angemessenen Begriffsbestimmung des Verwaltungsrechts liegt in seinem Gegenstand (Verwaltungsorgan) und seinem spezifischen Tätigkeitsbereich (autoritative Regelung der Bürgerrechte). Ein gemeinsames Element der deutschen und polnischen Begriffsbestimmung des Verwaltungsrechts ist eine spezifische Einrichtung, deren Aufgaben und Tätigkeiten sie normiert. *Jerzy Stefan Langrod* schrieb, dass das Verwaltungsrecht „das System und die Tätigkeit der Verwaltung" regelt. *François Longchamps de Bérier* argumentierte ebenfalls, dass das Verwaltungsrecht für die „öffentliche Verwaltung" gilt. Der Begriff des „öffentlichen Verwaltungsorgans", der Gegenstand umfassender Überlegungen im polnischen Verwaltungsrechtswesen ist, wurde unter die Eigenschaften einer souveränen Regierungsführung eingeschmuggelt.[8] Die polnische Verwaltungsrechtswissenschaft beschreibt die „öffentliche Verwaltung" mit drei Merkmalen: die organisatorische Trennung einer Einrichtung/einer Einheit, z. B. eines Organs der öffentlichen Verwaltung, das im Namen des Staates handelt, sowie die Erfüllung von Aufgaben, die dem Allgemeininteresse dienen, durch dieses Verwaltungsorgan. Die öffentliche Verwaltung in der polnischen Lehre weist sowohl subjektive (statische) als auch objektive (dynamische) Eigenschaften auf. Die subjektiven Merkmale beziehen sich auf die Struktur und vor allem auf das Konzept eines „öffentlichen Verwaltungsorgans". Dieses beinhaltet nicht die Beschreibung der Aktivitäten der öffentlichen Verwaltung, sondern die Beschreibung seiner Organisationsstruktur. Die dynamischen Merkmale hingegen beziehen sich auf die Tätigkeit dieser Strukturen im Sinne des lateinischen Begriffes *„ministerre"* (dt. dienen, ausführen, verwalten). Dies bedeutet, dass die Gesetzgeber (das Parlament und der Senat) „administrative Tätigkeiten" ausüben können und in diesem Sinne in der Rechtswissenschaft als öffentliche Verwaltung im materiellen Sinne eingestuft werden. Diese Funktion ist jedoch aus der Sicht der Verwaltungsrechtsdogmatik problematisch.

Das Verwaltungsrecht (wie das öffentliche Recht) ist heute allgegenwärtig, aber nicht allmächtig. Die Macht der Verwaltung hat ihre gesetzlichen Grenzen, ohne die das Verwaltungsrecht nichts anderes als eine Einladung zu autoritären oder totalitären Praktiken wäre, die in der Verfassung vom

---

7 *J. Zimmerman*, Prawo administracyjne, 2016, S. 56 mit Berufung auf S. 39.
8 Ibidem, S. 57.

2. April 1997 entschieden abgelehnt wurden. Einige Definitionen des Verwaltungsrechts beginnen sogar mit der Verwaltungsgerichtsbarkeit (um zu betonen, dass diese Grenzen nicht nominal sind, sondern von der Justiz durchgesetzt werden). Das Paradigma einer gesetzlich gebundenen öffentlichen Verwaltung birgt jedoch einen gewissen Konflikt mit einem anderen Merkmal moderner Parlamente in demokratischen Ländern, nämlich mit der Satzungsautonomie des polnischen Parlamentes. So ist das Parlament ermächtigt, Satzungen zur Regelung seiner eigenen Angelegenheiten zu erlassen. Das polnische Verfassungsrecht lässt keinen Zweifel daran, dass das polnische Parlamentssystem, bestehend aus dem Parlament und dem Senat, auf dem Prinzip der Regulierungsautonomie basiert. Das bedeutet, dass jede der Kammern eine eigene Geschäftsordnung verabschiedet.

Wenn ein Parlament die Kompetenz zur Regulierung seiner Verwaltungstätigkeiten erwirbt, stellt sich die zentrale Frage: Wie kann es seinen politischen Charakter mit seiner Satzungsautonomie in Einklang bringen? Die extreme Variante der Satzungsautonomie würde bedeuten, dass das Parlament drei unterschiedliche Rollen innehaben würde: die eines Gesetzgebers, einer Verwaltungseinheit (die ihr eigenes Recht anwendet) und eines Schiedsrichters im Falle eines Streits über die korrekte Anwendung des Rechts. Dann würde die verwaltungsrechtliche Funktion eines Parlaments als politisches Gesetz gelten, ähnlich wie im französischen Verfassungsrecht die lange Tradition im politischen Prozess ohne die Beteiligung der Justiz über die Normbedeutung für die Tätigkeit der obersten staatlichen Organe zu entscheiden. Besonders gefährlich ist diese Rollenüberschneidung in Zeiten des Populismus, der per Definition die gesetzlich vorgeschriebenen Einschränkungen ablehnt und mit dem Hinweis auf das „Volk" Rechtfertigung sucht. Gesetzgebungsorgane, die auf dem Konzept einer solchen Repräsentation beruhen, scheinen für die populistische Narration besonders ansprechbar zu sein, wie dies in Polen nach den Parlamentswahlen 2015 der Fall war, als die politische Mehrheit im Parlament die polnische Verfassung und die Verordnungen über den „souveränen Willen" als illegal interpretierte und das Verfassungsgericht neu besetzte.

Die in diesem Titel gestellte Frage erfordert daher Antworten auf eine Reihe von Zusatzfragen, die wie folgt formuliert werden können:
1. Muss die für das Verwaltungsrecht typische gerichtliche Überprüfung der öffentlichen Verwaltung aus Gründen der parlamentarischen Autonomie unterbleiben?
2. Hat das polnische Parlament die Freiheit, eine „öffentliche Verwaltung" zu schaffen (im subjektiven Sinne)?
3. Inwieweit kann die öffentliche Verwaltung die in der Verfassung der Republik Polen festgelegten Tätigkeiten des Parlaments und des Senats ausüben?

III. Parlamentarische Geschäftsordnung als Rechtsquelle

Im polnischen Rechtssystem gibt es zwei derartige Rechtsakte:

1) Der Beschluss des Parlaments der Republik Polen vom 30. Juli 1992 Vorschriften des Parlaments der Republik Polen (konsolidierter Text, veröffentlicht im Monitor Polski von 2012, Punkt 32, in der jeweils gültigen Fassung).

2) Der Beschluss des Senats der Republik Polen vom 23. November 1990 über die Geschäftsordnung des Senats der Republik Polen (einheitlicher Text, veröffentlicht im Monitor Polski 2018, Punkt 846).

Weitere Merkmale der Geschäftsordnung des Parlaments erscheinen nur in Kapitel IV der Verfassung der Republik Polen (Parlament und Senat). Art. 112 der Verfassung der Republik Polen[9]: *„Die innere Struktur des Parlaments, seine Arbeitsweise, das Verfahren bei der Berufung und Geschäftsführung seiner Organe, deren Arbeitsweise sowie die Weise, in der die durch Verfassung oder Gesetz bestimmten Pflichten der staatlichen Organe dem Parlament gegenüber wahrzunehmen sind, regelt die vom Parlament beschlossene Geschäftsordnung des Parlaments"*[10]. Diese Bestimmung gilt für den Senat gemäß Artikel 124 der Verfassung der Republik Polen. Es sei jedoch daran erinnert, dass die polnische Verfassung das Konzept des so genannten gleichberechtigten Bikameralismus (*eaqual or perfect bicameralism*) ablehnt. Der verfassungsrechtliche Umfang der Zuständigkeit des Senats ist daher enger als der des Parlaments, indem er eigene Regelungen mit der Verpflichtung erlässt, die relativ schwächere Position zu berücksichtigen, was die Annahme nahelegt, dass das polnische Modell als sog. „asymmetrischer Zweikameralismus" bezeichnet werden sollte.

Eine Bezugnahme auf die Geschäftsordnung in Kapitel IV mag einen aufmerksamen Verfassungsleser überraschen, da das frühere Kapitel III (*Rechtsquellen*, Art. 87–94) zur Geschäftsordnung der Parlamentskammer schweigt. Die Bestimmungen dieses Kapitels verwenden das Wort „Vorschriften" überhaupt nicht, obwohl es die Form einer Resolution bzw. eines Beschlusses hat. Die polnische Verfassungsrechtslehre zeigt unterdessen oft mit angemessenem Stolz, dass eine klare Bestimmung der Rechtsquellen –

---

9 Wenn wir den oberflächlichen, aber immer noch wichtigen Hinweis in Kapitel II der Verfassung über die Rechte des Einzelnen ignorieren. Artikel 61 Absatz 4 der Verfassung der Republik Polen („Die Verfahrensweise bei der Erhebung der in den Abs. 1 und 2 genannten Information regeln Gesetze, in Bezug auf Sejm und Senat, deren Geschäftsordnung" / „Das in den Abs. 1 und 2 genannte Verfahren zur Bereitstellung von Informationen wird durch das Gesetz und für den Sejm und den Senat durch ihre Geschäftsordnung festgelegt").

10 Artikel 112 „Die innere Struktur des Sejm, seine Arbeitsweise, das Verfahren bei der Berufung und Geschäftsführung seiner Organe, deren Arbeitsweise sowie die Weise, in der die durch Verfassung oder Gesetz bestimmten Pflichten der staatlichen Organe dem Sejm gegenüber wahrzunehmen sind, regelt die vom Sejm beschlossene Geschäftsordnung des Sejm".

und damit eine eindeutige Bestimmung des positiven Rechts auf dem Hoheitsgebiet Polens – eine der größten Errungenschaften der Verfassung der Republik Polen von 1997 ist. Die Rechtsquelle kann nur einer dieser Kategorien angehören: den Quellen des allgemeinen geltenden Rechts oder den Rechtsakten des intern verbindlichen Rechts (innere Akte und diese verpflichten nur die organisatorischen Einheiten, die dem Organ unterstellt sind, das diese Akte erlassen hat). Vor dem Inkrafttreten der Verfassung der Republik Polen am 2. April 1997 wurden die Regelungen der Parlamentskammer als „autonom" definiert. Bereits während der Zeit der sogenannten politischen Transformation hat der Verfassungsgerichtshof in seinem Beschluss U 10/92 vom 26. Januar 1993 festgestellt, dass „die *Vorschriften des Parlaments kein exekutiver Akt nach dem Gesetz sind. Es handelt sich um einen in sich geschlossenen Akt, der direkt auf der Grundlage der Verfassung erlassen wird, und in diesem Sinne kann er auch als Exekutivakt zur Verfassung behandelt werden.*"

Diese Auffassung beeinflusste das Verständnis der Geschäftsordnung als Rechtsquelle nach der polnischen Verfassung von 1997. Der „in sich geschlossene" Charakter der Geschäftsordnung spiegelt die Autonomie des Parlaments wider und ist damit ein Merkmal der parlamentarischen Demokratie. Bei den Geschäftsordnungen des Parlamentes und des Senats handelt es sich um normative Akte, die nur von der jeweiligen Kammer (Sejm oder Senat) verabschiedet werden können. Keine andere Behörde darf an der Entwicklung der parlamentarischen Satzung beteiligt sein. Die einzig zulässige Einmischung einer externen Instanz, die in einer Ausnahmeregelung von der Geschäftsordnung besteht, könnte nur aus einer Entscheidung des Verfassungsgerichtshofs resultieren, denn der Artikel 188 Absatz 3 der Verfassung der Republik Polen unterwirft „*von zentralen staatlichen Organen erlassene Rechtsvorschriften*"[11] der Kontrolle des Gerichts. Demnach sind das Parlament und der Senat zweifellos die zentralen staatlichen Organe.

Die Verfassung der Republik Polen erklärt die Art der in der Satzung enthaltenen Normen nicht genau. Die genauen Eigenschaften und Grenzen der Satzungen des Parlaments und des Senats müssen induktiv aus den Grundsätzen der obersten Grundsätze der Verfassung der Republik Polen abgeleitet werden. Diese Grenzen werden durch die Grundsätze der Gewaltenteilung und -balance (Artikel 10 der Verfassung der Republik Polen) sowie den Grundsatz der demokratischen Rechtsstaatlichkeit definiert. Die Geschäftsordnung des Parlaments muss daher den allgemeinen Grundsatz der Rechtmäßigkeit widerspiegeln, der in zwei politischen Grundsätzen zum Ausdruck kommt: dem Grundsatz der demokratischen Rechtsstaatlich-

---

11 Artikel 188 Absatz 3 der Verfassung der Republik Polen besagt: „Der Verfassungsgerichtshof entscheidet über die Vereinbarkeit der Rechtsvorschriften, die von zentralen Staatsorganen erlassen werden, mit der Verfassung, den ratifizierten völkerrechtlichen Verträgen und den Gesetzen".

keit (gemäß Artikel 2 der Verfassung der Republik Polen: *„Die Republik Polen ist ein demokratischer Rechtsstaat, der die Grundsätze gesellschaftlicher Gerechtigkeit verwirklicht"*) sowie dem Legalitätsprinzip (gemäß Artikel 7 der Verfassung der Republik Polen: *„Die Stelle, die für die Bekämpfung von Gewalt vor Ort und an den Grenzen des Gesetzes zuständig ist"*). Aus diesem Grund kann der Inhalt der Satzungen des Parlaments und des Senats von der negativen und positiven Seite beschrieben werden. Sie können keine Fragen regeln, die nicht mit der Tätigkeit des Parlaments und/oder des Senats im Sinne der Verfassung der Republik Polen zusammenhängen. Daher kann sie keine neuen Zuständigkeiten oder internen Organe schaffen, die, wenn auch nur in allgemeiner Form, nicht in den Bestimmungen der Verfassung der Republik Polen vorgesehen sind oder sich nicht maßgeblich aus bestehenden Verfassungsnormen ergeben. Kurz nach dem Inkrafttreten der Verfassung der Republik Polen im Jahr 1997 wurde versucht, den Inhalt der Vorschriften festzulegen (K 8/99). Der Verfassungsgerichtshof wies darauf hin, dass die Verfassung der Republik Polen die Regelung von Angelegenheiten, die nicht in Artikel 61 Absatz 4[12], Artikel 112 und Artikel 123 Absatz 2 der Verfassung[13] in der Geschäftsordnung des Parlaments aufgeführt sind, nicht verbietet. Jedoch kann diese Geschäftsordnung keine für das Gesetz vorbehaltenen Angelegenheiten behandeln. Dazu gehört insbesondere der Bereich der Rechte und Pflichten des Individuums. Demnach kann die Geschäftsordnung des Parlaments nicht spontan Verpflichtungen für eine natürliche und andere in der Rechtsordnung tätige private Einrichtung auferlegen oder die gesetzlich vorgeschriebenen Verpflichtungen für diese Einrichtungen festlegen. Sie dürfen dem Parlament und seinen Organen auch keine Befugnisse erteilen oder anderen Behörden neue Aufgaben auferlegen. Die Geschäftsordnung des Parlaments kann jedoch die Aufgaben

---

12 Artikel 61 der polnischen Verfassung: „1. Der Staatsbürger hat das Recht, Informationen über die Tätigkeit der Organe der öffentlichen Gewalt sowie über die öffentliche Ämter bekleidenden Personen einzuholen. Dieses Recht umfasst auch das Einholen von Informationen über Tätigkeit der wirtschaftlichen und beruflichen Selbstverwaltungsorgane sowie anderer Personen und Organisationen, soweit sie Aufgaben der öffentlichen Gewalt ausüben und Vermögen einer Gemeinde oder des Staates verwalten.

2. Das Recht, Informationen einzuholen, umfasst auch den Zugang zu Unterlagen und Zutritt zu Sitzungen der in allgemeinen Wahlen gewählten Kollegialorgane der öffentlichen Gewalt sowie die Möglichkeit, von solchen Sitzungen Ton- oder Bildaufnahmen zu machen.

3. Eine Einschränkung des in den Absätzen 1 und 2 genannten Rechtes ist nur durch Gesetz und nur zum Schutz der Freiheiten und Rechte anderer Personen und Wirtschaftsteilnehmer, der öffentlichen Ordnung oder Sicherheit oder eines wesentlichen wirtschaftlichen Interesses des Staates zulässig.

4. Die Verfahrensweise bei der Erhebung der in den Abs. 1 und 2 genannten Informationen regeln Gesetze, in bezug auf Sejm und Senat deren Geschäftsordnung."

13 „Die Geschäftsordnung des Sejms und des Senats regeln Besonderheiten des Gesetzgebungsverfahrens im Fall einer dringenden Gesetzesvorlage".

der staatlichen Organe gegenüber sich selbst und den eigenen Organen näher spezifizieren. Es ist daher möglich, zwischen den folgenden verfassungsmäßigen Ausschließlichkeitssphären zu unterscheiden: 1) die Exklusivitätssphäre des Gesetzes, in die die Satzung des Parlaments und des Senats nicht eindringen kann, 2) die Exklusivitätssphäre der Satzung des Parlaments und des Senats, in die das Gesetz nicht eindringen kann, und 3) die Angelegenheiten, die im Gesetz und – detaillierter – in den parlamentarischen Vorschriften geregelt werden könnten. Letzterer Bereich umfasst – gemäß Artikel 112 der Verfassung – Detailfragen im Zusammenhang mit der Art und Weise der Erfüllung der verfassungsmäßigen und gesetzlichen Aufgaben der staatlichen Organe gegenüber dem Parlament. Es sei hinzugefügt, dass die Bestimmungen der Geschäftsordnung des Parlaments zu diesen Fragen nicht nur mit der Verfassung, sondern auch mit den Gesetzen vereinbar sein müssen. Wir können feststellen, dass die Argumentation des polnischen Verfassungsgerichtshofs im Grunde den im Jahr 1978 vom Deutschen Bundesverfassungsgericht in der Rechtssache Kalkar I[14] geäußerten Ansichten ähnlich ist. Obwohl Kalkar I sich mit der Frage beschäftigte, was das Parlament aus dem Bereich seiner Kompetenz delegieren könnte (und nicht, was es selbständig regeln könnte), war der Ausgangspunkt der Argumentation des Bundesverfassungsgerichts ähnlich: Das Grundgesetz sieht keine Vormachtstellung des Parlaments vor, und die Folge der Gewaltenteilung ist die Festlegung von Tätigkeitsgrenzen für das Parlament.

In der Rechtssache K 8/99 hat der Verfassungsgerichtshof auch auf einen weiteren Aspekt der gesetzlichen Autonomie im Gesetzgebungsverfahren hingewiesen, nämlich, wenn die Verfassung der Republik Polen direkt auf die Verpflichtung verweist, bestimmte Fragen in den Verordnungen zu regeln, so ist die Ersetzung der Verordnungen durch gesetzliche Vorschriften ein Verstoß gegen die Verfassung der Republik Polen: *„Die Autonomie in den in Artikel 61 Absatz 4, Artikel 112 und Artikel 123 Absatz 2 der Verfassung der Republik Polen genannten Angelegenheiten ist eine allgemeine Regel, mögliche Ausnahmen von dieser Regel müssen auf anderen verfassungsmäßigen Normen oder Grundsätzen beruhen. Das bedeutet, dass alle Regelungen zu dem in diesen Regelungen genannten Thema in den Regelungen getroffen werden müssen und die gesetzliche Regelung nur in Ausnahmefällen zulässig ist.“*

Ohne die Gültigkeit der zitierten Ansichten des Verfassungsgerichtshofs in Frage zu stellen, resultiert die aktuelle grundlegende Bedrohung aus der radikalisierten Politik. Die Anerkennung der Vorschriften des Parlaments und des Senats als eine Verwaltungsrechtsquelle kann die Versuchung hervorrufen, ihnen allmählich Merkmale zuzuschreiben, die für jeden anderen Rechtsakt typisch sind, der das System und die Kompetenzen des Verwal-

---

14 BVerfGE 49, 89 ff.

tungsorgans beschreibt. Auf den ersten Blick scheint dies eine unbegründete Behauptung zu sein. Die polnische Verwaltungsrechtsdoktrin basiert auf der Annahme, dass „*das Organ (...) unabhängig von seiner Besetzung existiert*"[15] und so ist das System der öffentlichen Verwaltung in Polen gestaltet. Wenn diese Auffassung jedoch einem eher außergewöhnlichen Organ wie dem Parlament und dem Senat auferlegt wird (sehr eng verbunden mit der Besonderheit der Abgeordneten und der Senatoren), dann stellt sich das Problem der Rechenschaftspflicht für die Ausübung öffentlicher Gewalt und das Risiko einer Diffusion der rechtlichen Verantwortung für die Verletzung demokratischer Grundsätze. Dies betrifft insbesondere den Grundsatz der Transparenz der parlamentarischen Arbeit und die Freiheit, Informationen über ihre Tätigkeit zu erhalten. Für Länder mit etablierten Traditionen des demokratischen Parlamentarismus mag dies zunächst als ein künstliches Problem erscheinen, aber in den Ländern Mittel- und Osteuropas ist es immer noch ein gravierendes Problem. Nach dem Urteil des Europäischen Gerichtshofs für Menschenrechte vom 9. Februar 2017 in *Selmani et al. gegen die ehemalige jugoslawische Republik Mazedonien*[16] (in der es für illegal erklärt wurde, Journalisten gewaltsam von der Tribüne in der Parlamentskammer zu entfernen), scheint es, dass diese Fragen nicht so behandelt werden sollten, als wären sie eine Ermessensfrage für die nationalen Parlamente. Ein ähnliches Problem trat im Dezember 2016 auf, als Pläne zur Beschränkung des Informationszugangs über die Aktivitäten des Parlaments erarbeitet wurden. Kurz darauf gab es einen Skandal, weil eine Verlegung der parlamentarischen Sitzung aus ihrem regulären Sitzungssaal erfolgte, so dass es für die Presse und das Fernsehen unmöglich war, den Sitzungsverlauf zu verfolgen und die stimmberechtigten Mitglieder[17] zu überprüfen. Derweilen hat Sitzungsöffentlichkeit einen historischen Ursprung und sie ist eng mit der Repräsentationstheorie verbunden, die die Existenz von Parlamenten rechtfertigt. Die Ursprünge dieser Verbundenheit sind bereits im 18. Jahrhundert durch die Einführung des Rechts auf Information über den Verlauf der parlamentarischen Debatten im Westminister-System zu finden. Es sei daran erinnert, dass die offizielle Abschrift der Sitzungen des britischen Parlaments erst 1909 eingeführt wurde. (Das offizielle Meeting Bulletin heißt *Hansard,* obwohl die Ätiologie dieses Namens in nicht autorisierten Publikationen des Londoner Druckers *Thomas Hansard* aus der ersten Hälfte des 19. Jahrhunderts zu finden ist.) In der Literatur wird auch daran erinnert, dass die amerikanische Verfassung von 1789 aus der damals aktuellen Anfechtung der britischen Königsmacht und der Geheimhaltung des damaligen Parla-

---

15 *J. Zimmerman*, Prawo administracyjne, 2016, S. 178.

16 EGMR, Urt. v. 09.02.2017, Nr. 67259/14 (Selmani et al./Mazedonien).

17 „Demonstranten blockieren Parlament – Spitzenpolitiker sitzen fest" Spiegel Online 2016/12/ 17, https://www.spiegel.de/politik/ausland/polen-demonstranten-blockieren-parlament-a-112 6349.html (letzte Abfrage am 15.06.2020).

ments hervorgegangen ist. So handelten die Gründerväter der amerikanischen Republik, um eine „offene Gesetzgebung" zu schaffen[18], was unter anderem durch die Verpflichtung zur Führung eines Tagebuchs (Artikel 1 Abschnitt 5 Absatz 3 der US-Verfassung[19]) und die Verpflichtung zur Berichterstattung über den Haushalt (Artikel 1 Abschnitt 9 Absatz 7 zweiter Satz der US-Verfassung[20]) belegt wird. Diese Maßnahmen dürfen jedoch nicht mit den Garantien des Rechts auf Information im modernen Sinne verwechselt oder als Merkmal einer Demokratie auf der Grundlage einer breiten sozialen Repräsentation überschätzt werden. Mitte des 19. Jahrhunderts schlossen die Wahlgesetze der USA und Großbritanniens ganze soziale Gruppen aus. Intellektuelle, wie *John Stuart Mill, Walter Bagehot, Gaetano Mosca, Vilfred Pareto*, zeigten die Verdienste von Elitegruppen auf und begründeten damit, weshalb beispielsweise Sozialhilfeempfänger und britische Arbeiter in einem demokratischen System[21] nicht auf integrative Weise behandelt werden sollten.

Dennoch ermöglicht die Besonderheit des Parlaments und des Senats, die auf dem Konzept eines individualisierten, repräsentativen Mandats von Abgeordneten und Senatoren beruht, es nicht, alle Merkmale des Verwaltungsrechts „mechanisch" dem Parlament und dem Senat und/oder den von ihm geschaffenen Strukturen zuzuordnen. Die potenziellen Gefahren, die daraus resultieren können, lassen sich insbesondere mit der Geschäftsordnung des Parlaments veranschaulichen. Nach Abschnitt IV der Geschäftsordnung des Parlaments wurde die Parlamentskanzlei gegründet, die gemäß Artikel 199 Absatz 1 der Geschäftsordnung organisatorische, technische und beratende Aufgaben im Zusammenhang mit der Tätigkeit des Parlaments und seiner Organe wahrnimmt. Die Bestimmungen betrauen sie im Wesentlichen mit zwei Tätigkeitsbereichen. In erster Linie schafft die Parlamentskanzlei Bedingungen für die Ausübung des parlamentarischen Mandats. Zudem stellt sie verschiedene Unterlagen zur Verfügung, die im Zusammenhang mit der Arbeit des Parlaments stehen, darunter konsolidierter Gesetzesentwürfe, Fachstudien, Literatur und Gutachten. Die Parlamentskanzlei schafft die Voraussetzungen für die Teilnahme von Abgeordneten an der Arbeit des Parlaments und seiner Organe. Sie ist auch für die

---

18 A. *Roberts*, Blacked Out: Government Secrecy in the Information Age, 2006, S. 10.

19 Jede Kammer führt ihre eigene Tagesordnung und veröffentlicht sie von Zeit zu Zeit, mit Ausnahme derjenigen Teile, die nach Ermessen der Kammer vertraulich behandelt werden; in jeder Kammer werden auf Antrag von einem Fünftel der anwesenden Mitglieder die für und gegen einen bestimmten Fall abgegebenen Stimmen im Zeitplan angegeben.

20 Dieser besagt, dass formelle Buchhaltungserklärungen über Einnahmen und Ausgaben aller öffentlichen Mittel regelmäßig veröffentlicht werden sollen. Dieses Prinzip gilt nicht als umstritten. Es wurden aber Zweifel an der Häufigkeit dieser Verpflichtung laut.

21 Ausführlich hierzu: *F. Fukuyama*, Politische Ordnung und politische Regression. Von der industriellen Revolution zur Globalisierung der Demokratie, 2015, S. 474–479.

technischen, organisatorischen und finanziellen Angelegenheiten von Abgeordnetenbüros oder anderen Dienstleistern, die für den Tätigkeitsbereich der Abgeordneten arbeiten, zuständig. Die Satzungsanalyse wirft keine Zweifel auf, dass solche Tätigkeiten als öffentliche Verwaltung im materiellen Sinne einzustufen sind. Der offizielle Beamtenapparat (die Parlamentskanzlei ist kein Organ) verwaltet Eigentum und Personal, um Bedingungen für die Ausübung des Mandats sowohl im Parlament als auch außerhalb seines Sitzes zu schaffen.

Die Bestimmung des Artikels 199 Absatz 3 der Geschäftsordnung des Parlaments ist jedoch umstritten: „Die Kanzlei des Parlaments stellt öffentliche Informationen sowie Informationen über die Umwelt und ihren Schutz in der in Abschnitt IVa" [*Zugang zu öffentlichen Informationen und zu Informationen über die Umwelt und ihren Schutz*] festgelegten Form zur Verfügung. Die Bestimmung der Verordnungen soll daher das Verfahren zur Ausübung des verfassungsmäßigen subjektiven Rechts (das Recht auf Information über die Tätigkeit des Parlaments, des Senats, von Personen, die öffentliche Aufgaben wahrnehmen, in Form des Zugangs zu Dokumenten und des Zugangs zu den Sitzungen des Parlaments und des Senats) klären. Der umstrittene Charakter dieser Lösung besteht jedoch darin, dass die Geschäftsordnung des Parlaments den Eindruck erweckt, dass diese Zuständigkeit auf den offiziellen Apparat übertragen wurde, inklusive der vollen strafrechtlichen und administrativen Verantwortung für seine Durchführung. Die endgültige Entscheidung über den Zugang zu Informationen über die Tätigkeit des Parlaments trifft jedoch nicht der Parlamentspräsident (im internationalen Gebrauch Parlamentssprecher), sondern der Verantwortliche der offiziellen Struktur, nämlich der Leiter der Parlamentskanzlei, der kein Organ der öffentlichen Verwaltung ist. Gemäß der Parlamentssatzung (Artikel 202c und 202e) hat der Leiter der Parlamentskanzlei die Befugnis, den Zugang zu öffentlichen Informationen zu verweigern. Der Leiter der Parlamentskanzlei kann vom Parlamentspräsident nach Anhörung des Ausschusses für Geschäftsordnung, Parlamentarier und Immunität (Artikel 19 Absatz 1 Nummer 16 der Geschäftsordnung des Sejms) ernannt und entlassen werden. Ein ähnliches Problem betrifft die sog. Marschallgarde[22] – eine uniformierte Truppe, die dem Parlamentspräsidenten und somit der Parlamentskanzlei unterstellt ist. Sie dient dem Schutz des Parlaments und des Senats auf der Grundlage des Gesetzes vom 26. Januar 2018[23] über die Marschallgarde. Ihre Hauptaufgabe ist die Kontrolle der Aufenthaltsrechte in den Bereichen und Einrichtungen des Verwaltungsrates des Parlaments, der Senatskanzlei sowie die Ausstellung von Ausweisen, die zum Aufenthalt in diesen Bereichen und Einrichtungen berechtigen. Zudem dient sie

---

22 Diese ist ein Pendant zur Polizei beim Deutschen Bundestag.
23 Gesetzblatt von 2018, Punkt 729.

der Sicherstellung der Ordnung in diesen Bereichen und Einrichtungen. Es sind die Offiziere der Marschallsgarde, die über das verfassungsmäßige Recht auf Zugang zu den parlamentarischen Sitzungen entscheiden. Sie übernehmen hierdurch die politische und rechtliche Verantwortung für das Organ, dem sie unterstehen. Informationen über die Tätigkeit des Bürgerbeauftragten und über den Stand der Einhaltung der Freiheiten sowie der Menschen- und Bürgerrechte im Jahr 2018 deuten darauf hin, dass der Zugang der Öffentlichkeit zum Parlament, der nicht mit Rechtsschutz versehen ist, zunehmend eingeschränkt wird. Am 20. Juli 2018 intervenierte der Bürgerbeauftragte nach der Beschwerde einer behinderten Person in Sachen einer sog. „schwarzen Liste" von Personen, die nicht in das Parlament eingelassen werden.[24] Trotz des Auskunftsersuchens zu diesem Thema hat die Parlamentskanzlei dem Bürgerbeauftragten keine Auskunft zum genannten Sachverhalt gegeben, auch nicht, ob sie eine solche Liste führt und auf welcher Rechtsgrundlage sie sie erstellt.

IV. Zusammenfassung

Die Tatsache, dass eine öffentliche Verwaltung, die einem Parlament dienen soll, eine Einrichtung eines politischen Gremiums ist, sollte nicht den Grundgedanken der gesetzlichen Bindung von Behörden verdecken. Das von mir erwähnte Beispiel zeigt paradoxerweise, dass die Freiheit, eine Verwaltungsstruktur zu schaffen, zu einer subtilen Entlastung der politischen Behörden führen kann. Das vorliegende Beispiel zeigt, dass die Schaffung einer Verwaltungsstruktur im Dienst eines politischen Gremiums nicht unbedingt zur Identifizierung von Stellen beiträgt, die für die Ausübung öffentlicher Gewalt verantwortlich sind (in diesem Fall: die Ausübung oder Einschränkung der Informationsfreiheit). Es geht jedoch darum, dass diese Mängel nicht immanent in einer Verwaltungsrechtsnorm liegen, sondern in einem Justizsystem für seine Überprüfung auf der Ebene der Validierung und Interpretation. Das polnische Verfassungssystem hatte diese Kontrolle ursprünglich übernommen, wurde aber nach den Parlamentswahlen 2015 deutlich geschwächt, vor allem durch die falsche Besetzung des Verfassungsgerichtshofes und die starke Abhängigkeit der Staatsanwaltschaft von der Aufsicht über die Generalstaatsanwaltschaft und den Justizminister (derzeit auf Basis der sogenannten „Personalunion").

---

24 Dazu: https://www.rpo.gov.pl/sites/default/files/Wyst%C4%85pienie%20%20do%20szefa %20Kancelarii%20Sejmu%20RP%20w%20zwi%C4%85zku%20z%20utrudnieniami%20w %20dost%C4%99pie%20do%20budynku%20Sejmu.pdf (letzte Abfrage am 15.06.2020).

Recht der Parlamentsverwaltung – Verwaltungsrecht?

von
Wolfram Cremer, Bochum[*]

I.   Einleitung

Die Frage danach, ob das Recht der Parlamentsverwaltung als Verwaltungsrecht zu qualifizieren ist, zielt auf eine Vergewisserung einerseits über den Begriff der Verwaltung bzw. des Verwaltungsrechts und andererseits über das, was das Recht der Parlamentsverwaltung ausmacht. Dabei wird unterstellt, dass der Begriff des Verwaltungsrechts in derjenigen Bedeutung, der ihm nach allgemeinen Maßstäben zuzuschreiben ist, mit demjenigen kongruiert, welche ihm im Kontext der Parlamentsverwaltung im Sinne einer rechtsdogmatischen Kategorie nach deutschem Recht zukommt. Diese Unterstellung erscheint dadurch legitimiert, dass jedenfalls nicht erkennbar ist, dass das Recht der Parlamentsverwaltung einen eigenständigen Begriff

---

[*] *Wolfram Cremer* ist Inhaber des Lehrstuhls für Öffentliches Recht und Europarecht an der Ruhr-Universität Bochum.

des Verwaltungsrechts bestimmt oder zugrunde legt. Unbeschadet dessen liegt die Schwierigkeit der skizzierten Aufgabenstellung darin, dass einerseits über den Begriff des Verwaltungsrechts alles andere als Einigkeit und Gewissheit besteht, zugleich aber Einigkeit darüber besteht, dass Parlamentsverwaltungen „Verwaltungen" sind, welche durch eine besondere Heterogenität der Aufgaben geprägt sind.[1] Infolgedessen werden zunächst die wesentliche Organisationseinheiten und Funktionen, welche die Bundestagsverwaltung prägen, beschrieben und – ohne eine Rechtsfolgenperspektive in den Blick zu nehmen – systematisiert.

II. Funktionen und Strukturen der Parlamentsverwaltung

Die Parlamentsverwaltung ist im Grundgesetz nicht explizit genannt. Ihre Zulässigkeit wird aus der Geschäftsordnungsautonomie gem. Art. 40 Abs. 1 S. 2 GG abgeleitet, nach dem der Bundestag sich eine Geschäftsordnung gibt.[2] Derzeit umfasst die parlamentarische Verwaltung rund 3000 Mitarbeiter.[3] Sie arbeitet unmittelbar und ausschließlich für die Legislative und ist insbesondere von allen Stellen, die an der Regierung beteiligt sind, unabhängig.[4] Zugleich gilt für die Parlamentsverwaltung bei der Erfüllung ihrer Aufgaben im Unterschied zu den Abgeordneten und ihren Mitarbeitern sowie den Fraktionsmitarbeitern der Grundsatz parteipolitischer Neutralität; sie ist kein politischer Akteur.[5] Anders als die gewählten Organe und Organteile unterliegt sie auch nicht dem Grundsatz der Diskontinuität, sondern bleibt von wahlbedingten personellen Wechseln unberührt.[6]

Die Parlamentsverwaltung ist hierarchisch organisiert. An der Spitze der Verwaltung steht der Präsident des Bundestages[7] mit dem Parlamentsdirektor als ständigem Vertreter.[8] Die Bundestagsverwaltung gliedert sich in mehrere Abteilungen mit Unterabteilungen. Die Abteilung „Parlament und Abgeordnete" ist zuständig für den gesamten Bereich der Parlamentsdienste, welche

---

1 Vgl. nur *P. Schindler*, Die Verwaltung des Bundestages, in: H.-P. Schneider/W. Zeh (Hrsg.), Parlamentsrecht und Parlamentspraxis in der Bundesrepublik Deutschland, 1989, § 29 Rn. 1 ff.

2 *S. Marschall*, Öffentlichkeit und Volksvertretung, 1999, S. 111.

3 https://www.bundestag.de/parlament/verwaltung (letzte Abfrage am 17.01.2020). Damit unterliegt die Parlamentsverwaltung einem rasanten Wachstum. 1997 lag die Zahl der Mitarbeiter noch bei 2.334, *S. Marschall*, Öffentlichkeit und Volksvertretung, 1999, S. 112.

4 *L. Brocker*, in: M. Morlok/U. Schliesky/D. Wiefelspütz (Hrsg.), Parlamentsrecht, 2016, § 34, Rn. 3.

5 *L. Brocker*, in: M. Morlok/U. Schliesky/D. Wiefelspütz (Hrsg.), Parlamentsrecht, 2016, § 34, Rn. 6, 38.

6 *L. Brocker*, in: M. Morlok/U. Schliesky/D. Wiefelspütz (Hrsg.), Parlamentsrecht, 2016, § 34, Rn. 10.

7 *S. Marschall*, Öffentlichkeit und Volksvertretung, 1999, S. 112; *C. v. Boetticher*, Parlamentsverwaltung und parlamentarische Kontrolle, 2002, S. 73.

8 *L. Brocker*, in: M. Morlok/U. Schliesky/D. Wiefelspütz (Hrsg.), Parlamentsrecht, 2016, § 34, Rn. 25, 27.

das Plenum unterstützen, indem sie etwa die Beratungsunterlagen zur Verfügung stellen, die Fragerunde betreuen und das stenographische Protokoll der Sitzungen erstellen.[9] Sie ist zudem zuständig für die personelle und organisatorische Unterstützung der Ausschüsse sowie die wesentlichen mandatsbezogenen Servicefunktionen, welche alle Angelegenheiten der Rechtsstellung aktiver und ehemaliger Mitglieder des Deutschen Bundestages sowie deutscher Mitglieder des Europäischen Parlaments nach dem Abgeordnetengesetz beziehungsweise Europaabgeordnetengesetz umfassen.[10] Die Abteilung „Parlamentarisches Kontrollgremium" dient der Kontrolle der Nachrichtendienste des Bundes.[11] Zur Abteilung „Wissenschaft und Außenbeziehungen" gehören die Wissenschaftlichen Dienste des Bundestages, welche zuvörderst im Auftrag der einzelnen Abgeordneten Informationen sammeln und aufbereiten, die Unterabteilung „Internationale Beziehungen", welche sich um die Pflege der Kontakte zwischen den nationalen Parlamenten kümmert, der Sprachdienst, welcher Übersetzungen erstellt und Dolmetscher vermittelt, sowie die Unterabteilung „Petitionen und Eingaben".[12] Die Abteilung „Information und Dokumentation" stellt den Abgeordneten und ihren Mitarbeitern Informationen und Informationsmittel zur Verfügung. Zu ihr gehören die Parlamentsbibliothek, das Parlamentsarchiv, die Parlamentsdokumentation und die Pressedokumentation, aber auch der Besucherdienst und die Öffentlichkeitsarbeit.[13] Die Zentralabteilung ist vor allem mit der Zurverfügungstellung personeller, sächlicher und finanzieller Ressourcen befasst, also mit administrativen und technisch-organisatorischen Fragen wie der Personalgewinnung und -betreuung sowie der Aufstellung des Haushalts- und Finanzplans, behandelt aber auch Polizei-und Sicherungsaufgaben und Fragen des Geheim- und Datenschutzes.[14]

Außerdem existiert eine Polizeibehörde mit Zuständigkeit für den Bundestag.[15] Die parlamentarische Polizeigewalt ist in Art. 40 Abs. 2 S. 1 GG gemeinsam mit dem Hausrecht verankert. Der Deutsche Bundestag ist ein eigener Polizeibezirk, in dem der Bundestagspräsident das Hausrecht und die Polizeigewalt ausübt. Für die öffentliche Sicherheit und Ordnung und damit für die Arbeitsfähigkeit des Parlamentes und seiner Gremien ist die Polizei beim Deutschen Bundestag zuständig. Die Polizeibeamten sind für alle Gebäude, Räume und Grundstücke verantwortlich, die der Verwaltung des Bundestages unterstehen, aber auch für solche, die nur vorübergehend vom Bundestag etwa bei internationalen Konferenzen genutzt werden. Die

---

9 https://www.bundestag.de/parlament/verwaltung (letzte Abfrage am 17.01.2020).
10 https://www.bundestag.de/parlament/verwaltung (letzte Abfrage am 17.01.2020).
11 https://www.bundestag.de/parlament/verwaltung (letzte Abfrage am 17.01.2020).
12 https://www.bundestag.de/parlament/verwaltung (letzte Abfrage am 17.01.2020).
13 https://www.bundestag.de/parlament/verwaltung (letzte Abfrage am 17.01.2020).
14 https://www.bundestag.de/parlament/verwaltung (letzte Abfrage am 17.01.2020).
15 https://www.bundestag.de/parlament/verwaltung (letzte Abfrage am 17.01.2020).

Zuständigkeit anderer Polizeibehörden im Bereich des Deutschen Bundestages wird damit jenseits von Amtshilfe gem. Art. 35 Abs. 1 GG[16] ausgeschlossen. Der Bundestag ist so vor einer Einflussnahme durch Exekutive und Judikative geschützt.

Von Hausrecht und Polizeigewalt zu trennen sind Ordnungsgewalt und Sitzungsgewalt.[17] Während sich Erstere gegen Außenstehende richtet, erlaubt die in der Geschäftsordnungsautonomie wurzelnde Sitzungsgewalt, welche dem Bundestag als Ganzen zusteht und welche vom Präsidenten kraft Delegation durch das Parlament ausgeübt wird, Ordnungsmaßnahmen gegenüber den Abgeordneten.

Schließlich ist die Dienststelle des Wehrbeauftragten zu nennen. Der Wehrbeauftragte selbst ist zwar Amtsträger und kein Mitarbeiter der Bundestagsverwaltung. Nichtsdestotrotz gehören die ihm zugewiesenen Mitarbeiter, deren Dienstvorgesetzter er ist, der Bundestagsverwaltung an.[18]

III. Begriff des Verwaltungsrechts

Ich komme nun zum „Verwaltungsrecht". Im Sinne eines ersten Zugriffs umfasst das Verwaltungsrecht diejenigen Normen, welche das Handeln und die Organisation von Trägern öffentlicher Verwaltung regeln.[19] Dabei wäre es freilich kurzschlüssig, das Verwaltungsrecht als Recht der Verwaltung auf einen materiellen Gesetzesbegriff zu verengen. Die Verwaltungsrechtswissenschaft hat nach heutigem Verständnis vielmehr die Gesamtheit normativer Vorgaben für die Verwaltung unter Einschluss von Verwaltungsvorschriften und ungeschriebenen Praktiken zum Gegenstand.[20] Diese Erkenntnis erleichtert die Bestimmung dessen, was „Verwaltungsrecht" ausmacht, freilich nicht, wirkt sie doch komplexitätserhöhend. Und so fällt es der Verwaltungsrechtswissenschaft angesichts der Vielgestaltigkeit von Verwaltung schwer, trenn- und konturenscharf zu definieren, was „Verwaltungsrecht" ausmacht.[21] Nicht selten wird angenommen, dass es gänzlich ausgeschlossen sei, den Begriff „Verwaltungsrecht" (abschließend) zu defi-

---

16 Eine Ausnahme wird für dringende Gefahr im Verzug diskutiert, vgl. dazu *B. Pieroth*, in: L. Jarass/B. Pieroth (Hrsg.), GG, 15. Aufl. 2018, Art. 40, Rn. 14.

17 Zur Abgrenzung vgl. etwa *M. Köhler*, DVBl. 1992, 1577 (1577 f.); *A. Ramm*, NVwZ 2010, 1461 (1463); zu terminologischen Differenzen (Sitzungsgewalt/Ordnungsgewalt/Disziplinargewalt/Sitzungspolizei) *M. Köhler*, DVBl. 1992, 1577 (1577 f.).

18 *L. Brocker*, in: M. Morlok/U. Schliesky/D. Wiefelspütz (Hrsg.), Parlamentsrecht, 2016, § 34, Rn. 34; *C. v. Boetticher*, Parlamentsverwaltung und parlamentarische Kontrolle, 2002, S. 71 f.

19 *M. Wallerath*, Allgemeines Verwaltungsrecht, 6. Aufl. 2009, 1. Teil, § 1 Rn. 1.

20 *C. Möllers*, in: W. Hoffmann-Riem/E. Schmidt-Aßmann/A. Voßkuhle (Hrsg.), Grundlagen des Verwaltungsrechts, Bd. 1, 2. Aufl. 2012, § 3, Rn. 7.

21 *C. Möllers*, in: W. Hoffmann-Riem/E. Schmidt-Aßmann/A. Voßkuhle (Hrsg.), Grundlagen des Verwaltungsrechts, Bd. 1, 2. Aufl. 2012, § 3, Rn. 3 ff.; *R. Stober*, in: H. Wolff/O. Bachof/R. Stober/W. Kluth (Hrsg.), Verwaltungsrecht I, 13. Aufl. 2017, § 3, Rn. 3.

nieren.[22] Vielmehr wird dafür plädiert „spezifische Qualitäten des Verwaltungsrechts einzukreisen".[23] Demgegenüber kam es im Laufe der Zeit zu zahlreichen Versuchen einer Begriffsbestimmung bzw. Charakterisierung von „öffentlicher Verwaltung" bzw. „Verwaltungsrecht".

1. Negativ-Definition „öffentliche Verwaltung"

Klassisch wird unter Umgehung des Problems der Vielgestaltigkeit von Verwaltung zur Eingrenzung auf eine Negativ-Definition zurückgegriffen, wonach all jenes hoheitliche Handeln öffentliche Verwaltung sei, was nicht Gesetzgebung oder Rechtsprechung sei.[24]

Dieser Ansatz wird freilich vielfach als unterkomplex und unvollständig kritisiert. Er sei an dem funktionellen Gewaltenteilungsschema orientiert, welches zwischen Exekutive, Legislative und Judikative differenziere, berücksichtige aber nicht, dass Elemente der vollziehenden Gewalt wie die befehlsgebundenen Streitkräfte oder die Regierung Eigentümlichkeiten gegenüber der „Verwaltung" aufwiesen.[25] Insbesondere die staatsleitende und richtungsweisende Regierungstätigkeit stelle keine Verwaltungstätigkeit dar; vielmehr handele es sich um Maßnahmen eines Verfassungsorgans, die es gerade in Ausübung seiner verfassungsrechtlichen Kompetenz treffe.[26] Wähle man für das Verständnis von Verwaltung die auf Rechtsanwendung im Einzelfall beschränkten Gerichte oder den politisch gestaltenden Gesetzgeber als Orientierungspunkt, bestehe zudem bei einem Funktionenvergleich die Gefahr, die Verwaltung fälschlicherweise auf bloße Rechtsanwen-

---

22 Vgl. dazu *E. Forsthoff*, Lehrbuch des Verwaltungsrechts, Bd. 1, 10. Aufl. 1973, S. 1; *W. Krebs*, in: J. Isensee/F. Kirchhof (Hrsg.), Handbuch des Staatsrechts, Bd. 5, 3. Aufl. 2007, § 108, Rn. 1; *W. Leisner*, Die undefinierbare Verwaltung, 2002, passim; *H. Maurer/C. Waldhoff*, Allgemeines Verwaltungsrecht, 19. Aufl. 2017, § 1 Rn. 8; *C. Möllers*, in: W. Hoffmann-Riem/E. Schmidt-Aßmann/A. Voßkuhle (Hrsg.), Grundlagen des Verwaltungsrechts, Bd. 1, 2. Aufl. 2012, § 3 Rn. 3.

23 *C. Möllers*, in: W. Hoffmann-Riem/E. Schmidt-Aßmann/A. Voßkuhle (Hrsg.), Grundlagen des Verwaltungsrechts, Bd. 1, 2. Aufl. 2012, § 3 Rn. 3, der zudem postuliert, dass die Versuche der deutschen Verwaltungsrechtswissenschaft, „Verwaltung" positiv zu definieren, „abschreckend" seien.

24 So bereits *O. Mayer*, Deutsches Verwaltungsrecht, Bd. 1, 3. Aufl. 1924, unveränderter Nachdruck 1961, S. 13, und *W. Jellinek*, Verwaltungsrecht, 3. Aufl. 1931, unveränderter Neudruck 1948, S. 6. Siehe auch *W. Thieme*, Einführung in die Verwaltungslehre, 1995, S. 2; *J. Ipsen*, Allgemeines Verwaltungsrecht, 11. Aufl. 2019, Rn. 51, welcher allerdings zudem die Regierung vom Verwaltungsbegriff ausnimmt, weil diese politische Führungsaufgaben erfülle und daher verwaltungsfremd sei. Ebenso *J. H. Park*, Rechtsfindung im Verwaltungsrecht, 1999, S. 12 f.

25 Vgl. *M. Wallerath*, Allgemeines Verwaltungsrecht, 6. Aufl. 2009, 1. Teil, § 1 Rn. 3. Siehe auch *W. Erbguth/A. Guckelberger*, Allgemeines Verwaltungsrecht, 9. Aufl. 2018, § 1 Rn. 3; *E. Forsthoff*, Lehrbuch des Verwaltungsrechts, Bd. 1, 10. Aufl. 1973, S. 14.

26 *S. Detterbeck*, Allgemeines Verwaltungsrecht, 17. Aufl. 2019, § 1 Rn. 4.; Vgl. auch *H. Maurer/C. Waldhoff*, Allgemeines Verwaltungsrecht, 19. Aufl. 2017, § 1 Rn. 6.

dung zu reduzieren.[27] Schließlich wird eingewandt, dass die Negativ-Definition gerade für Grenzfälle nichts zur Abgrenzung betragen könne. Wie jede Negativ-Definition müsse sich auch diese vorwerfen lassen, dass sie eine positive Inhaltsbestimmung letztlich nicht entbehrlich mache.[28] Sie treffe keine Aussage über Inhalt und die Funktionen der öffentlichen Verwaltung und sei nur dann aussagekräftig, wenn die anderen Staatstätigkeiten präzisiert seien.[29] Das Grundgesetz biete jedoch keine umfassende Zuordnung von Funktionen und Organisation hinsichtlich Legislative, Judikative und Exekutive.[30] Insbesondere die durch die Negativ-Definition vorgegebene Abgrenzung von „öffentlicher Verwaltung" und Gesetzgebung komme ohne weitere Einschränkungen nicht aus, denn auch die Verwaltung könne offenkundig als Normgeber z. B. für Satzungen, Rechtsverordnungen, Verwaltungsvorschriften und Maßstabsergänzungen bei der Anwendung von Rechtsnormen oder im Rahmen der Gesetzeskonkretisierung auftreten.[31] Als Zwischenergebnis lässt sich festhalten, dass die Negativ-Definition, wonach Verwaltung alles ist, was nicht Rechtsprechung oder Gesetzgebung ist, ohne weitere Kriterien formeller oder materieller Art in Zweifelsfällen kaum weiterhilft.

Die Schwäche der Negativ-Definition lässt sich schließlich an Hand des Informationsfreiheitsgesetzes exemplarisch illustrieren. Dort heißt es in § 1 Abs. 1: „Jeder hat nach Maßgabe dieses Gesetzes gegenüber den Behörden des Bundes einen Anspruch auf Zugang zu amtlichen Informationen. Für sonstige Bundesorgane und -einrichtungen gilt dieses Gesetz, soweit sie öffentlich-rechtliche Verwaltungsaufgaben wahrnehmen." In der Gesetzesbegründung heißt es klarstellend: „Nach § 1 Abs. 1 soll nur der spezifische Bereich der Wahrnehmung parlamentarischer Angelegenheiten (insbesondere Gesetzgebung, Kontrolle der Bundesregierung, Wahlprüfung, Wahrung der Rechte des Bundestages und seiner Mitglieder – z. B. in Immunitätsangelegenheiten, bei Petitionen und bei Eingaben an den Wehrbeauftragten –, parlamentarische Kontakte zu in- und ausländischen sowie supranationalen Stellen), der Rechtsprechung und sonstiger unabhängiger Tätigkeiten vom Informationszugang ausgenommen bleiben."[32] Offensichtliches Ziel dieser

---

27 *C. Möllers*, in: W. Hoffmann-Riem/E. Schmidt-Aßmann/A. Voßkuhle (Hrsg.), Grundlagen des Verwaltungsrechts, Bd. 1, 2. Aufl. 2012, § 3, Rn. 4.

28 *M. Wallerath*, Allgemeines Verwaltungsrecht, 6. Aufl. 2009, 1. Teil, § 1 Rn. 3.

29 *H. Maurer/C. Waldhoff*, Allgemeines Verwaltungsrecht, 19. Aufl. 2017, § 1 Rn. 6; *R. Stober*, in: H. Wolff/O. Bachof/R. Stober/W. Kluth (Hrsg.), Verwaltungsrecht I, 13. Aufl. 2017, § 3, Rn. 4.

30 *Groß*, in: W. Hoffmann-Riem/E. Schmidt-Aßmann/A. Voßkuhle (Hrsg.), Grundlagen des Verwaltungsrechts, Bd. 1, 2. Aufl. 2012, § 13, Rn. 7.

31 *W. Erbguth/A. Guckelberger*, Allgemeines Verwaltungsrecht, 9. Aufl. 2018, § 1 Rn. 3; *W. Hoffmann-Riem*, in: W. Hoffmann-Riem/E. Schmidt-Aßmann/A. Voßkuhle (Hrsg.), Grundlagen des Verwaltungsrechts, Bd. 1, 2. Aufl. 2012, § 10 Rn. 43.

32 BT-Drs. 15/4493, S. 8.

Gesetzesbegründung ist es, den Kreis der durch den Informationsanspruch Nichtverpflichteten angesichts der Vagheit des Begriffs „parlamentarischer Angelegenheiten" näher zu konturieren. Dabei unterstreicht die Regelungstechnik der Regelbeispiele die Schwierigkeit, Parlamentsangelegenheiten zu definieren. Diese Regelungstechnik hat insbesondere im Hinblick auf die Frage, inwiefern die Parlamentsverwaltung zur Preisgabe von Informationen verpflichtet ist, in Literatur[33] und Rechtsprechung zu Meinungsverschiedenheiten und damit verbundener Rechtsunsicherheit geführt. So wurde kontrovers diskutiert, ob Ausarbeitungen der Wissenschaftlichen Dienste des Bundestages dem Informationsanspruch aus dem Informationsfreiheitsgesetz (IFG) unterliegen. Anders als das VG Berlin als Vorinstanz[34] entschied das OVG Berlin-Brandenburg, dass diese nicht dem IFG unterlägen, da es sich um mandatsbezogene Arbeit handele.[35] Beide Gerichte stützen ihre Ausführungen mit gegenteiligem Ergebnis maßgeblich auf den Willen des Gesetzgebers und im Übrigen auf den Charakter der Tätigkeit der Wissenschaftlichen Dienste.[36] Demgegenüber stellte das Bundesverwaltungsgericht schließlich klar, dass der Deutsche Bundestag bei der mandatsbezogenen Unterstützung der Abgeordneten durch Zuarbeiten der Wissenschaftlichen Dienste nach § 1 Abs. 1 IFG informationspflichtig sei.[37]

2. Positive Definitionen „öffentlicher Verwaltung"

Angesichts dieser Einwände wurde verschiedentlich vorgeschlagen, das Phänomen „öffentliche Verwaltung" positiv zu bestimmen, wobei die verschiedenen Angebote teils miteinander[38] oder auch mit der Negativ-Definition kombiniert werden.[39]

---

33 Für eine Einordnung der Ausarbeitungen der Wissenschaftlichen Dienste als im Kern parlamentarische Arbeit etwa *M. Rossi*, DÖV 2013, 205 (209f.); *C. Waldhoff*, JuS 2016, 283 (284). Für eine Einordnung als Verwaltungstätigkeit *A. Debus*, in: H. Gersdorf/B. Paal (Hrsg.), Informations- und Medienrecht, 2014, § 1 IFG, Rn. 143.6; *M. Hong*, NVwZ 2016, 953 (956); *F. Schoch*, NVwZ 2015, 1 (6); *ders.*, NVwZ 2013, 1033 (1035); *H. Richter/W. Müller*, NJW 2015, 3258 (3262); *M. Ruttloff*, NVwZ 2013, 701 (703).

34 VG Berlin, Urt. v. 14.09.2012, 2 K 185.11, Rn. 24.

35 OVG Berlin-Brandenburg, Urt. v. 13.11.2013, 12 B 3.12, Rn. 39.

36 Vgl. VG Berlin, Urt. v. 14.09.2012, 2 K 185.11, Rn. 24 ff.; OVG Berlin-Brandenburg, Urt. v. 13.11. 2013, 12 B 3.12, Rn. 40ff., 46ff.

37 BVerwG, Urt. v. 25.06.2015, 7 C 1/14, Rn. 13.

38 Z. B. *R. Stober*, in: H. Wolff/O. Bachof/R. Stober/W. Kluth (Hrsg.), Verwaltungsrecht I, 13. Aufl. 2017, § 3, Rn. 21.

39 Vgl. z. B. *K. Stern*, Staatsrecht der Bundesrepublik Deutschland, Bd. 2, 1980, S. 736 ff., welcher einerseits Rechtsetzung, Regierung, staatsleitende Planung, militärische Verteidigung und Rechtsprechung von Verwaltungsbegriff ausnimmt, andererseits aber auch positiv „die den Organen der vollziehenden Gewalt und bestimmten diesen zurechenbaren Rechtssubjekten übertragene eigenverantwortliche ständige Erledigung der Aufgaben des Gemeinwesens durch konkrete Maßnahmen in rechtlicher Bindung nach (mehr oder weniger spezifiziert) vorgegebener Zwecksetzung" zur Verwaltung zählt.

a)　Handlungsformen oder Rechtsform als Abgrenzungsmerkmal?

Prima facie mag es naheliegen, das Phänomen öffentliche Verwaltung durch die Identifizierung typischer Handlungs- und/oder Organisationsformen öffentlicher Verwaltung zu bestimmen und gegenüber anderem abzugrenzen. Und tatsächlich lassen sich typische Handlungs- und Bewirkungsformen der Verwaltung benennen, wie etwa die im Verwaltungsverfahrensgesetz normierten Handlungsformen des Verwaltungsakts (§ 35 VwVfG) oder des öffentlich-rechtlichen Vertrages (§ 54 VwVfG).[40] Allerdings ist unbestritten, dass sich die Verwaltung auch anderer als dieser „typisch" öffentlich-rechtlichen Rechtsinstrumente bedienen darf.[41] Sie kann insbesondere privatrechtliche Verträge abschließen.[42] Einen numerus clausus zulässiger Handlungsformen gibt es anerkanntermaßen nicht.[43] Lassen sich die Handlungsformen aber nicht enumerativ auflisten, taugen sie kaum für eine erschöpfende positive Definition der öffentlichen Verwaltung.

Auch die Organisationsform taugt letztlich nicht zur positiven Beschreibung von „Verwaltung". So kennt das öffentliche Verwaltungsorganisationsrecht anders als das privatrechtliche Gesellschaftsrecht keinen Typenzwang oder numerus clausus.[44] Des Weiteren entspricht es der heute ganz herrschenden Meinung, dass es jedenfalls für die grundrechtlichen Bindungen nicht darauf ankommt, in welcher Form der Staat in Erscheinung tritt, insbesondere nicht, ob er sich einer juristischen Person des Privatrechts bedient.[45] Infolgedessen wird angenommen, dass auch juristische Personen des Privatrechts Teil der Verwaltungsorganisation sein können.[46] Verwaltung kann also vielgestaltig sein und in ihren Organisationsformen denen

---

40　*G. F. Schuppert*, Verwaltungswissenschaft, 2000, S. 154, spricht insofern von „klassischen Rechtsformen des Verwaltungshandelns".

41　*C. Möllers*, in: W. Hoffmann-Riem/E. Schmidt-Aßmann/A. Voßkuhle (Hrsg.), Grundlagen des Verwaltungsrechts, Bd. 1, 2. Aufl. 2012, § 10 Rn. 8.

42　*H. Maurer/C. Waldhoff*, Allgemeines Verwaltungsrecht, 19. Aufl. 2017, § 1 Rn. 1, etwa im Zusammenhang mit der Erbringung von Sach- oder Dienstleistungen der Abfallbeseitigung. Auch eine Weiterentwicklung herkömmlicher Handlungsformen (z. B. die Entwicklung vorläufiger oder vorsorglicher Verwaltungsakte) ist grundsätzlich möglich, vgl. *S. Detterbeck*, Allgemeines Verwaltungsrecht, 17. Aufl. 2019, Kap. 2, Rn. 419; *F.-J. Peine/T. Siegel*, Allgemeines Verwaltungsrecht, 12. Aufl. 2018, § 12 Rn. 269.

43　*S. Detterbeck*, Allgemeines Verwaltungsrecht, 17. Aufl. 2019, Kap. 2, Rn. 419; *F.-J. Peine/T. Siegel*, Allgemeines Verwaltungsrecht, 12. Aufl. 2018, § 12 Rn. 269.

44　*Jestaedt*, in: W. Hoffmann-Riem/E. Schmidt-Aßmann/A. Voßkuhle (Hrsg.), Grundlagen des Verwaltungsrechts, Bd. 1, 2. Aufl. 2012, § 14, Rn. 29; *R. Schröder*, Verwaltungsrechtsdogmatik im Wandel, 2007, S. 221.

45　*Groß*, in: W. Hoffmann-Riem/E. Schmidt-Aßmann/A. Voßkuhle (Hrsg.), Grundlagen des Verwaltungsrechts, Bd. 1, 2. Aufl. 2012, § 13, Rn. 9 f.

46　*Groß*, in: W. Hoffmann-Riem/E. Schmidt-Aßmann/A. Voßkuhle (Hrsg.), Grundlagen des Verwaltungsrechts, Bd. 1, 2. Aufl. 2012, § 13, Rn. 9 f.; *Jestaedt*, in. ebd., § 14, Rn. 25 ff., 30 f.; *R. Stober*, in: H. Wolff/O. Bachof/R. Stober/W. Kluth (Hrsg.), Verwaltungsrecht I, 13. Aufl. 2017, § 3 Rn. 15.

des Privatrechts gleichen. Eine trennscharfe positive Charakterisierung öffentlicher Verwaltung anhand von Organisationsformen ist daher nicht möglich.

b) Materielle Begriffsbestimmung

Jene, welche sich um einen materiellen Begriff der öffentlichen Verwaltung bemühen, stellen als maßgebliches materielles Merkmal öffentlicher Verwaltung insbesondere auf die Wahrnehmung von Angelegenheiten des Gemeinwesens durch eigens dafür bestellte Organe ab.[47] Typbildend sei zudem die Fremdnützigkeit der Verwaltung.[48] In Abgrenzung zur Gesetzgebung und Regierung, denen durch die Verfassung zwar Hauptzwecke und Schranken vorgegeben sind, die sich aber die näheren Ziele selbst setzen, sei die Verwaltung zudem in Ziel- und Zwecksetzung durch Verfassung, Gesetze und Führungsmaßnahmen der Regierung fremdbestimmt.[49]

Zusammenfassend definiert *Stober* einen materiellen Begriff der öffentlichen Verwaltung wie folgt: *„Öffentliche Verwaltung im materiellen Sinne ist die mannigfaltige, konditional oder nur zweckbestimmte, teilweise fremdbestimmte, selbstbeteiligt entscheidend ausführende und im Übrigen steuernde und gestaltende, fremdnützige Wahrnehmung der Angelegenheiten von Gemeinwesen und ihrer Mitglieder durch die dafür bestellten Sachwalter."*[50]

Ähnlich formuliert *Wallerath*: *„Versucht man eine ausschließlich positive Inhaltsbestimmung der Verwaltung, so lässt sich die Verwaltung im materiellen Sinne noch am ehesten beschreiben als die gesetzlich dirigierte, unmittelbar leistende oder eingreifende, gestaltende oder teilplanende Wahrnehmung von Angelegenheiten des Gemeinwesens durch dafür besonders bestellte Organe."*[51]

c) „Öffentliche Verwaltung" im formell-organisatorischen Sinne

Ein anderer Ansatz nimmt die materielle Begriffsbestimmung ersetzend oder ergänzend eine formell-organisatorische Betrachtung des Begriffs der

---

47 *R. Stober*, in: H. Wolff/O. Bachof/R. Stober/W. Kluth (Hrsg.), Verwaltungsrecht I, 13. Aufl. 2017, § 3 Rn. 20; *M. Wallerath*, Allgemeines Verwaltungsrecht, 6. Aufl. 2009, 1. Teil, § 1 Rn. 5.
48 *R. Stober*, in: H. Wolff/O. Bachof/R. Stober/W. Kluth (Hrsg.), Verwaltungsrecht I, 13. Aufl. 2017, § 3 Rn. 18.
49 *R. Stober*, in: H. Wolff/O. Bachof/R. Stober/W. Kluth (Hrsg.), Verwaltungsrecht I, 13. Aufl. 2017, § 3 Rn. 17. Die Wortbedeutung des Verwaltens deute zudem darauf hin, dass es sich um eine sinnvolle, nämlich zweckgerichtete und darum grundsätzlich planmäßige Besorgung mehrerer Angelegenheiten handeln müsse, an welcher der Besorgende wie der Waltende selbst handelnd beteiligt sei und nicht wie ein Richter lediglich urteile, *Stober*, ebenda, § 3 Rn. 9.
50 *R. Stober*, in: H. Wolff/O. Bachof/R. Stober/W. Kluth (Hrsg.), Verwaltungsrecht I, 13. Aufl. 2017, § 3 Rn. 20.
51 *M. Wallerath*, Allgemeines Verwaltungsrecht, 6. Aufl. 2009, 1. Teil, § 1 Rn. 4.

öffentlichen Verwaltung vor. Als „öffentliche Verwaltung" im organisatorischen Sinne wird die Gesamtheit derjenigen Organe eines Hoheitsträgers beschrieben, welche in der Hauptsache zur Wahrnehmung von Verwaltungsaufgaben im materiellen Sinne bestellt sind, auch wenn sie im Einzelfall z. B. Gesetzgebungsaufgaben wie den Erlass einer Verordnung wahrnehmen.[52] Diese Glieder und Organe, mit welchen Körperschaften, Anstalten und Stiftungen des öffentlichen Rechts sowie Beliehene gemeint sind, sind zu differenzieren von denen der Gesetzgebung, der Regierung und der Rechtsprechung.[53] Verwaltung im formellen Sinn meint die gesamte, von Verwaltungsbehörden im organisatorischen Sinne ausgeübte Tätigkeit ohne Rücksicht auf den materiellen Gehalt dieser Tätigkeit.[54]

d)   Verwaltungsrecht versus Verfassungsrecht?

Eine insbesondere im hiesigen Zusammenhang relevante Annäherung an den Begriff öffentlicher Verwaltung könnte an die Unterscheidung von Verwaltungs- und Verfassungsrecht anknüpfen. Dass das Recht der Parlamentsverwaltung teilweise unmittelbaren spezifischen verfassungsrechtlichen Vorgaben unterliegt (z. B. in Art. 40 GG), schließt eine Zuordnung zum Verwaltungsrecht nicht per se aus. Dies beruht nicht auf der verbreiteten und auf *Fritz Werner*[55] zurückgehenden, aber mindestens nutzlosen, wenn nicht unzutreffenden Rede vom Verwaltungsrecht als „konkretisiertem Verfassungsrecht",[56] sondern schlicht darauf, dass Sachverhalte sowohl verfassungsrechtliche als auch verwaltungsrechtliche Bezüge aufweisen können und das Recht (auch) für diese eine Zuordnungsentscheidung verlangt. Darauf wird zurückzukommen sein.

52 *W. Erbguth/A. Guckelberger*, Allgemeines Verwaltungsrecht, 9. Aufl. 2018, § 1 Rn. 2; *R. Stober*, in: H. Wolff/O. Bachof/R. Stober/W. Kluth (Hrsg.), Verwaltungsrecht I, 13. Aufl. 2017, § 3 Rn. 22; *M. Wallerath*, Allgemeines Verwaltungsrecht, 6. Aufl. 2009, 1. Teil, § 1 Rn. 9.

53 *F.-J. Peine/T. Siegel*, Allgemeines Verwaltungsrecht, 12. Aufl. 2018, § 2 Rn. 16; *R. Stober*, in: H. Wolff/O. Bachof/R. Stober/W. Kluth (Hrsg.), Verwaltungsrecht I, 13. Aufl. 2017, § 3 Rn. 22 f.

54 *S. Detterbeck*, Allgemeines Verwaltungsrecht, 17. Aufl. 2019, § 1 Rn. 9; *R. Stober*, in: H. Wolff/O. Bachof/R. Stober/W. Kluth (Hrsg.), Verwaltungsrecht I, 13. Aufl. 2017, § 3 Rn. 23.

55 *F. Werner*, DVBl. 1959, 527–533.

56 Vgl. zu Nachweisen und zutreffender Kritik *C. Möllers*, in: W. Hoffmann-Riem/E. Schmidt-Aßmann/A. Voßkuhle (Hrsg.), Grundlagen des Verwaltungsrechts, Bd. 1, 2. Aufl. 2012, § 3 Rn. 13, ebenda auch zum Verfassungsrecht als abstrahiertem Verwaltungsrecht. *E. Schmidt-Aßmann*, in: W. Hoffmann-Riem/E. Schmidt-Aßmann/A. Voßkuhle (Hrsg.), Grundlagen des Verwaltungsrechts, Bd. 1, 2. Aufl. 2012, § 109 Rn. 20.

IV. Folgen für die Einordnung des Rechts der Parlamentsverwaltung

1. Formell-organisatorischer Verwaltungsbegriff

Legt man den formell-organisatorischen Ansatz zugrunde, ist die Einordnung des Rechts der Parlamentsverwaltung eindeutig. Organisationsrechtlich ist die Parlamentsverwaltung dem Parlament zugeordnet, dessen Hauptaufgabe Gesetzgebung und gerade nicht Verwaltungstätigkeit ist. Danach handelte es sich bei dem Recht der Parlamentsverwaltung auch dann nicht um Verwaltungsrecht, wenn im Einzelfall funktional Verwaltungstätigkeit in Rede steht.[57] Eine solche Lösung wird der Komplexität des Rechts der Parlamentsverwaltung erkennbar nicht gerecht.[58]

2. Materieller Verwaltungsbegriff

Die Anwendung des materiellen Begriffs der öffentlichen Verwaltung impliziert einen Abgleich seines Inhalts mit den geschilderten Aufgaben und Funktionen der Bundestagsverwaltung. Für eine Zuordnung wird verbreitet an eine in der Literatur vorgeschlagene Systematisierung angeknüpft.[59] Diese unterscheidet Verwaltung im engeren Sinne von einer Dienstleistungsfunktion.[60] Letztere umfasst typischerweise unselbständige Funktionen, welche die legislativen Parlamentstätigkeiten unterstützen. Typische Beispiele sind die Information der Abgeordneten durch den wissenschaftlichen Dienst, die Vorbereitung von Plenarsitzungen durch den Parlamentsdienst und die Parlamentsdokumentation.

Dem stehen etwa Personalangelegenheiten, Polizeiaufgaben und Parteifinanzierung gegenüber. Charakteristisch für diese Kategorie seien die Außenwirksamkeit und/oder die Rechtsförmigkeit der Maßnahmen, was etwa den Fragen der Bindung an die Regelungen des allgemeinen Verwaltungsrechts und der Rechtswegzuständigkeit erhöhte Relevanz verleihe. Trägt man diese Zweiteilung aber an die oben skizzierten Vorschläge der Definition eines materiellen Verwaltungsbegriffs heran, zeigt sich schnell, dass die Einteilung für die Lösung von Zweifelsfällen des Rechts der Parlamentsverwal-

---

57 Mit diesem Ergebnis *Groß*, in: W. Hoffmann-Riem/E. Schmidt-Aßmann/A. Voßkuhle (Hrsg.), Grundlagen des Verwaltungsrechts, Bd. 1, 2. Aufl. 2012, § 13, Rn. 8.

58 In diesem Sinne auch *F.-J. Peine/T. Siegel*, Allgemeines Verwaltungsrecht, 12. Aufl. 2018, § 2 Rn. 16.

59 *C. v. Boetticher*, Parlamentsverwaltung und parlamentarische Kontrolle, 2002, passim; *P. Schindler*, Die Verwaltung des Bundestages, in: H.-P. Schneider/W. Zeh (Hrsg.), Parlamentsrecht und Parlamentspraxis in der Bundesrepublik Deutschland, 1989, § 29. Vgl. auch *L. Brocker*, in: M. Morlok/U. Schliesky/D. Wiefelspütz (Hrsg.), Parlamentsrecht, 2016, § 34.

60 *P. Schindler*, Die Verwaltung des Bundestages, in: H.-P. Schneider/W. Zeh (Hrsg.), Parlamentsrecht und Parlamentspraxis in der Bundesrepublik Deutschland, 1989, Rn. 11 ff.; *C. v. Boetticher*, Parlamentsverwaltung und parlamentarische Kontrolle, 2002, S. 46 ff.

tung nicht weiterhilft. Das gilt namentlich für die typischerweise schwierige Zuordnung des Handelns der Parlaments„verwaltung" zum Verfassungs- oder Verwaltungsrecht. Oder was soll der materielle Verwaltungsbegriff zur Lösung der nachfolgend näher behandelten Fälle der Polizeigewalt des Parlamentspräsidenten und der staatlichen Parteifinanzierung beitragen?

V. Parlamentsverwaltung: Verwaltungsrecht oder Verfassungsrecht? – ein induktiver Ansatz

Abschließend möchte ich nun – wie eben angekündigt – zwei Beispielsfälle von Parlamentsverwaltung im Hinblick auf ihre Zuordnung zum Verwaltungsrecht einerseits oder Verfassungsrecht anderseits diskutieren und daran anschließend eine Abstraktion versuchen.

1. Beispielsfälle

a) Polizeiaufgaben

Das vielleicht typischste Beispiel einer Parlamentsverwaltungstätigkeit, welche die Züge klassischer (Eingriffs-)Verwaltung trägt, bildet die gemäß Art. 40 Abs. 2 S. 1 GG dem Bundestagspräsidenten zukommende Polizeigewalt.[61] Unbeschadet dieses Erscheinungsbildes löst sie jedenfalls unter Zugrundelegung der für die Rechtswegzuständigkeit entwickelten Formel von der Verfassungsunmittelbarkeit[62] ein Differenzierungserfordernis aus: Der Bundestagspräsident übt als am Verfassungsleben unmittelbar Beteiligter ihm unmittelbar kraft Verfassungsrechts[63] zukommende Befugnisse aus. Die konsequente Anwendung der Formel führt daher dann zum Vorliegen einer verfassungsrechtlichen Streitigkeit, wenn der Adressat einer polizeilichen Maßnahme ebenfalls am Verfassungsleben unmittelbar beteiligt ist und eine unmittelbar aus dem Grundgesetz abgeleitete Rechtsposition geltend macht.[64] Die Rechtsprechung geht im Grundsatz von der verwaltungsrechtlichen Natur der Ausübung von Polizeigewalt durch den Bundestagspräsidenten aus;[65] bei Maßnahmen gegen Parlamentarier, in concreto der Sperrung des einem Abgeordneten zugewiesenen Telefonanschlusses wegen

---

61 Gesamtdarstellung bei *A. Ramm*, NVwZ 2010, 1461.

62 Darstellung des Meinungsspektrums und kritische Würdigung bei *D. Ehlers/J.-P. Schneider*, in: F. Schoch/J.-P. Schneider/W. Bier (Hrsg.), Verwaltungsgerichtsordnung, 36. EL 2016, § 40 Rn. 136 ff.

63 Hierzu sowie zur ggf. abweichenden Situation auf Landesebene *H. H. Klein*, in: T. Maunz/G. Dürig (Hrsg.), GG, 87. EL 2019, Art. 40 Rn. 170 ff. Dass Art. 40 Abs. 2 S. 1 GG als Ermächtigungsgrundlage für Polizeimaßnahmen des Bundestagspräsidenten genügt, wird freilich bestritten; bejahend *Klein*, ebd. sowie näher *M. Köhler*, DVBl. 1977 (1981 f.); a. A. etwa *A. Ramm*, NVwZ 2010, 1461 (1464).

64 Vgl. *H. H. Klein*, in: T. Maunz/G. Dürig (Hrsg.), GG, 85. EL 2018, Art. 40 Rn. 174.

65 Ohne Einschränkung BVerfGE 198, 251 (271) – nicht tragend.

vorgeblich rechtswidriger Nutzung, wurde gleichwohl das Vorliegen einer verfassungsrechtlichen Streitigkeit angenommen.[66] Dabei fällt auf, dass die Natur des streitigen Rechtsverhältnisses nicht schematisch als nur verfassungs- resp. verwaltungsrechtlich bestimmt, sondern eine graduelle Abgrenzung durch die gewählten Formulierungen jedenfalls nahegelegt wird. So heißt es im Urteil des Baden-Württembergischen StGH vom 28.01.1988, es seien zwar die Polizeibefugnisse des Landtagspräsidenten aus Art. 32 der Landesverfassung – insoweit parallel zum Grundgesetz – als solche verwaltungsrechtlicher Natur, der Rechtsstreit aber sei *„im Schwerpunkt* verfassungsrechtlicher Natur" und betreffe *„im Kern* nicht so sehr Fragen des materiellen Polizeirechts", sondern das Verhältnis des Abgeordnetenrechtsstatus zu den Polizeibefugnissen des Landtagspräsidenten.[67] Das BVerfG seinerseits führt aus, es werde die Polizeigewalt aus Art. 40 Abs. 2 S. 1 GG *„vornehmlich* verwaltungsrechtlich ausgeübt"[68], ohne allerdings, wozu im konkreten Fall indes auch kein Anlass bestand, insoweit die ausnahmsweise Eröffnung des Verfassungsrechtsweges für bestimmte Konstellationen anzuerkennen.

b) Parteifinanzierung und Wahlkampfkostenerstattung

Einen auch in der verfassungsgerichtlichen Judikatur praktisch gewordenen Anwendungsfall der Frage nach dem verwaltungsrechtlichen Charakter der Parlamentsverwaltung bildet die durch den Bundestagspräsidenten festgesetzte staatliche Teilfinanzierung politischer Parteien nach dem Parteiengesetz. In zwei Beschlüssen vom 07.10.1969[69] und 10.03.1970[70] hat das Gericht Anträge politischer Parteien zurückgewiesen, mit denen die Gewährung von Wahlkampfkostenerstattung nach dem Parteiengesetz resp. die Suspendierung der Rückforderung insoweit geleisteter Abschlagszahlungen jeweils im Wege der einstweiligen Anordnung erstrebt wurden. Das Bundesverfassungsgericht hat ein Organstreitverfahren jeweils deshalb für unzulässig gehalten, weil der für die Gewährung der Wahlkampfkostenerstattung an politische Parteien zuständige Bundestagspräsident diesen nicht als Verfassungsorgan, sondern als Verwaltungsbehörde gegenüberstehe. In der Begründung stellt das Gericht jeweils darauf ab, dass sich die ihm zukommenden Befugnisse unbeschadet ihres verfassungsrechtlichen Hintergrundes nicht aus dem Grundgesetz oder der Geschäftsordnung des Deutschen

---

66 StGH BW, NJW 1988, 3199, Gesch. Reg. 1/87; abl. Anmerkung *H. Schlenker*, VBlBW 1989, 410 f.
67 StGH BW, NJW 1988, 3199, (Hervorhebungen nicht im Original).
68 BVerfG, 198, 251 (271), (Hervorhebung nicht im Original).
69 BVerfGE 27, 152.
70 BVerfGE 28, 97.

Bundestages, sondern aus dem Parteiengesetz ergäben.[71] Hinsichtlich der weiteren Frage nach der Zulässigkeit einer Verfassungsbeschwerde beschränkte das BVerfG sich jeweils auf die Feststellung, dass der Rechtsweg nicht erschöpft und dessen Erschöpfung auch nicht entbehrlich sei, so dass insoweit kein Anlass zu weitergehender Erörterung des verfassungs- oder verwaltungsrechtlichen Gepräges des strittigen Rechtsverhältnisses bestand.

2. Abstraktion

Die geschilderte Qualifikationspraxis der Rechtsprechung bezüglich Maßnahmen der Parlamentsverwaltung wirft die Frage nach plausiblen abstrakten Kriterien auf. Einerseits sollen polizeiliche Maßnahmen des Bundestagspräsidenten nicht schon deshalb verfassungsrechtlicher Natur sein, weil er unmittelbar in der Verfassung begründete Befugnisse ausübt. Sie können es andererseits doch sein, falls sie Abgeordnete betreffen. Die Parteienfinanzierung ihrerseits soll ihrer einfachgesetzlichen Ausgestaltung wegen verwaltender Natur sein, wobei jedoch gleichzeitig durch die ihrerseits im Rang unter dem Grundgesetz stehende Geschäftsordnung des Bundestages determinierte Rechtsverhältnisse verfassungsrechtlichen Charakters sein können. Vor diesem Hintergrund scheint die Anknüpfung an das maßgebliche Regelungsregime allein nicht zielführend; die Ansätze zur materiellen Definition der Verwaltung ihrerseits führen letztlich zur Erfassung der gesamten Tätigkeit der Parlamentsverwaltung. Es kommt vielmehr entscheidend auf den Inhalt der jeweiligen Maßnahme an. Vorgeschlagen wird hier deshalb folgende Abstraktion:

Verwaltungsrechtliches Handeln der Parlamentsverwaltung ist hiernach ein solches, wenn es nicht integraler Bestandteil der charakteristischen Funktion des Parlaments oder eines Teils desselben im Verfassungsleben ist oder diese unmittelbar beschränkt.[72]

3. Exemplarische Anwendung der Abstraktion

Abschließend wird die vorgeschlagene Abstraktion auf einige Beispielfälle von Parlamentsverwaltung unter Einschluss von Polizeigewalt und Parteienfinanzierung angewandt.

---

71 Zwar begründet die Ausstattung mit eigenen Rechten oder Pflichten in der Geschäftsordnung eines obersten Bundesorgans gemäß Art. 93 Abs. 1 Nr. 1 GG die Parteifähigkeit im Organstreitverfahren, doch ist sie deshalb nicht unmittelbar Prüfungsmaßstab desselben; vgl. *H. Bethge*, in: T. Maunz/B. Schmidt-Bleibtreu/F. Klein/H. Bethge (Hrsg.), BVerfGG, 57. EL Juni 2019, § 64 Rn. 118.

72 Vgl. auch die (abstraktere) Definition des materiell *verfassungs*rechtlichen Charakters bei *C.-F. Menger*, VerwArch 66 (1975), 169 (174), im Anschluss an *E. Forsthoff*, Lehrbuch des Verwaltungsrechts, Bd. 1, 10. Aufl. 1973, S. 12.

Aus der vorgeschlagenen Abstraktion erklärt sich zunächst die grundsätzlich verwaltungsrechtliche Qualität der Polizeiaufgaben des Bundestagspräsidenten.[73] Die Eigenschaft eines Parlaments und dessen charakteristische Funktion kommt dem Bundestag nicht deshalb zu, weil anstelle der (formellen) Exekutive sein Präsident die Polizeigewalt im Sitzungsgebäude ausübt. Das Grundgesetz will durch die exklusive Zuweisung dieser Kompetenz zwar mittelbar die ungestörte Wahrnehmung der originären demokratischen Funktion des Parlaments schützen,[74] doch ist diese deshalb nicht mit jener identisch. Die ausnahmsweise verfassungsrechtliche Qualifikation bei Maßnahmen gegen Abgeordnete[75] scheint jedenfalls diskutabel, weil und soweit diese ihrerseits gerade als Mandatsträger betroffen sind und daher durch Eingriffsakte in ihrer charakteristischen Funktion beschränkt werden.[76]

Die Bewertung der Parteifinanzierung durch die Rechtsprechung erklärt sich daraus, dass die Parteien unbeschadet der ihnen zukommenden verfassungsrechtlichen Sonderstellung[77] jedenfalls als solche nicht Teil des Parlaments sind und auch an seiner Funktion nicht teilnehmen, sondern ihre Rolle im Vorfeld seiner Konstituierung liegt. Wahlakt und Wahlkampf sind unbeschadet ihrer zentralen Bedeutung für das demokratische Gemeinwesen naturgemäß keine Funktionen des Parlaments, sondern Voraussetzungen seiner Bildung. Die Tätigkeit der Bundestagsverwaltung in Angelegenheiten der Abgeordnetenentschädigung und -versorgung wirft das Problem in verschärfter Form auf: Die Abgeordneten nehmen im Rahmen ihrer Mandatsausübung an der charakteristischen Funktion des Parlaments durchaus unmittelbar teil. Die Entschädigung aber ist nicht integraler Bestandteil ihrer Mandatsausübung, sondern soll diese lediglich wirtschaftlich flankieren.[78] Es handelt sich daher wiederum um eine, deshalb in ihrer Bedeutung freilich nicht gering zu schätzende, äußere Bedingung der parlamentarischen Kerntätigkeiten.[79]

Schließlich fügen sich auch die Erwägungen, mit denen das Bundesverwaltungsgericht in seiner Entscheidung vom 25.06.2015[80] die Informationspflichtigkeit des Bundestages hinsichtlich Zuarbeiten des wissenschaftli-

---

73 Vgl. *C. v. Boetticher*, Parlamentsverwaltung und parlamentarische Kontrolle, 2002, S. 194 ff. mit abl. Stellungnahme zu StGH BW, NJW 1988, 3199.

74 *H. H. Klein*, in: T. Maunz/G. Dürig (Hrsg.), GG, 87. EL 2019, Art. 40, Rn. 180.

75 Vgl. StGH BW, NJW 1988, 3199.

76 *H. Schlenker*, VBlBW 1989, 410 (411), hält diesen Gesichtspunkt allerdings für unmaßgeblich, da es an einem „für den Organstreit konstitutiven, beide Teile umschließenden materiellen Verfassungsrechtsverhältnis" fehle.

77 *H. Bethge*, in: T. Maunz/B. Schmidt-Bleibtreu/F. Klein/H. Bethge (Hrsg.), BVerfGG, 57. EL Juni 2019, § 63, Rn. 58.

78 Vgl. *H. H. Klein*, in: T. Maunz/G. Dürig (Hrsg.), GG, 79. EL 2016, Art. 40, Rn. 110 ff.

79 Differenzierend *C. v. Boetticher*, Parlamentsverwaltung und parlamentarische Kontrolle, 2002, S. 187 ff., der darauf abhebt, ob eine Leistung verfassungsrechtlich geboten ist.

80 Vgl. oben A. I.

chen Dienstes gemäß § 1 Abs. 1 IFG bejaht, in diese Konzeption: Die hierin liegende Schaffung einer Wissensbasis für die mandatsbezogene Aufgabenerfüllung der Abgeordneten, so der *Senat*, sei dieser gerade vorgelagert und deshalb funktionell Verwaltungstätigkeit.[81]

Der charakteristischen Parlamentstätigkeit zuzurechnen und daher nicht verwaltender Natur ist hingegen nach obiger Abstraktion die Leitungs- und Ordnungsgewalt des (Sitzungs-) Präsidenten,[82] namentlich etwa die Eröffnung, Leitung und Schließung der Sitzungen, aber auch die Einberufung im Falle des Art. 39 Abs. 3 S. 2 GG sowie (i.r.d. Ordnungsgewalt) Disziplinarmaßnahmen. Wesentlich ist dabei nicht, inwieweit diese ihre Grundlage im Grundgesetz oder in der Geschäftsordnung des Bundestages finden oder (so im Falle der Rüge) gar nicht im geschriebenen Recht geregelt sind.[83] Sie sind vielmehr deshalb funktionell dem Bereich des Verfassungsrechts zuzuschlagen, weil sie zum Inhalt der charakteristischen Parlamentstätigkeit gehören.

VI. Schluss

Ich komme zum Schluss. Es ist nicht viel, was ich zur Erhellung des Verhältnisses von Parlamentsverwaltung und Verwaltungsrecht beitragen konnte. Aber vielleicht ist ein großer Wurf auch nicht möglich, wenn es denn zutrifft, dass – wie *Christoph Möllers* formuliert hat – die Versuche der deutschen Verwaltungsrechtswissenschaft, „Verwaltung" positiv zu definieren, schlicht „abschreckend" sind.[84]

---

81 BVerwG, Urt. v. 25.06.2015, 7 C 2.14, Rn. 17 f.

82 Vgl. *H. H. Klein*, in: T. Maunz/G. Dürig (Hrsg.), GG, 79. EL 2016, Art. 40, Rn. 99 ff.

83 Vgl. zur Ableitung der Ordnungsgewalt *H. H. Klein*, in: T. Maunz/G. Dürig (Hrsg.), GG, 79. EL 2016, Art. 40, Rn. 101 f. sowie *M. Köhler*, DVBl. 1992, 1577 (1578).

84 *C. Möllers*, in: W. Hoffmann-Riem/E. Schmidt-Aßmann/A. Voßkuhle (Hrsg.), Grundlagen des Verwaltungsrechts, Bd. 1, 2. Aufl. 2012, § 3 Rn. 3, dort Fn. 11.

Parteienrecht als Schnittstelle von Verfassungs- und Verwaltungsrecht

von
Piotr Czarny, Krakau[*]

---

[*] *Piotr Czarny* ist Dozent für Verfassungsrecht an der Jagiellonen-Universität in Krakau. Der Aufsatz wurde teilweise im Rahmen eines vom polnischen Nationalen Zentrum für Wissenschaft (Narodowe Centrum Nauki) finanzierten Forschungsprojekts (Vertragsnummer UMO-2015/18/E/ HS5 / 00353) erstellt.

I. Einführung – die Rolle der politischen Parteien im heutigen Polen und neue Tendenzen in der Gesetzgebung

Vor mehr als 50 Jahren hat der damals bekannte deutsche Verfassungsrechtler und Richter am Bundesverfassungsgericht *G. Leibholz* (1901–1982) mit folgenden Worten die Rolle der politischen Parteien beschrieben: „Die Parteien sind das Sprachrohr, deren sich das organisierte Volk bedient, um sich artikuliert äußern und Entscheidungen fällen zu können. Ohne Zwischenschaltung der Parteien würde das Volk nicht in der Lage sein, irgendeinen politischen Einfluss auf das staatliche Geschehen auszuüben und sich so selbst zu verwirklichen"[1]. Diese Bemerkung bildete eine Grundlage der sog. Parteienstaatslehre und spielte eine legitimierende Rolle für solche Verfassungsbestimmungen, die – wie Art. 21 GG und Art. 11 Abs. 1 der polnischen Verfassung von 1997 (im Folgenden: PV) – die besondere Stellung der politischen Parteien bestimmen.

Es ist aber heute klar, dass Beziehungen zwischen dem Volk und den Parteien in der Tat einen dialektischen Charakter haben. Auch mithilfe der verschiedenen Propagandamittel gestalten die Parteien die öffentliche Meinung und das politische System des Staates mit.[2] Oft schaffen sie Themen und Richtung der öffentlichen Debatte. Nach der in Polen bekannten Redewendung: „das dunkele Volk kauft es", versuchen sie ihre oben skizzierte Vermittlungsrolle zu ändern und das Volk „als Sprachrohr" ihrer Programme zu betrachten. Anstatt die realen Bedürfnisse und Interessen verschiedener Volksteile zu erkennen und zu artikulieren, erzeugen sie Unzufriedenheit, um die Stimmen der Wähler zu gewinnen.[3] Dazu nutzen die Parteien auch (verwaltungs-)rechtliche Mittel. Als Paradebeispiel ist die Organisation und Funktionsweise der öffentlichen Rundfunk- und Fernsehsender zu nennen. Dieser Prozess ist gegenwärtig vor allem in den Staaten der sog. illiberalen Demokratie sichtbar.

Die polnische Verfassung – ähnlich wie das Bonner Grundgesetz – folgt auf den ersten Blick der Idee, dass die politischen Parteien vor allem eine der wichtigsten Verfassungsinstitutionen im Bereich der Staatsgewalt sind. Der verfassungsrechtliche Status der politischen Parteien wird in Polen im Kapitel I der Verfassung (also im Teil unter dem Titel „die Republik"), das die Grundsätze der staatlichen Ordnung Polens regelt, und dazu gleich nach

---

1 *G. Leibholz*, Strukturprobleme der modernen Demokratie, 3. Aufl. 1974, S. 76.

2 *M. Chmaj/W. Sokół/M. Żmigrodzki*, Teoria partii politycznych, 1995, S. 56; *M. Sobolewski*, Partie i systemy partyjne świata kapitalistycznego, 1977, S. 304.

3 *J. Sułkowski*, in: M. Safjan/L. Bosek (Hrsg.), Konstytucja RP. Komentarz, B. I, 2016, Art. 11, Rn. 12.

dem Prinzip der Gewaltenteilung (Art. 10 PV) festgeschrieben.[4] Obwohl man oft über die Verankerung des Prinzips des politischen Pluralismus in der PV spricht,[5] nimmt der polnische Verfassungsgeber die Existenz (und die Vielfalt) der politischen Parteien eher als rein faktische Lage hin und beschäftigt sich nur mit der Problematik, welche Rolle die Parteien für den Staat spielen sollen und welche Bedingungen sie erfüllen müssen. Aus der Verfassung kann man entnehmen, dass die Staatsbürger freiwillig und in Übereinstimmung mit dem Gleichheitssatz die Gründung und Tätigkeit der politischen Parteien nutzen dürfen, um auf die Gestaltung der Politik des Staates einzuwirken (Art. 11 Abs. 1 PV). Es ist bemerkenswert, dass die PV – im Gegensatz zum Bonner Grundgesetz – die enge Verbindung der Parteien mit dem Staat (und nicht mit dem Volk) hervorhebt.[6] In der Literatur stellte man deswegen fest, dass für den polnischen Verfassungsgeber – im Gegensatz zu der Mehrheit der mittel-osteuropäischen Staaten – nicht die deutschen, sondern die italienischen Vorschriften (Art. 49 der Verfassung vom 1947) als Muster dienten.[7]

Die in der polnischen Verfassung benutzte Formel bringt noch eine Konsequenz mit sich. Es geht um Personalangelegenheiten der staatlichen Verwaltung. In Deutschland nimmt man an, dass in der Tätigkeit der staatlichen Verwaltung keine „politische Willensbildung des Volkes" stattfindet. Es bedeutet unter anderen, dass sog. Ämterpatronage unzulässig ist.[8] Die „Instrumentalisierung" des Staates durch die Parteien soll als verfassungswidriger, von Art. 21 GG nicht gedeckter Zustand ausgewertet werden.[9] Aufgrund des Art. 11 Abs. 1 PV kann man eine solche Feststellung in Bezug auf Polen nicht wiederholen.

Nach der politischen Wende in den Jahren 1989–1990 war aber in Polen die Tendenz sichtbar, die politischen Parteien relativ streng vom Staat zu trennen. Noch im Gesetz über die politischen Parteien aus dem Jahre 1997 kann man lesen, dass die Parteien keine Aufgaben der öffentlichen Behörden wahrnehmen oder diese Behörden ersetzen dürfen.[10] Im Laufe der Zeit

---

4 Deutsche Übersetzung der polnischen Verfassung vom 2 April 1997 s. unter http://www.sejm. gov.pl/prawo/konst/niemiecki/kon1.htm (letzte Abfrage am 04.03.2020).

5 Verfassungsgerichtshof (Trybunał Konstytucyjny), Urt. v. 08.03.2000, OTK ZU 2000/2/58.

6 Wie die Verbindung mit dem Volk in der Tat aussieht zeigt eine Angelegenheit: weniger als 1 % der polnischen Bürger, die das aktive Wahlrecht haben, gehören einer politischen Partei an (GUS [Statistisches Hauptamt], Partie polityczne w 2016 r., S. 1).

7 *R. M. Małajny*, in: ders. (Hrsg.), Polskie prawo konstytucyjne na tle porównawczym, 2013, S. 15.

8 *R. Streinz*, in: H. v. Mangoldt/F. Klein/C. Starck (Hrsg.), Kommentar zum Grundgesetz, Bd. 2, 2000, Art. 21, Rn. 91–92.

9 *J. Ipsen*, Staatsrecht I, 2008, S. 44.

10 Art. 6 des Gesetzes vom 27. Juni 1997 über die politischen Parteien [s. englische Übersetzung dieses Gesetzes in E. Gierach/P. Chybalski (Hrsg.), Polish Constitutional Law. The Constitution and selected statutory Materials, 2009, S. 313] – weiter: PartG.

hat sich die Einstellung geändert. In vielen Fällen betrachten die Gesetze die politischen Parteien (bzw. ihre Parlamentsfraktionen) als *quasi*-staatliche Einrichtungen, die eigene öffentlich-rechtliche Rechte und Pflichten besitzen. In der Literatur werden sie als sog. gesellschaftliche (soziale) Subjekte der staatlichen Macht bezeichnet.[11]

Die einfachgesetzliche Regelung der Tätigkeit der politischen Parteien birgt natürlich ein besonderes Legitimationsproblem. Die Parlamentsmitglieder sind in der Tat Vertreter der politischen Gruppierungen. Kurz gesagt, erzeugen die Parteien Recht nicht nur für sich selbst, aber auch für potenzielle Konkurrenten.[12]

Die folgenden Bemerkungen sind natürlich keine erschöpfende Abhandlung der Titelfrage, es geht eher um einen Abriss der Problematik. Außerdem kann man bei dieser Gelegenheit einige rechtsvergleichende Bemerkungen machen.

II. Verfassungsrechtliche Stellung der politischen Parteien und Hauptprobleme aus der Rechtsprechung des Verfassungsgerichtshofes

1. Mitgliedschaft

In Polen dürfen – sowohl nach Art. 11 Abs. 1 der Verfassung und nach dem gültigen Gesetz über die politischen Parteien – nur die polnischen Staatsbürger einer politischen Partei angehören (Art. 2 PartG).[13] Diese Einschränkung ist in Bezug auf die Bürger der Europäischen Union ziemlich fraglich.[14] Die politischen Parteien auf europäischer Ebene sind nach dem Europa-Recht wichtig als Faktor der Integration und tragen dazu bei, den politischen Willen der Bürger der Union zum Ausdruck zu bringen.[15] Noch weiter geht die EU-Grundrechtecharta, die besagt, dass jede Person das Recht hat, sich, insbesondere im politischen Bereich, auf allen Ebenen frei und friedlich mit anderen zusammenzuschließen (Art. 12).

---

11 *R. M. Małajny*, in ders. (Hrsg.), Polskie prawo konstytucyjne na tle porównawczym, 2013, S. 15.

12 *A. Ławniczak*, Swoboda działalności partii politycznych, in: B. Banaszak/A. Preisner (Hrsg.), Prawa i wolności obywatelskie w Konstytucji RP, 2002, 607.

13 Nach dem PartG müssen die Parteimitglieder außerdem das achtzehnte Lebensjahr vollendet haben; es ist nicht klar, ob sie das aktive Wahlrecht bzw. volle Rechtshandlungsfähigkeit besitzen sollen; s. *P. Czarny*, Ausgewählte Probleme des verfassungsrechtlichen Status der politischen Parteien in Litauen und in Polen, in: E. Šilejkis (Hrsg.), Verfassungsentwicklung in Litauen und Polen im Kontext der Europäisierung, 2010, 129; *A. Kulig*, Z zagadnień prawnej instytucjonalizacji partii politycznych w Polsce (na tle porównawczym), 2013, S. 191.

14 *A. Kulig*, Z zagadnień prawnej instytucjonalizacji partii politycznych w Polsce (na tle porównawczym), 2013, S. 190.

15 Art. 10 Abs. 4 EUV.

Dieses Problem wird teilweise mit dem Inkrafttreten des Gesetzes von November 2018 über die europäischen politischen Parteien und europäischen politischen Stiftungen gelöst, das die Verordnung des Europäischen Parlaments und des Rates von Oktober 2014 über das Statut und die Finanzierung europäischer politischer Parteien und europäischer politischer Stiftungen umsetzte.[16] In dieser Verordnung wurde eine europäische politische Partei als „politisches Bündnis", d. h. „eine strukturierte Zusammenarbeit zwischen politischen Parteien und/oder Bürgern" (EU-Bürger) bestimmt.[17] Man muss also annehmen, dass, wenn eine europäische politische Partei ihren Sitz in Polen hat, auch die EU-Bürger, die die polnische Staatsangehörigkeit nicht besitzen, Mitglieder dieser Partei sein dürfen.[18]

Es ist aber zu bemerken, dass die europäischen politischen Parteien, die nach dieser Verordnung und dem polnischen Gesetz von 2018 gegründet werden, keine Parteien im verfassungsrechtlichen Sinne sind. Nur einige ausgewählte Vorschriften des Parteigesetzes (z. B. über Parteilosigkeit) werden auf diese Organisationen entsprechend angewendet. Sie dürfen nicht unmittelbar an den allgemeinen Wahlen teilnehmen, auch in den Wahlen zum Europäischen Parlament dürfen sie keine Kandidatenlisten aufstellen. Diese Einschränkung ist mit dem EU-Recht vereinbar, da die Verordnung vom Oktober 2014 den europäischen Parteien nicht erlaubt, Kandidaten in nationalen Wahlen oder Wahlen zum Europäischen Parlament zu nominieren oder sich an Kampagnen für Referenden zu beteiligen.[19] Eine solche oder ähnliche Befugnis verbleibt in der Zuständigkeit der Mitgliedstaaten, ist aber im Lichte des Art. 3 Abs. 1 der Verordnung nicht ausgeschlossen. Danach kann ein politisches Bündnis die Eintragung als europäische politische Partei beantragen, wenn (…) es oder seine Mitgliedsparteien in mindestens einem Viertel der Mitgliedstaaten bei der letzten Wahl zum Europäischen Parlament mindestens drei Prozent der abgegebenen Stimmen in jedem dieser Mitgliedstaaten erhalten hat. Daraus folgt, dass auch die europäischen politischen Parteien als solche (und nicht nur ihre Mitgliedsparteien) die Möglichkeit bekommen können, an Wahlen zum Europäischen Parlament teilzunehmen. Es hängt von den einzelnen EU-Mitgliedstaaten ab.

Das Prinzip der Freiwilligkeit der Parteimitgliedschaft bringt eigentlich keine Probleme mit sich. Zu den strittigen Fragen gehört aber das Problem, ob ein Parteimitglied seinen Ausschluss aus der Partei vor dem staatlichen Gericht beanstanden darf. Der polnische Oberste Gerichtshof hat diese Frage noch nicht entschieden, man soll aber erwähnen, dass ein Mitglied eines

---

16 Dz. U. [Gesetzblatt der Republik Polen] 2018, Pos. 37.

17 Art. 2 Pkt. 1 und 2.

18 Natürlich muss eine solche individuelle Mitgliedschaft in der Satzung einer Partei zugelassen werden.

19 Einführung zur Verordnung Th. 18.

Vereins im Falle des Ausschlusses wegen diesem Verhalten vor dem Gericht klagen darf.[20] Es ist aber nicht klar, ob die besondere Rechtslage der politischen Parteien erlaubt, die Grundsätze, die für „typische" Privatvereine gelten, auf politische Gruppierungen analog anzuwenden. Außerdem ist in diesem Fall von Bedeutung, wie man den Rechtscharakter der Parteisatzung bestimmt. Die Satzungen der Privatvereine werden unter anderen als *sui generis*-Verträge zwischen den Mitgliedern behandelt. Ob diese Feststellung in Bezug auf die Satzungen der politischen Parteien zutreffend ist, bleibt offen.

2. Rechtliche Grundlagen der Parteiauflösung durch den Verfassungsgerichtshof

In Polen (wie in Deutschland) genießen die politischen Parteien das sogenannte Parteiprivileg im Bereich des Verbotsverfahren. Die Verfassung sieht vor, dass über die Vereinbarkeit der Ziele oder Tätigkeit der politischen Parteien mit der Verfassung der Verfassungsgerichtshof entscheidet (Art. 188 Abs. 4 PV). Das bedeutet nicht nur einen Kompetenz-Unterschied im Vergleich mit anderen Organisationen, sondern hat auch zur Folge, dass die („bloße") Gesetzwidrigkeit in der Tätigkeit nicht zum Verbot der politischen Partei führen muss. Dadurch unterscheiden sich die Parteien wesentlich von anderen Vereinen, die von einem Gericht verboten werden sollen, wenn ihre Ziele oder Tätigkeit verfassungs- oder gesetzwidrig sind (Art. 58 Abs. 2 PV). Die Kontrolle der politischen Parteien durch das Verfassungsgericht hat zwei Formen. Die sog. präventive Kontrolle kann bei der Registrierung (oder Registrierung der Satzungsänderungen) aufgrund der Vorlage des das Register führenden Gerichts stattfinden. Repressive Kontrolle betrifft die schon bestehenden Parteien, der Antrag darf nur von bestimmten Staatsorganen gestellt werden (Art. 191 Abs. 1 PV).

Die Auslegung der Verfassungsbestimmungen über die politischen Parteien war in gewissen „Punkten" zweifelhaft. In der Praxis musste der polnische Verfassungsgerichtshof näher bestimmen, was die Unvereinbarkeit mit der Verfassung bedeutet. In einem Beschluss von November 2010 stellte der Gerichtshof fest, dass nur Art. 13 PV (allein oder in Verbindung mit anderen Verfassungsbestimmungen) – sowohl notwendiges als auch ausreichendes – Muster der Kontrolle der Tätigkeit einer politischen Partei sein soll.[21] Diese Vorschrift enthält die ziemlich komplizierte Formel: „Verboten

---

20 Orzecznictwo Sądu Najwyższego [Rechtsprechung des Obersten Gerichts], Izba Cywilna 2005, Nr. 11, poz.188.

21 Verfassungsgerichtshof (Trybunał Konstytucyjny), Beschl. v. 24.11.2010, OTK ZU 115/9/A/2010; früher hat der VGH festgestellt, dass nur Unvereinbarkeit mit der Verfassung als rechtliche Gründe der Ablehnung des Antrags auf Eintragung in das Register bilden kann, die Einschränkungen bei Gründung einer Partei dürfen sich nur unmittelbar aus der Verfassung erge-

ist das Bestehen politischer Parteien und anderer Organisationen, die sich in ihren Programmen auf die totalitären Methoden und Praktiken des Nazismus, Faschismus und Kommunismus berufen. Verboten ist auch das Bestehen solcher Parteien, deren Programm oder Tätigkeit Rassen- und Nationalitätenhass, Gewalt zum Zweck der Machtübernahme oder Einflussausübung auf die Staatspolitik voraussetzt oder zulässt oder das Verheimlichen von Strukturen oder Mitgliedschaft vorsieht" und kann wirklich als Mindeststandard betrachtet werden. Die Argumentation des Verfassungsgerichtshofes stützte sich eigentlich auf das Verhältnismäßigkeitsprinzip. Im Verfahren nach Art. 188 Abs. 5 PV hat der Verfassungsgerichtshof grundsätzlich nur zwei Möglichkeiten, entweder die Unvereinbarkeit festzustellen, was zur Auflösung der Partei (oder Ablehnung eines Antrags auf Registrierung) führt, oder die Verfassungsmäßigkeit zu bestätigen.[22] Die Auflösung einer Partei sei ein tiefer Eingriff in den politischen Pluralismus, was bedeutete, dass man sie als *ultima ratio* betrachten sollte. Diese Meinung des Verfassungsgerichtshofes wurde als ziemlich umstritten eingestuft. Bestimmt führt sie zur Einschränkung der Staatsaufsicht über die politischen Parteien.[23] In der Praxis hat VGH noch nie die Verfassungswidrigkeit einer politischen Partei festgestellt.

Damit verbunden ist auch ein Problem verfahrensrechtlicher Natur. Es geht um die Frage, ob die Verfassung die sog. präventive Kontrolle der Vereinbarkeit der politischen Parteien mit der Verfassung zulässt. In Polen sollen die politischen Parteien auf ihren Antrag durch ein Gericht in ein Register eingetragen werden.[24] Wenn das Gericht Zweifel hat, ob Ziele oder die in der Satzung (bzw. in der Satzungsänderung) festgeschriebenen Arbeitsprinzipien einer Partei mit der Verfassung vereinbar sind, darf es diese Frage dem Verfassungsgerichtshof vorlegen (Art. 14 PartG). Obwohl nach Art. 191 Abs. 1 PV die Gerichte nicht befugt sind, Anträge beim VGH einzulegen, dürfen sie dem Verfassungsgerichtshof eine Rechtsfrage bezüglich der Vereinbarkeit eines Normativaktes mit der Verfassung, den ratifizierten völkerrechtlichen Verträgen oder dem Gesetz vorlegen (Art. 193 PV). Die Parteisatzungen sind keine Normativakte im Sinne des Art. 193 PV, aber die

---

ben und einfache Gesetze dürfen keine zusätzliche Schranken schaffen, Verfassungsgerichtshof (Trybunał Konstytucyjny), Urt. v. 08.03.2000, OTK ZU 58/2/2000, s. deutsche Übersetzung von Thesen dieses Urteils in: *B. Banaszkiewicz*, Entscheidungen des Verfassungsgerichtshofes der Republik Polen seit dem Inkrafttreten der neuen Verfassung bis zum Urteil über die EU-Mitgliedschaft, 2006, S. 83–86.

22 Es bleibt noch als dritte Möglichkeit die Einstellung des Verfahrens; diese Entscheidungsformel wird vom VGH sehr oft in Sachen des Parteiverbots benutzt.

23 S. abweichende Meinung des Richters *M. Zubik* zum Beschluss des Verfassungsgerichtshofs (Trybunał Konstytucyjny), Beschl. v. 24.11.2010, OTK ZU 115/9/A/2010.

24 Die Ernsthaftigkeit einer Partei muss durch die Unterstützung der Gründung von mindestens 1.000 Staatsbürgern bestätigt werden.

präventive Kontrolle der politischen Parteien zeigt eine gewisse „Verwandt-
schaft" mit der Rechtsfrage. Außerdem ist sie aus praktischen Gründen
geboten.

3. Innere demokratische Struktur der Parteien

Ein anderes Problem betraf die innere demokratische Struktur der Parteien
(Binnendemokratie). Im Gegensatz zu Art. 21 des Bonner Grundgesetzes
sieht die PV ausdrücklich keine entsprechende Bedingung vor. Nach dem
polnischen PartG gestalten aber die Parteien ihre Organisation und Arbeitsweise im Einklang mit den Prinzipien der Demokratie, indem sie insbesondere: die Transparenz ihrer Strukturen gewährleisten, Parteiorgane durch
Wahlen ernennen und Beschlüsse mit Stimmenmehrheit fassen (Art. 8
PartG)[25].

Das Prinzip der inneren Demokratie hat aber als solches keinen Verfas-
sungsrang, es ist im einfachen Gesetz festgeschrieben. Fraglich war, welche
Folgen die Unvereinbarkeit der Parteisatzung mit dieser Bestimmung hat.
Der Verfassungsgerichtshof hat festgestellt, dass zwischen der inneren Organisation der Partei einerseits und der Nutzung nur demokratischer Methoden bei Einwirkung auf die Gestaltung der Staatspolitik, und Gleichheit der
Parteimitglieder andererseits, eine enge Verbindung besteht. Er ist zuständig, auch die innere Struktur der Partei zu beurteilen. Die eindeutige und
klare Unvereinbarkeit der inneren Struktur der Partei mit den demokratischen Grundsätzen bedeutet nach der Meinung des Gerichtshofs eine Verletzung der Verfassung. Gleichzeitig betonte er, dass Art. 8 PartG nicht so
verstanden werden soll, dass alle Organe einer Partei von den Mitgliedern
gewählt werden müssen. Die lokalen und beratenden Strukturen dürfen
auch auf andere Art und Weise berufen werden[26]. Insbesondere können die
örtlichen und regionalen Organe vom Parteivorsitzenden berufen werden,
der aber selbst vom Parteikongress demokratisch gewählt worden ist.[27]

4. Zulässigkeit der gesetzlichen Einschränkungen der Mitgliedschaft in den politischen Parteien

Am Ende dieses verfassungsrechtlichen Teils sollen noch zwei Probleme
kurz erwähnt. Erstens geht es um Zulässigkeit der gesetzlichen Einschränkungen der Mitgliedschaft in den politischen Parteien (Parteilosigkeit). In
einem Urteil von April 2002 beschäftigte sich der Verfassungsgerichtshof
„pauschal" mit Bestimmungen aus den 18 Gesetzen, die solche Parteilosig-

---

25 Außerdem muss die Parteisatzung von der Mitgliederversammlung (oder von einer demokratisch gewählten Delegiertenversammlung) beschlossen werden.

26 *B. Banaszkiewicz*, Entscheidungen des Verfassungsgerichtshofes der Republik Polen seit dem
Inkrafttreten der neuen Verfassung bis zum Urteil über die EU-Mitgliedschaft, 2006, S. 85.

27 Verfassungsgerichtshof (Trybunał Konstytucyjny), Urt. v. 08.03.2000, OTK ZU 2000/2/58.

keit in Bezug auf verschiedene Personengruppen einführen, die die öffentlichen Funktionen ausüben (z. B. Polizisten, Zollbeamte, berufliche Feuermänner)[28]. Alle diese Einschränkungen wurden als verfassungsmäßig bestätigt. Der Gesetzgeber ist berechtigt, einige Institutionen der öffentlichen Gewalt als „politisch neutrale" Einrichtungen zu schaffen. Die Parteilosigkeit ist eine von den wichtigsten Elementen dieser Neutralität und dient dem Vertrauensschutz.

5. Zulässigkeit der Verfassungsbeschwerde einer politischen Partei

Die Frage, ob eine politische Partei berechtigt ist, eine Verfassungsbeschwerde einzulegen, war in Deutschland vor allem in den 50er Jahren kontrovers.[29] In Polen trat sie erst im Jahre 2010 hervor. Die Antwort des polnischen Verfassungsgerichtshofes auf diese Frage war ähnlich wie die des Bundesverfassungsgerichts. Nach der Meinung des Verfassungsgerichtshofs seien die Parteien Subjekte (Einrichtungen) des öffentlichen Rechts und deswegen könnten sie sich nicht auf die verfassungsmäßigen Rechte und Freiheiten berufen, die den „Privatpersonen" zustehen.[30] Sie seien nicht nur freiwillige Vereine der Bürger, sondern besitzen eine „staatsbildende Funktion". Nicht ohne Bedeutung ist auch die Haushaltsfinanzierung (s. weiter Pkt. III.2). Deswegen stellt der Verfassungsgerichtshof in vielen Beschlüssen die Unzulässigkeit der Verfassungsbeschwerden der politischen Parteien fest.[31]

Die Frage, ob ausnahmsweise die Verletzung des Rechts der Parteien, Kandidaten für das Amt eines Abgeordneten oder Senators aufzustellen (Art. 100 Abs. 1 PV), in Verbindung mit dem Gleichheitssatz (Art. 32 PV), als zulässige Grundlage einer Verfassungsbeschwerde anerkannt werden soll, ist noch nicht entschieden.

Zusammenfassend kann man die Meinung von *A. Bień-Kacała* wiederholen, die behauptete, dass der Verfassungsgerichtshof eine „etatistische" Einstellung in Bezug auf politische Parteien vertrete.[32] Diese Tendenz war im Laufe der Zeit immer wieder sichtbar. Diese Organisationen werden vor allem als „Verlängerung" des Staates und nicht als Ausdruck der bürgerlichen Freiheit betrachtet. Auch die Parteien konzentrieren sich auf den Ein-

---

28 Verfassungsgerichtshof (Trybunał Konstytucyjny), Urt. v. 10.04.2002, OTK ZU 2002/18/2.

29 BVerfGE 4, 27.

30 Damit sind die politischen Parteien ähnlich zu betrachten wie juristische Personen des öffentlichen Rechts, s. *P. Tuleja*, Verfassungsbeschwerde in Polen, in: E. Šilejkis (Hrsg.), Verfassungsentwicklung in Litauen und Polen im Kontext der Europäisierung, 2010, 67–68.

31 Z. B. Verfassungsgerichtshof (Trybunał Konstytucyjny), Beschl. v. 15.09.2011, r. OTK ZU 2011/5/359.

32 *A. Bień-Kacała*, Problematyka partii politycznych w orzecznictwie Trybunału Konstytucyjnego, Toruńskie Studia Polsko-Włoskie Studi Polacco-Italieni di Toruń XIII, 2016, S. 40.

fluss auf die Politik des Staates und nicht auf den Aufbau der bürgerlichen Gesellschaft. Diese Feststellung bedeutet nicht, dass der VGH den dualistischen Charakter dieser Organisationen nicht bemerkte und ihre Gründung und Tätigkeit nicht für die Ausübung der bürgerlichen Freiheiten hielt. Der Schwerpunkt liegt aber auf Beziehung mit der Staatsgewalt.

III. Politische Parteien im polnischen Verwaltungsrecht – ausgewählte Probleme

1. Allgemeine Bemerkungen

Eine politische Partei in Polen erwirbt infolge ihrer Registrierung Rechtspersönlichkeit (Art. 16 PartG). Deswegen kann sie als „Subjekt" verschiedener privat- und verwaltungsrechtlicher Beziehungen fungieren. In vielen Fällen ergänzt das Verwaltungsrecht die – aus Natur der Sache – lückenhafte Verfassungsregelung.

Das Gesetz über die politischen Parteien kennt eigentlich keine Formen der administrativen Kontrolle dieser Organisationen. Die Register der politischen Parteien werden von einem Gericht geführt.[33] Im Registrierungsverfahren ist die Teilnahme der Verwaltungsbehörden nicht vorgesehen. Von den Organen der Exekutive sind nur Staatspräsident, Ministerpräsident und Justizminister als Generalstaatsanwalt berechtigt, einen Antrag auf Auflösung einer Partei beim Verfassungsgerichtshof zu stellen (Art. 191 Abs. 1 Pkt. 1 PV). Eine wichtige Ausnahme bilden Kompetenzen des staatlichen (zentralen) Wahlausschusses im Bereich der Finanzen (s. weiter Pkt. III. 4.). Es ist auch nicht zulässig, im Wahlverfahren zu prüfen, ob eine „registrierte" politische Partei die Bedingungen aus Art. 11 und Art. 13 PV erfüllt oder nicht. Die Organe der Wahlverwaltung sind an die Gerichtsentscheidung über die Eintragung in das Register gebunden.[34]

Übrigens ist noch eine Regelung verwaltungsrechtlicher Natur zu erwähnen, die zur Zentralisierung der Parteien führt. Nach dem polnischen Wahlgesetzbuch aus dem Jahre 2011 ist allein der Beauftragte eines Wahlkomitees berechtigt, die Kandidaten bzw. Liste der Kandidaten den Wahlbehörden vorzustellen. Teilnahme der kollegialen Parteiorgane (bzw. Mitgliederversammlung in einem Wahlbezirk) ist gesetzlich nicht vorgesehen.[35] Dass eine solche Bedingung in Polen in den Wahlgesetzen nicht vorgesehen ist, kann man nur kritisch beurteilen, weil es zur Folge hat, dass sich solche Be-

---

33 Bezirksgericht in Warschau.
34 Oberster Gerichtshof, Beschl. v. 05.11.2001.
35 Nicht nur in Deutschland, sondern auch in Litauen muss ein Bewerber in einem Mehrmannwahlkreis von der Mitgliederversammlung oder einer Konferenz unterstützt werden.

werber auf den Wahllisten finden, die mit dem Wahlkreis und der Parteiorganisation im Wahlkreis kaum verbunden sind.[36]

2. Finanzierung und Finanzkontrolle

Es ist hier kein Platz, um die Einzelheiten des Systems der Finanzierung der politischen Partei vorzustellen.[37] Die Verfassung verbietet nur ausdrücklich im Art. 11 Abs. 2 PV die Geheimhaltung ihrer Finanzierung (d. h. finanzielle Quellen), der Gesetzgeber hat also breite Gestaltungsfreiheit im Bereich der Parteifinanzierung.[38] Stufenweise entwickelte sich in Polen der Grundsatz der staatlichen Finanzierung, die zwei wichtige Formen (sog. allgemeinen Subventionen und „Wahlzuschüsse") hat.

In der Praxis sind die staatlichen Subventionen Hauptquelle der Finanzmittel, die die Großparteien zur Verfügung haben. Berechtigt sind solche Gruppierungen, die mindestens 3 % der Stimmen in Wahlen zum Sejm bekommen haben.[39] Das wichtigste von ihnen ist die sog. allgemeine Subvention, die der Verwirklichung der in der Parteisatzung bestimmten Ziele der Partei dienen soll. Durchschnittlich (mit Ausnahme der Jahre, in denen die Parlamentswahlen stattfinden) bildet sie fast 75 % aller Finanzmittel derjenigen Parteien, die sie bekommen[40]. Insgesamt hat diese allgemeinen Subventionen in den Jahren 2016–2019 die Steuerzahler fast 14 Mio. Euro gekostet.

Mit diesem Prinzip ist das gesetzliche Verbot der Wirtschaftstätigkeit verbunden. Es ist auch ein Beispiel der besonderen Stellung der politischen Partei, denn der Verfassungsgerichtshof vertritt die Meinung, die Wirtschaftsfreiheit umfasse nicht politische Parteien, weil ihre Ziele im Art. 11 Abs. 1 PV festgeschrieben werden. Auch in Bezug auf Spenden wurden weitgehende Einschränkungen eingeführt (vor allem Verbot der Auslandsdotierung, Verbot der Spenden von Seiten der juristischen Personen, Grenzen der Spenden einer Person).

Die politischen Parteien bereiten jährliche Berichte über die mit den erhaltenen Subventionen verbundenen Ausgaben vor und geben sie bei dem staatlichen Wahlausschuss (weiter: SWA) ab. Ähnliche Berichte betreffen andere Quellen der Finanzmittel, einschließlich Bankkredite und den

---

36 *P. Czarny*, Ausgewählte Probleme des verfassungsrechtlichen Status der politischen Parteien in Litauen und in Polen, in: E. Šilejkis (Hrsg.), Verfassungsentwicklung in Litauen und Polen im Kontext der Europäisierung, 2010, 131.

37 *S. A. Malicka/R. Balicki*, Die Bildung und Finanzierungsgrundlagen politischer Parteien in Polen, in: G. Mammsen (Hrsg.), Die Finanzierung der politischen Parteien in Europa, 2008, S.

38 Der VGH hat auch diese Gestaltungsfreiheit anerkannt, *A. Kulig*, Z zagadnień prawnej instytucjonalizacji partii politycznych w Polsce (na tle porównawczym), 2013, S. 255.

39 Diese Grenze ist relativ hoch im Vergleich mit anderen Staaten der EU.

40 *K. Skotnicki*, Finansowanie partii politycznych w Polsce, Toruńskie Studia Włosko-Polskie – Studi Polacco-Italiani di Toruń B. XII Toruń 2016, S. 85.

Bedingungen für ihre Gewährung. Man kann sich wundern, dass der staatliche Wahlausschuss in diesem Fall zuständige Behörde ist. Der Gesetzgeber wollte aber nicht die Kontrolle der Finanzverwaltung überlassen, die durch die Regierung geleitet ist.

Der SWA nimmt einen Bericht an (mit oder ohne Bemerkungen) oder lehnt ihn ab. Nach dem Gesetz verpflichtet fast jede Rechtsverletzung – unabhängig von dem finanziellen Ausmaß – den SWA zur Ablehnung eines Berichts. Gegen die Entscheidung des Ausschusses ist eine Beschwerde der Partei beim Obersten Gerichtshof vorgesehen. Die Folgen der Ablehnung sind ziemlich weitgehend, die Partei verliert das Recht auf allgemeine Subvention für ein bis drei Jahre.

Das System der Parteifinanzierung in Polen hat zu Folge, dass die politischen Parteien in relativ großem Umfang von Staat abhängig sind. Für sie sind die Mitgliederzahl und Höhe der Mitgliedsbeiträge sowie die Spenden nicht so wichtig wie die Zahl der Wählerstimmen in Wahlen zum Sejm. Das führt mittelbar zu Zentralisierung der Parteien, da in der Regel der Parteivorstand über die Ausgaben entscheidet. Außerdem spricht man von der sog. Betonierung (Kartellierung) der politischen Szene. Die neugegründeten Parteien haben bei erster Wahlbeteiligung nicht die gleichen Chancen wie diese, die früher Subventionen vom Staate bekommen.[41] Man soll auch bemerken, dass die Mehrheit der Bürger gegen die staatliche Parteifinanzierung auftritt.

3. Pflicht der öffentlichen Rundfunk- und Fernsehsender, die Standpunkte der politischen Parteien vorzustellen

Nach dem Gesetz über Rundfunk und Fernsehen aus dem Jahre 1992 sind öffentliche Rundfunk- und Fernsehsender verpflichtet, den politischen Parteien zu ermöglichen, Stellungnahmen zu wichtigen Themen des öffentlichen Lebens vorzustellen.[42] Diese allgemeine Formel bedeutet aber nicht, dass jede „registrierte" politische Gruppierung einen Anspruch auf bestimmte Sendezeiten oder Verbreitung derjenigen Informationen, die sie für wichtig hält, hat.[43] Man soll also diese Regelung als Programmsatz verstehen. Es ist außerdem unmöglich, Stellungnahmen von etwa 80 registrierten Parteien zu gewissen Themen zu sammeln und sie selbst kurz in Informationssendungen vorzustellen.[44]

---

41 *K. Ziemer,* Das politische System Polens, 2013, S. 179.

42 Diese Pflicht betrifft auch Gewerkschaften und Arbeitgeberorganisationen.

43 Nur im Laufe der Wahlkampagne ist eine besondere Lösung gesetzlich vorgesehen.

44 In der Tat stellten die öffentlichen Medien nur die Stellung der regierenden Partei und einiger Oppositionsparteien vor; ob die Informationen – trotz rechtlicher Verpflichtung – sachlich sind, ist eine andere Frage.

4. Gesetzliche Pflicht der Parteien, öffentliche Informationen zugänglich zu machen

Ein anderes Beispiel, das zeigt, dass die politischen Parteien als *quasi*-Staatsinstitutionen bzw. Institutionen der öffentlichen Gewalt durch den Gesetzgeber betrachtet werden, bringt das Gesetz aus dem Jahre 2001 über den Zugang zu öffentlichen Informationen mit sich.[45] Es ist zu bemerken, dass nach Art. 61 PV die Staatsbürger das Recht haben, Informationen über die Tätigkeit der Organe der öffentlichen Gewalt sowie über die öffentliche Ämter bekleidenden Personen einzuholen. Dieses Recht umfasst auch das Einholen von Informationen über die Tätigkeit der wirtschaftlichen und beruflichen Selbstverwaltungsorgane sowie anderer Personen und Organisationen, soweit sie Aufgaben der öffentlichen Gewalt ausüben und Vermögen einer Gemeinde oder des Staates verwalten.

Im Sinne des Gesetzes aus dem Jahre 2001 sind alle Informationen zu öffentlichen Angelegenheiten als öffentliche Informationen zu betrachten und sie unterliegen der Pflicht zur Veröffentlichung. Nach diesem Gesetz sind auch politische Parteien – gleichwie größte Gewerkschaften und Arbeitgeberorganisationen – verpflichtet, öffentliche Informationen auf Antrag bereitzustellen. Es ist klar, dass diese Regelung eine unmittelbare Folge des Systems der Staatsfinanzierung ist. Diese Pflicht umfasst aber nicht nur Informationen, die mit der Verwendung der aus dem Staatshaushalt stammenden Mittel verbunden sind. Andererseits können nicht alle Informationen, die sich im Besitz der politischen Parteien befinden, als Informationen über öffentliche Angelegenheiten betrachtet werden.[46] Sowieso, unabhängig von der Quelle der finanziellen Mittel (Staatshaushalt oder private Quellen), ist – nach der gerichtlichen Rechtsprechung zu diesen Themen – die Art und Weise, wie sie ausgegeben werden, eine öffentliche Angelegenheit. Diese Meinung kann nur angenommen werden, wenn man die politischen Parteien als Organisationen behandelt, die Aufgaben der öffentlichen Gewalt ausüben im Sinne des Art. 61 Abs. 2 PV.

Im Falle der Auskunftsverweigerung sollen die Parteivertreter eine förmliche „Entscheidung" abgeben. Dem Antragssteller steht in diesem Fall der Rechtsweg vor den Verwaltungsgerichten (und nicht vor der ordentlichen Gerichtsbarkeit) offen. Weil nach Art. 184 PV das Hauptverwaltungsgericht und die anderen Verwaltungsgerichte die Tätigkeit der öffentlichen Verwaltung kontrollieren, bedeutet diese gesetzliche Regelung, dass der Gesetzgeber in diesem Fall eine politische Partei als Element der Verwaltung betrachtet hat.

---

45 *A. Buch*, Informationszugangsrechte des Bürgers in Polen und Deutschland, 2011, S. 182–183.
46 Hauptverwaltungsgericht, Urt. v. 19.12.2017, SIP LEX [LEX Rechtsinformationssystem] Nr. 2457712.

5. Einfluss der politischen Parteien (Parlamentsfraktionen) auf die Zusammensetzung der Organe der Wahlverwaltung und anderer Verwaltungsbehörden

Am Ende soll eine neue Tendenz in der Gesetzgebung umrissen werden, die eng mit der Stellung der Parlamentsfraktionen verbunden ist. Es geht um den Wahlmodus solcher Staatsorgane durch den Sejm, die aus materiellem Standpunkt besondere Verwaltungsbehörden darstellen.

Schon im Jahre 1999 hat der VGH festgestellt, dass eine Fraktion eine politische Vertretung sei, die sich aus Abgeordneten oder Senatoren zusammensetzt, die auf der Grundlage einer bestimmten politischen Identität gebildet werden, unabhängig von der Parlamentskammer und ihren Organen.[47] Deswegen ist ein unmittelbarer Einfluss der Fraktionen auf die Zusammensetzung der Verwaltungsorgane nicht unvereinbar mit dem Prinzip der Gewaltenteilung. Es ging aber in diesem Fall um einen Rat, der nur beratende Befugnisse hatte. Es ist klar, dass die Fraktionen eng mit politischen Parteien verbunden sind, sie fungieren in der Tat als Vertretung der Partei im Parlament.[48]

Im Laufe der Zeit hat der Sejm aufgrund der Gesetze viele Kreationsbefugnisse bekommen, die solche Verwaltungsbehörden betreffen, die einerseits von der Regierung unabhängig bleiben sollen, anderseits einige Eigenschaften der Organe des Rechtsschutzes besitzen.

Seit dem Jahre 2015 entwickelte sich aber diese Tendenz im großen Umfang. Als erstes Beispiel kann die neue Zusammensetzung des staatlichen Wahlausschusses dienen. Er ist Hauptorgan der Wahlverwaltung, der in Angelegenheiten der Durchführung von Wahlen und Volksabstimmungen zuständig ist.[49] Ab Herbst 2020 sind 7 – von insgesamt 9 – Mitglieder dieses Ausschusses vom Sejm auf Antrag der Fraktionen gewählt worden.[50] Der Staatspräsident ernennt die Gewählten. Die Zahl der von einzelnen Fraktionen vorgeschlagenen Bewerber soll verhältnismäßig die Größe der Fraktionen widerspiegeln, aber es wurde keine genaue mathematische Berechnungsmethode (z. B. d'Hondtsches System) genannt. Kandidaten einer Fraktion dürfen aber nicht mehr als 3 Plätze besitzen. Im Wahlgesetzbuch und in der Geschäftsordnung des Sejms wurde ein sehr detailliertes Wahlverfahren vorgesehen. Es ist auch wichtig, dass der Sejm „in berechtigten

---

47 *B. Banaszkiewicz*, Entscheidungen des Verfassungsgerichtshofes der Republik Polen seit dem Inkrafttreten der neuen Verfassung bis zum Urteil über die EU-Mitgliedschaft, 2006, S. 62–63.

48 Der Grad der Abhängigkeit bzw. Autonomie der Fraktion von Parteigremien kann in einzelnen Fällen unterschiedlich aussehen.

49 Es wurde bereits erwähnt, dass der SWA Aufsicht über die Finanzen der politischen Parteien ausübt (Pkt. III.2).

50 Die Bewerber müssen u. a. Befähigung zum Richteramt besitzen und dürfen keiner politischen Partei angehören.

Fällen" die Abberufung eines Mitglieds des staatlichen Wahlausschusses beantragen kann.[51]

Zweites Beispiel ist der Rat der Nationalen Medien, der vor allem die zuständige Behörde in Fragen der Ernennung und Abberufung persönlicher Zusammensetzungen von Führungsgremien der öffentlich-rechtlichen Rundfunk- und Fernsehanstalten ist.[52] Es ist zu bemerken, dass das polnische System in diesem Bereich mit dem deutschen Grundsatz der „Staatsfreiheit der Medien" nichts tun hat.[53] Der Sejm wählt 3 und der Staatspräsident ernennt 2 Mitglieder des Rates der Nationalen Medien aus den von den Fraktionen vorgeschlagenen Kandidaten, deren Vertreter nicht Mitglieder der Regierung sind – d. h. aus den Kandidaten der oppositionellen Fraktionen. Auf den ersten Blick kann man wirklich behaupten, dass der Rat deswegen einen pluralistischen Charakter hat. In der Tat bedeutet diese Lösung die Einführung einer Parteipatronage, weil die Mehrheit im Sejm automatisch die Mehrheit im Rat hat und bestimmte Fraktionen Anspruch auf Platz für ihren Kandidaten besitzen.[54]

Drittes Beispiel ist die „neue" Zusammensetzung des Landesrates für das Gerichtswesen.[55] In diesem Fall „wählt" der Sejm auch 15 „richterliche" Mitglieder des Rates.[56] Eine Fraktion darf aber aus dem Kreis von 25 amtierenden Richtern oder mindestens 2000 Staatsbürgern als endgültigen Kandidaten nicht mehr als 9 Personen angeben. Man sollte hervorhoben, dass dieses System in der Lehre überwiegend als Verstoß gegen das Prinzip der Unabhängigkeit der Gerichtsbarkeit beurteilt wurde.

Viertes Beispiel ist der Ausschuss für Angelegenheiten der Reprivatisierung von Warschauer Immobilien.[57] Ohne Zweifel soll man diesen Ausschuss als Verwaltungsorgan und Element der sog. Regierungsverwaltung

---

51 Es ist zweifelhaft, ob dieser Antrag für den Staatspräsidenten bindend ist.

52 Gesetz vom 22. Juni 2016 über den Rat der Nationalen Medien, Dz. U. 2016, Pos. 929.

53 Mehr zum Thema der sog. Gleichschaltung des öffentlichen Rundfunks und zum Zweck der Entstehung des Rates der Nationalen Medien s. *P. v. Feldmann*, Polen – demokratischer Rechtsstaat in Gefahr?, http://www.dpgberlin.de/files/2016/polen-demokratischer-rechtsstaat.master.pdf (letzte Abfrage am 31.03.2020), S. 8–9.

54 Die Parlamentarier können zum Rat gewählt werden, s. *T. de Vries*, OER 1 (2018), 57.

55 Die Einstufung des Landesrates für Gerichtwesen ist nicht eindeutig; die Feststellung, dass es um ein eigenartiges selbständiges Organ, deren Aufgaben mit der Judikative verbunden sind (*B. Naleziński*, in: P. Tuleja (Hrsg.), Konstytucja RP. Komentarz, 2019, S. 555), schließt nicht aus, dass die Aufgaben des Rates verwaltungsrechlichen (im materiellen Sinne) und nicht rechtsprechenden Charakter haben.

56 Der Sejm wählt noch vier Mitglieder des Rates aus Mitte der Abgeordneten, Art. 187 Abs. 1 Pkt. 3 PV.

57 Gesetz vom 9. März 2017 über besondere Regeln zur Beseitigung der rechtlichen Auswirkungen von Entscheidungen, die Reprivatisierung von Warschauer Immobilien betreffen und unter Verletzung des Gesetzes ausgestellt wurden und über Änderung anderer Gesetze, Dz. U. 2017, Pos. 718; das sehr komplizierte Problem der Reprivatisierung von Warschauer Immobilien kann hier nicht erörtert werden.

betrachten. Er besteht aus dem vom Ministerpräsidenten ernannten Vorsitzenden und acht Mitgliedern (sogar im Rang eines Staatssekretärs), die vom Sejm ernannt und entlassen werden. In diesem Fall ist der Parteiproporz nicht ausdrücklich vorgesehen, in der Praxis wird er aber angenommen. Man kann sich wundern, warum das Gesetz bestimmt, dass Mitglieder dieses Ausschusses kraft Gesetzes zu den Staatssekretären erhoben werden. Die Absicht des Gesetzgebers ist aber ziemlich klar, wenn man die Verfassungsbestimmungen über die Inkompatibilität des parlamentarischen Mandats liest. Nach Art. 103 Abs. 1 PV dürfen die Abgeordneten und Senatoren nicht in der Regierungsverwaltung eingesetzt werden, dieses Verbot betrifft aber nicht die Regierungsmitglieder und Staatssekretäre. Die gesetzlichen Vorschriften erlauben also einfach auch den Parlamentariern, die Mitgliedschaft in diesem Ausschuss zu erreichen.

Alle oben sehr oberflächlich skizzierten Neuheiten werden unter Berufung auf das Demokratieprinzip verabschiedet. Die unmittelbare Wahl durch den Sejm bedeutet selbstverständlich eine starke demokratische Legitimation der oben genannten Gremien. Dabei wurden in einigen Fällen die Mittel des Minderheitenschutzes eingeführt. Es bedeutet aber auch, dass die Verhältnisse zwischen Regierungsmehrheit und der Opposition sich einfach in diesen Gremien widerspiegeln. Ihre Tätigkeit wird also vom Parteiproporz im Sejm gesteuert. In einigen Fällen versucht man auch, Inkompatibilitätsregeln zu umgehen. Deswegen wiederholt man jetzt in Polen eine alte angeblich von *J. W. Stalin* stammende Redewendung: Kader entscheiden alles.

IV. Zusammenfassung

Nach dem Register der politischen Parteien fungieren jetzt in Polen 85 solcher Organisationen.[58] Etwa 15 von ihnen sind im Sejm, Senat oder Europäischen Parlament vertreten. Die verfassungsrechtlichen Rahmenbedingungen für ihre Tätigkeit sind sehr günstig. Nicht nur ist ihre Gründung durch die Staatsbürger frei, auch ihr entscheidender (aber nicht ausschließlicher) Einfluss auf die Gestaltung der Staatspolitik wird anerkannt. Die Rechtsprechung des Verfassungsgerichtshofes hat auch dazu beigetragen, dass die politischen Parteien nicht vor allem als Privatvereine, sondern in erster Linie als öffentlich-rechtliche Organisationen (Institutionen) besonderer Art betrachtet werden. Im Verwaltungsrecht ist eine ähnliche Tendenz sichtbar, die einfache Gesetzgebung erweitert wesentlich die Beziehungen zwischen dem Staat und den Parteien (in erster Linie im Finanzbereich durch Einführung der Haushaltsfinanzierung).

Wenn man Parteienrecht als ein Rechtsgebiet betrachtet, ist es klar, dass der Verfassungsgerichtshof sich mit den Problemen, die kaum Einfluss auf

---

58 Wykaz wpisanych do ewidencji partii politycznych – https://pkw.gov.pl/finansowanie-poli
tyki/wykaz-partii-politycznych (letzte Abfrage am 31.03.2020).

den Alltag besitzen, beschäftigte. Die unmittelbare Anwendung der Verfassungsbestimmungen über die politischen Parteien ist eine Ausnahme und betrifft nur Existenzfragen, d. h. Ablehnung des Auftrags auf Eintragung ins Register oder Feststellung der Verfassungswidrigkeit einer Partei.[59] In diesem Bereich war der polnische Verfassungsgerichtshof sehr zurückhaltend.

Aus praktischem Standpunkt sind eigentlich die Regelungen verwaltungsrechtlicher Natur von Bedeutung. Obwohl das polnische Parteienrecht sich nicht wesentlich von anderen Rechtsordnungen der EU-Mitgliedstaaten unterscheidet, sieht in der Praxis die Lage ein bisschen anders aus. Bereits in den 90er Jahren wurden Bemerkungen gemacht, dass die Parteien in Polen in erster Linie als Instrument des Zugangs zu Macht und Karriere angesehen wurden, was durch Besetzung von öffentlichen Ämtern nach Parteizugehörigkeit verwirklicht werden konnte.[60] Im Laufe der Zeit hat sich die Lage nicht wesentlich geändert. Seit dem Jahre 2015 ist sogar die Tendenz sichtbar, immer wieder neue staatliche Behörden (auch Verwaltungsorgane) nach Parteiproporz zu besetzen.

Zusammenfassend bleibt festzustellen, dass aufgrund der Verfassungsauslegung und der Regelungen der einfachen Gesetze die Verbindung zwischen Parteien und öffentlicher Gewalt in Polen viel tiefer ist, als dies auf den ersten Blick aussieht. Schon *G. Jellinek* behauptete, dass die politischen Kräfte nach eigenen Gesetzen handeln, die unabhängig von den Rechtsnormen sind.[61] Heute ist die Lage in diesem Sinne anders als zuvor, indem die Parteien solche Gesetze erzeugen, die für sie günstig sind, um ihren Einfluss auf die Tätigkeit des Staates zu verstärken.

---

59 Ob nach der Krise in den Jahren 2015–2016 der VGH als eine unabhängige Instanz fungiert, ist zumindest zweifelhaft, *P. Czarny*, OER 1 (2018), 20.

60 *H. Burmeister*, Parteienvielfalt und Partizipationsschwäche, in: D. Segert/C. Machos (Hrsg.), Parteien in Osteuropa, 1995, 105.

61 *K. Stern*, Staatsrecht der Bundesrepublik Deutschland, Bd. 1, 1980, S. 78.

Parteienrecht als Schnittstelle von Verfassungsrecht und Verwaltungsrecht

von

Matthias Rossi, Augsburg*

Inhalt

I.   Einführung

Wenn an der Humboldt-Universität zu Berlin das Parteienrecht zu thematisieren ist, liegt es nahe, *Heinrich Triepel* zu zitieren. Er skizzierte die Entwicklung des Verhältnisses von Staat zu den politischen Parteien in seiner

---

* *Matthias Rossi* ist Inhaber des Lehrstuhls für Staats- und Verwaltungsrecht, Europarecht sowie Gesetzgebungslehre an der Universität Augsburg. Für wertvolle Unterstützung dankt der Autor *Aqilah Sandhu* und *Jonas Deuringer*.

Rektoratsrede in vier Stufen: Bekämpfung, Ignorierung, Anerkennung und Legalisierung sowie schließlich verfassungsmäßige Inkorporation.[1]

Diese verfassungsrechtliche Inkorporation hat umfassend erst das Grundgesetz vollzogen. Zwar waren die politischen Parteien auch schon Gegenstand der Weimarer Reichsverfassung: Implizit wurden sie von der in Art. 22 Abs. 1 S. 1 WRV normierten Verhältniswahl vorausgesetzt, explizit stellte Art. 130 Abs. 1 WRV klar, dass Beamte Diener der Gesamtheit und nicht einer Partei seien. Doch erst Art. 21 GG widmet den politischen Parteien einen eigenen Verfassungsartikel im allgemeinen Teil des Staatsorganisationsrechts und noch dazu in systematisch bedeutsamer Nähe zum Demokratieprinzip. Die bedeutende Bestimmung formuliert die Mitwirkung bei der Willensbildung des Volkes als verfassungsrechtliche Aufgabe, sichert die Freiheit der Gründung politischer Parteien, postuliert verschiedene Anforderungen an die interne Willensbildung und die Rechenschaftspflicht und garantiert den politischen Parteien das Privileg, nur durch das Bundesverfassungsgericht verboten werden zu können. Vor diesem Hintergrund meint nicht nur *Konrad Hesse*, Parteienrecht sei zuvörderst Verfassungsrecht.[2]

Diesen Befund mag man nicht uneingeschränkt teilen. Bereits ein kurzer normativer Blick auf die Rechtsquellen des Parteienrechts[3] und ein pathologischer Blick auf die Spruchpraxis der parteiinternen Schiedsgerichte und der staatlichen Gerichte zeigt ein anderes Bild; ein Bild, dessen verfassungsrechtliche Grundierung unter vielfältigen Farbschichten nicht mehr überall unmittelbar erkennbar ist. Vielmehr blendet das vorgegebene Thema, indem es das Parteienrecht als (und nicht etwa an der) Schnittstelle zwischen Verfassungsrecht und Verwaltungsrecht begreifen will, nicht nur den Hauptcharakter des Parteienrechts aus, sondern auch dessen Charakter als Querschnittsmaterie.[4] Nichtsdestotrotz sollen der verfassungsrechtliche und der verwaltungsrechtliche Gehalt des Parteienrechts im Folgenden zunächst anhand seiner Rechtsquellen (II.) sowie anschließend mittels einer prozess-

---

1 *H. Triepel*, Die Staatsverfassung und die politischen Parteien, 1928, S. 29 f. Instruktiv dazu *U. Gassner*, Heinrich Triepel, Leben und Werk, 1999.

2 *K. Hesse*, Einführung – 30 Jahre Parteiengesetz, in: D. Tsatsos (Hrsg.), 30 Jahre Parteiengesetz in Deutschland, 2002, S. 38 (42); ähnlich *M. Morlok*, Politische Parteien, in: T. Vesting/S. Korioth (Hrsg.), Der Eigenwert des Verfassungsrechts, S. 333 (335), der von „Verfassungsbestimmtheit des Parteienrechts" spricht.

3 *M. Morlok*, Parteienrecht ist Organisationsrecht, in: M. Bäuerle/P. Dann/A. Wallrabenstein, Demokratie-Perspektiven, Festschrift für Brun-Otto Bryde zum 70. Geburtstag, 2013, 231 (233); überblicksartige Darstellung der Rechtsquellen bei *H. Maurer*, JuS 1991, 881 (882); vertiefend *K.-H. Seifert*, Die politischen Parteien im Recht der Bundesrepublik Deutschland, 1975, S. 55 ff.

4 *M. Morlok*, Parteienrecht ist Organisationsrecht, in: M. Bäuerle/P. Dann/A. Wallrabenstein, Demokratie-Perspektiven, Festschrift für Brun-Otto Bryde zum 70. Geburtstag, 2013, 231 (233); überblicksartige Darstellung der Rechtsquellen bei *H. Maurer*, JuS 1991, 881 (882); vertiefend *K.-H. Seifert*, Die politischen Parteien im Recht der Bundesrepublik Deutschland, 1975, S. 55 ff.

rechtlichen Perspektive bestimmt werden (III.), bevor sodann eine funktionale Betrachtung vorgenommen wird (IV.). Der Schlussabschnitt stellt nicht nur die Bedeutung der dogmatischen Qualifizierung des Parteienrechts, sondern auch die der politischen Parteien selbst in Frage (V.).

II. Rechtsquellen des Parteienrechts im Überblick

Politische Parteien sind nach ihrer Rechtsform zunächst Subjekte des Privatrechts. Dementsprechend ergeben sich gesetzliche Vorgaben für politische Parteien zunächst aus dem Zivilrecht (1.), das freilich durch das Parteiengesetz überlagert wird (2.). Sämtliche einfachgesetzliche Ausgestaltungen sind im Lichte des bereits skizzierten Art. 21 GG auszulegen (3.).

1. Bürgerliches Gesetzbuch

Parteienrecht ist zunächst – jedenfalls auch – Privatrecht: Politische Parteien sind nach ihrer Rechtsform zunächst Subjekte des Privatrechts, sind als rechts- oder auch als nicht-rechtsfähige Vereine ausgestaltet und dementsprechend Vereinigungen i. S. v. Art. 9 GG.[5] Ihre Gründung, ihre Organisation, ihre Namensgebung und vor allem aber auch das Verhältnis zu ihren Mitgliedern ist grundsätzlich ihrer Satzungsfreiheit überlassen und bestimmt sich im Übrigen primär nach den Vorschriften des BGB. Gleiches gilt für ihre Rechtsstellung im allgemeinen Rechtsverkehr.

2. Parteiengesetz und Wahlgesetze

Allerdings wird ihre Privatautonomie im Allgemeinen und ihre Satzungsfreiheit im Besonderen durch öffentlich-rechtliche Bestimmungen überlagert. Namentlich das – im Übrigen erst 1967 erlassene – Parteiengesetz sieht zahlreiche verbindliche Regelungen vor, die neben einer allgemeinen Aufgabenbeschreibung und einer Legaldefinition der politischen Partei vor allem deren innere Ordnung betreffen. Wegen dieser Modifizierungen lässt sich das Privatrecht der politischen Parteien insofern als „Sonderprivatrecht" verstehen.

Das Parteiengesetz kodifiziert die parteirechtlichen Bestimmungen aber nicht umfassend, sondern lässt sich allenfalls als „rechtliche Teilnormierung"[6] verstehen. Im Übrigen dürfen die Bestimmungen des Parteiengesetzes nicht vorschnell und pauschal als materielles Verfassungsrecht begriffen

---

5 Der Zweck von Parteien „als Summe privatautonomer Willensentscheidungen der Bürger" im Sinne *Max Webers* verstanden, s. etwa *J. Krüper*, „Partei" als Rechtsform, in: J. Krüper/H. Merten/T. Poguntke (Hrsg.), Parteienwissenschaften, 2015, S. 199 (217); *K.-H. Seifert*, DÖV 1956, 1 (2 f.): „private Personenverbände, die kraft Gesetzes mit öffentlich-rechtlichen Funktionen beliehen sind."

6 *M. Morlok/H. Merten*, Parteienrecht, 2018, S. 57.

und ihre einfach-gesetzliche Form ignoriert werden. Art. 21 Abs. 3 GG bestimmt nur, dass „das Nähere" durch Bundesgesetz geregelt werden soll. Inwiefern dem auf dieser Grundlage Geregeltem Verfassungsgehalt zukommt, ist im Einzelfall zu ermitteln. „Das Nähere" ist zwar nicht mehr Teil des förmlichen Verfassungsgesetzes, es ist in den Worten *Julian Krüpers* „das konstitutionell Ferne"[7], das einfachgesetzlich geregelt wird. Die Ausgestaltung der Rechts- und Organisationsform von Parteien etwa gibt die Verfassung nicht vor.[8] Nur soweit das Parteiengesetz also tatsächlich Art. 21 GG konkretisiert, mag es als „ergänzende Verfassungsgebung durch den einfachen Gesetzgeber",[9] als materielles Verfassungsrecht verstanden werden.[10] Im Übrigen aber ist nicht jede Regelung im Parteiengesetz tatsächlich verfassungsrechtlich determiniert, ganz unabhängig davon, ob sie primär verwaltungs- oder eher privatrechtlicher Natur ist. Die unterschiedliche materielle Qualifizierung der im selben förmlichen Rechtsakt enthaltenen Regelungen soll kurz exemplifiziert werden.

So stellen § 1 Abs. 1 und § 2 PartG nach h. M. und ständiger Rechtsprechung des Bundesverfassungsgerichts eine einfachgesetzliche Konkretisierung der verfassungsrechtlichen Pflichtenstellung und des Parteienbegriffs dar. § 5 PartG konkretisiert den verfassungsrechtlichen Gleichbehandlungsanspruch politischer Parteien gegenüber Trägern öffentlicher Gewalt und kodifiziert die Maßstäbe der abgestuften Chancengleichheit, die das BVerfG zuvor bereits unmittelbar aus der Verfassung abgeleitet hatte.[11]

§ 6 bis § 16 PartG über die innere Ordnung sind im Wesentlichen dem Zivilrecht zuzuordnen, sie enthalten vom allgemeinen Vereinsrecht abweichende Organisationsvorschriften. Auch die Vorschriften über die Gründung, organisatorische Umbildung, Selbstauflösung, innere Ordnung, Beziehungen zu anderen privaten Rechtsträgern und die Teilnahme an Wahlkämpfen sind zivilrechtlicher Natur.[12]

---

7 *J. Krüper*, „Partei" als Rechtsform, in: J. Krüper/H. Merten/T. Poguntke (Hrsg.), Parteienwissenschaften, 2015, S. 199 (204).

8 *J. Krüper*, „Partei" als Rechtsform, in: J. Krüper/H. Merten/T. Poguntke (Hrsg.), Parteienwissenschaften, 2015, S. 199 (206), durch die Rechtsprechung des BVerfG sei es jedoch zu einer „hochgradigen Verschmelzung von Verfassungs- und einfachem Parteienrecht" gekommen, wodurch erst die „hochgradige Konstitutionalisierung" des Parteienrechts erfolgt ist, mit der Folge, dass der konstitutionelle Maßstab und die rechtsförmliche Ausgestaltung konfundiert werden, *ebd.*, S. 209.

9 *K. Stern*, Das Staatsrecht, Bd. 1, 2. Aufl. 1984, § 4 S. 108, dort auch zum „Verfassungsrecht als politisches Recht".

10 Statt vieler *K. Stern*, Das Staatsrecht, Bd. 1, 2. Aufl. 1984, § 4 S. 106 f. und § 3; vgl. auch *H. von Arnim*, Die Regeln der Macht regeln die Machthaber selbst, in: J. Krüper, Die Organisation des Verfassungsstaates, Festschrift für Martin Morlok zum 70. Geburtstag, 2019, 335 (335), insb. Fn. 4.

11 BVerfGE 24, 300 (354 ff.).

12 *K.-H. Seifert*, Die politischen Parteien im Recht der Bundesrepublik Deutschland, 1975, S. 57.

Mit den Grundsätzen über die Finanzierung und die Rechenschaftslegung sind dann aber zahlreiche weitere Regelungen im Parteiengesetz enthalten, die zum Teil wirtschafts- bzw. bilanzrechtlichen Charakter haben, die aber spätestens mit den Aufsichts- und Eingriffsbefugnissen des Bundestagspräsidenten erkennbar verwaltungsrechtlicher Natur sind. Gleiches gilt für die Vorschriften über die Kandidatenaufstellung mit den entsprechenden Befugnissen des Bundeswahlleiters sowie besonders deutlich für den Abschnitt über den Vollzug eines etwaigen Parteienverbots.

Ergänzt werden diese auch materiell dem öffentlichen Recht zuzuordnenden Bestimmungen vor allem durch die wahlrechtlichen Vorgaben des Bundes, der Länder und der Kommunen. Und auch das Parlamentsrecht, das zeigen die Beiträge von *M. Bernaczyk* und *W. Cremer* in diesem Band, betrifft die Rechte der politischen Parteien, wenngleich formal in erster Linie die Fraktionen adressiert werden.

3. Verfassungsrecht

Ihren Grund finden diese öffentlich-rechtlichen Überlagerungen des Privatrechts im bereits skizzierten Art. 21 GG. Flankiert wird diese Bestimmung durch die Homogenitätsklausel des Art. 28 Abs. 1 GG und Art. 38 GG, der namentlich das hier nicht zu thematisierende Spannungsverhältnis zwischen Parteien- und Abgeordnetenfreiheit betrifft.[13]

Art. 21 GG weist den Parteien nicht nur eine Aufgabe zu, sondern sichert die Parteienfreiheit vor allem durch eine Gründungs- und Betätigungsfreiheit. Zudem wird ihm das spezifische Recht auf Chancengleichheit der politischen Parteien entnommen. Jenseits solcher konkreten Rechte politischer Parteien formt Art. 21 GG auch das Demokratieprinzip des Grundgesetzes,[14] ohne jedoch an dessen besonderem Schutz durch die Ewigkeitsklausel des Art. 79 Abs. 3 GG zu partizipieren. Deshalb mag man sich auch die bislang nur theoretische Frage stellen, ob Art. 21 GG für die dort normierten Rechte der politischen Parteien konstitutiv ist. Richtigerweise wird man sie überwiegend verneinen müssen, denn als Privatrechtssubjekte partizipieren die politischen Parteien auch an den allgemeinen Grundrechten: Die Parteiengründungsfreiheit und die Mitwirkung der Parteien bei der politischen Willensbildung des Volkes stehen in einem engen Zusammenhang mit den

---

13 *K.-H. Seifert*, Die politischen Parteien im Recht der Bundesrepublik Deutschland, 1975, S. 54; *M. Stolleis*, Parteienstaatlichkeit, VVDStRL 44 (1986), 7 (11) m. w. N.; vgl. etwa BVerfGE 10, 4 (14), 102, 224 (239).

14 *M. Morlok*, in: Dreier (Hrsg.), GG, Bd. 2, 2. Aufl. 2006, Art. 21, Rn. 118 ff.; *P. Kunig*, in: I. v. Münch/P. Kunig (Hrsg.), GG, Art. 21, Rn. 2; *H. Maurer*, JuS 1991, 881 (882); s. auch BVerfGE 1, 208 (224): „Heute ist jede Demokratie zwangsläufig ein Parteienstaat ..."; *D. Grimm*, Die politischen Parteien, in: E. Benda/W. Maihofer/H. Vogel (Hrsg.), Handbuch des Verfassungsrechts der Bundesrepublik Deutschland, 1995, 4. Abschnitt, S. 317 (319): Parteienrecht als „abhängige Variable des Demokratieprinzips".

Grundrechten auf Gleichheit (Art. 3 Abs. 1 GG), auf Meinungsfreiheit (Art. 5 Abs. 1 GG) sowie auf Versammlungs-, Vereinigungs- und Petitionsfreiheit (Art. 8, 9 und 17 GG), was für die Ermöglichung einer freien inneren Meinungsbildung durchaus bedeutsam ist.[15] Grundsätzlich ist deshalb etwa dem OVG Berlin-Brandenburg zuzustimmen, das bereits aus dem allgemeinen Gleichheitssatz des Art. 3 Abs. 1 GG einen allgemeinen verfassungsrechtlichen Anspruch auf Chancengleichheit der Parteien auch für den Fall ableitet, „dass Art. 21 GG ersatzlos aufgehoben werden würde".[16] Bis zu einer Aufhebung wirkt Art. 21 GG allerdings jedenfalls gegenüber dem Art. 9 GG uneingeschränkt als „lex specialis",[17] was auch verfassungsprozessuale Konsequenzen hat.

Art. 21 GG ist im europaweiten Vergleich deutlich weniger detailliert als die Bestimmungen anderer Verfassungen, die Vorgaben für die Parteienfreiheit, ihre Rollen bei Wahlen oder die Parteienfinanzierung machen.[18] Das deutsche Verfassungsrecht gibt insofern nur ein Leitbild vor, eine „konzeptuelle Vorstellung von dem, wie die Parteien funktionieren sollen", die auf die Interpretation der einfachgesetzlichen Umsetzung ausstrahlt.[19]

Doch diese Ausstrahlungswirkung ist immens. Wenn den politischen Parteien nach Art. 21 GG gegenüber anderen Verbänden, Gruppen und Vereinigungen auch kein Monopol bei der politischen Willensbildung, sondern allenfalls – und auch daran kann man zweifeln – eine „Vorrangstellung" zukommt,[20] so unterscheiden sich die politischen Parteien nur aufgrund

---

15 *K.-H. Seifert*, Die politischen Parteien im Recht der Bundesrepublik Deutschland, 1975, S. 54; *H. Maurer*, JuS 1991, 881 (882); *M. Stolleis*, Parteienstaatlichkeit, VVDStRL 44 (1986), 7 (14 f.); diese Grundrechte als „Unterbau, auf dem der parlamentarische Betrieb überhaupt aufsetzen muss" bezeichnend *Volkmann*, AöR 134 (2009), 157 (165); *F. Shirvani*, Parteienfreiheit, Parteienöffentlichkeit und die Instrumente des Verfassungsschutzes, AöR 134 (2009), 572 (577): „Parteienfreiheit als funktionale Einheit".

16 OVG Berlin-Brandenburg, NVwZ 2012, 1265 (1270) – Jugendverbände von politischen Parteien fallen danach nicht unter Art. 21 GG, ihre Chancengleichheit sei aber inhaltsgleich nach Art. 3 Abs. 1 und 3 GG zu gewährleisten; Rechtswidrigkeit der Praxis der staatlichen Finanzierung von politischen Jugendorganisationen mangels förmlichem Parlamentsgesetz. Der Gesetzgeber ergänzte § 83 SGB VIII dahingehend, dass die Tätigkeit politischer Jugendorganisationen im Rahmen der Jugendhilfe gefördert werden kann, krit. dazu *T. Koch*, in: Ipsen, PartG, 2. Aufl. 2018, Vorbem. zu §§ 18 ff. Rn. 72.

17 Ausführlich *K.-H. Seifert*, Die politischen Parteien im Recht der Bundesrepublik Deutschland, 1975, S. 53 ff.; *ders.*, DÖV 1956, 1 (5).

18 S. die Nachw. bei *M. Morlok*, Politische Parteien, in: T. Vesting/S. Korioth, (Hrsg.), Der Eigenwert des Verfassungsrechts, S. 333 (335 und vergleichend S. 342 f).

19 *M. Morlok*, Politische Parteien, in: T. Vesting/S. Korioth, (Hrsg.), Der Eigenwert des Verfassungsrechts, S. 333 (335): „gesteigerte Ausstrahlungswirkung".

20 BVerfGE 20, 56 (114); eingehend zum Verhältnis von Staat und Gesellschaft *D. Grimm*, in: E. Benda/W. Maihofer/H. Vogel (Hrsg.), Handbuch des Verfassungsrechts der Bundesrepublik Deutschland, 1995, 4. Abschnitt, 317 (327 ff.); zum Rechtsverhältnis zwischen Parteien und Staatsorganen *W. Henke*, Das Recht der politischen Parteien, S. 110–120; zur Standortbestim-

ihres verfassungsrechtlichen Mandats[21] doch in vielfacher Hinsicht von den klassischen Organisationen im zivilrechtlichen Sinne:

Bürgerlich-rechtliche Vereinigungen können ihren Organisationszweck frei festlegen und im rein grundrechtlichen Bereich agieren, Parteien hingegen stehen „innerhalb der Verfassungssphäre"[22] und erfüllen gem. § 1 Abs. 1 S. 2 PartG eine „ihnen nach dem Grundgesetz obliegende und von ihm verbürgte öffentliche Aufgabe". Parteien werden nicht dem freien Spiel der Märkte bzw. des politischen Wettbewerbs überlassen, sondern unterliegen der staatlichen Verantwortung.[23] Parteien sind bürgerlich-rechtliche Organisationen ohne Privatautonomie, ihre Zwecke sind vielmehr einfachgesetzlich festgelegt im Parteiengesetz und verfassungsrechtlich determiniert.[24] Sie sind anders als privatwirtschaftliche Unternehmen in ihrer Mittelverwendung nicht frei – finanzieren sich aber als Kehrseite auch nicht rein privat.

4.   Zwischenfazit

Bereits eine erste und oberflächliche Betrachtung der wichtigsten Rechtsquellen[25] des Parteienrechts zeigt, dass das Parteienrecht zwar verfassungsrechtlich grundiert und in Teilen auch determiniert, gleichwohl aber vor allem einfachgesetzlich normiert ist. Das Gemenge an normativen Vorgaben verdeutlicht einmal mehr, dass das Parteienrecht eine Querschnittsmaterie ist: Es vereint Elemente des Zivilrechts, des Bilanzrechts (und in diesem Zusammenhang übrigens auch des Strafrechts), des Verwaltungsrechts, des Wahlrechts und des (formalen) Verfassungsrechts. *Martin Morlok* meint

---

mung der Parteien zwischen Volk, Gesellschaft und Staat *F. Ossenbühl*, BayVBl. 2000, 161 (163); diese dichotomische Einordnung grundlegend kritisierend *S. Schönberger*, JZ 2017, 701 (705 ff.), die für eine selbständige Positionierung der Parteien jenseits des „Staat-Gesellschaft-Schemas" im Verfassungsgefüge eintritt.

21 *F. Ossenbühl*, BayVBl. 2000, 161 (162).

22 BVerfGE 1, 208 (226); die Vermittlung zwischen Volk und Staatswillen ist gar „Auftrag" und Pflicht der Parteien: BVerfGE 91, 262 (267); BVerfGE 85, 264 (285); allgemein zum Leitbild der Parteien als „Mittler" oder „Transmissionsriemen" *U. Volkmann*, AöR 134 (2009), 157 (166) m. w. N.

23 *M. Morlok*, Parteienrecht als Wettbewerbsrecht, in: P. Häberle/M. Morlok/V. Skouris (Hrsg.), Festschrift für Dimitris Th. Tsatsos zum 70. Geburtstag, 2003, 408 (416); dies als „funktionsadäquaten aus Freiheit und Bindung" bezeichnend *D. Grimm*, Die politischen Parteien, in: E. Benda/W. Maihofer/H. Vogel (Hrsg.), Handbuch des Verfassungsrechtsrechts der Bundesrepublik Deutschland, 1995, 4. Abschnitt, 317 (370).

24 *M. Morlok*, Parteienrecht ist Organisationsrecht, in: M. Bäuerle/P. Dann/A. Wallrabenstein (Hrsg.), Demokratie-Perspektiven, Festschrift für Brun-Otto Bryde zum 70. Geburtstag, 2013, 231 (244), der sie deshalb als „Spezialzweckorganisationen" bezeichnet.

25 Nicht benannt wurden etwa die besonderen Vorschriften für politische Parteien im Vereinsgesetz, im Steuerrecht und in den Rundfunkstaatsverträgen.

gerade auch aus diesem Grund, dass Parteienrecht ein Sonderrecht ist, das einer gesonderten Dogmatik bedürfe.[26]

Festzuhalten ist mit Blick auf das hier vorgegebene Thema, dass das Parteienrecht insofern zwischen Verfassungsrecht und Verwaltungsrecht angesiedelt werden kann, als es nicht erst die Zuständigkeiten, Formen und Inhalte sowie die Verfahrens- und Entscheidungsmechanismen der politischen Organe regelt – nach *Klaus Stern* eines der Kennzeichen von Verfassungsrecht als politischem Recht, sondern bereits auf der Vorstufe die Voraussetzung für den Zugang in diese Institutionen betrifft. Zugleich ist zu betonen, dass sich das Parteienrecht in vielen Punkten vom besonderen Verwaltungsrecht abhebt: Es wird, soweit die Selbstorganisation betroffen ist, nicht von staatlichen Behörden vollzogen und unterliegt auch keiner Fach- oder Rechtsaufsicht. Vielmehr ist das Parteienorganisationsrecht staatlicher Kontrolle weitgehend entzogen. Allein der Bereich der Parteienfinanzierung mit der entsprechenden Rechenschaftspflicht unterliegt dem Vollzug durch staatliche Behörden. Wie im Parlamentsbetrieb ist hier der Bundestagspräsident für wesentliche Verwaltungsmaßnahmen zuständig, da ihm besondere Neutralität und integrative Kraft zugesprochen wird.

III. Bestimmung des Verhältnisses mittels Prozessrechts

Vielleicht hilft der Blick auf das Prozessrecht, um das Parteienrecht genauer zwischen Verfassungsrecht und Verwaltungsrecht zu verorten.

Grundsätzlich unterliegen Streitigkeiten zwischen Parteien und öffentlich-rechtlichen Einrichtungen der Verwaltungsgerichtsbarkeit, wenn kein Verfassungsrechtsverhältnis vorliegt. Unter Betonung des materiellen Rechts könnte man im Einzelnen danach differenzieren, ob eine Partei in ihrer staatsfreien, originär gesellschaftlichen Freiheit eingeschränkt wird oder aber ob sie in ihrer funktionalen Freiheit zur Erfüllung des Verfassungsauftrags betroffen ist.[27] Orientiert man sich hingegen am geltenden Prozessrecht, sind mit den jeweils beteiligten Akteuren drei Verhältnisse zu differenzieren: das Binnenverhältnis zwischen Parteien und ihren Mitgliedern, das Verhältnis zwischen Parteien untereinander und das Verhältnis zwischen dem Staat und Parteien.[28] Allerdings bedarf es auch dabei gegebenenfalls noch der weiteren Unterscheidung danach, ob die Partei in ihrem ver-

---

26 Vgl. die Ergebnisse des von der DFG geförderten Forschungsprojekts „Die Dogmatik des Parteienrechts" etwa *M. Morlok*, RuP 2020, 65 ff.; sowie *M. Morlok*, in: M. Bäuerle/P. Dann/A. Wallrabenstein (Hrsg.), Demokratie-Perspektiven, Festschrift für Brun-Otto Bryde zum 70. Geburtstag, 2013, 231 ff.

27 Zurückzuführen auf die ausnahmsweise Durchbrechung des Konfusionsverbots für Parteien, hierzu *S.-C. Schönberger*, JZ 2017, 701 (703).

28 Zu diesen vier Regelungsdimensionen auch *M. Morlok/H. Merten*, Parteienrecht, 2018, S. 49 ff.

fassungsrechtlichen Status oder in ihrer gesellschaftlichen Stellung betroffen ist.

1. Verhältnis zwischen Parteien und ihren Mitgliedern

Im Verhältnis der Parteien zu ihren Mitgliedern verwundert es angesichts der normativen Ausgestaltung nicht, dass auch insofern das Parteienrecht zunächst einmal als Zivilrecht in Erscheinung tritt. Parteiinterne Streitigkeiten werden zunächst vor Parteischiedsgerichten ausgetragen, die nach § 14 PartG zu gründen sind. Den politischen Parteien steht es dabei frei, ob sie diese obligatorisch zur Schlichtung und Entscheidung zu bildenden Parteischiedsgerichte als „echte" Schiedsgerichte im Sinne der Zivilprozessordnung oder als interne Parteischiedsgerichte einrichten[29] – mit dem maßgeblichen Unterschied, dass bei letzteren der Rechtsweg zu den ordentlichen Gerichten ausgeschlossen ist. Im Zweifel wird ein Parteischiedsgericht regelmäßig nur als einfaches Parteigericht und also nicht im Rahmen der Rechtsprechung tätig, so dass anschließend Rechtsschutz vor den staatlichen Gerichten offensteht. Zuständig ist insofern die ordentliche, nicht etwa die Verwaltungsgerichtsbarkeit, auch wenn es um Kandidatenaufstellung für öffentliche Wahlen und Parteiausschlussverfahren geht.[30]

2. Verhältnis zwischen zwei Parteien

Auch das Verhältnis zwischen zwei politischen Parteien ist in erster Linie zivilrechtlicher Natur und wird deshalb auch von den Zivilgerichten entschieden – so etwa ein äußerungsrechtlicher Streit über Behauptungen der einen Partei über eine andere.[31] Schwieriger zu beurteilen ist die Frage, ob und welche staatlichen Gerichte über die Einhaltung von Koalitionsverträgen zu urteilen haben,[32] doch dieser Streit führt mit der grundsätzlichen

---

29 Vgl. etwa OLG München, Beschl. v. 16.09.2016, 34 SchH 11/16.

30 *H. Sodan*, in: H. Sodan/J. Ziekow (Hrsg.), VwGO, 5. Aufl. 2018, § 40 VwGO, Rn. 261; zu einem unzulässigen Parteiausschluss wegen Unverhältnismäßigkeit: KG Berlin, Urt. v. 10.09.2013, 7 U 131/12 – str. ist jedoch, inwiefern staatliche Gerichte parteiinterne Entscheidungen am Verhältnismäßigkeitsgrundsatz messen können, da dieser *staatliches* Handeln begrenzt; krit. zur Entsch. des KG *A. Bäcker*, MIP 2014, 184 (192); *H. P. Bull*, DVBl. 2014, 262 (264); gegen die Entscheidung ist die Verfassungsbeschwerde beim BVerfG anhängig wegen Verletzung der Vereinsautonomie (Art. 9 Abs. 1 i. V. m. Art. 21 Abs. 1 GG).

31 LG Berlin, Beschl. v. 17.09.2013, 27 O 576/13 (AfD und Die Piraten); LG Köln, Beschl. v. 13.09.2013, 28 O 380/13 (Äußerungen des ehemaligen AfD-Vorstandsmitglieds über FORSA), zusammengefasst bei *A. Bäcker*, MIP 2014, 184 (191).

32 In der Lit. überwiegend als Streitigkeit verfassungsrechtlicher Art qualifiziert, s. *D. Ehlers/J.-P. Schneider*, in: F. Schoch/J.-P. Schneider/W. Bier (Hrsg.), VwGO, 2019, § 40, Rn. 169; *R. Herzog*, in: T. Maunz/G. Dürig (Hrsg.), GG, 89. Aufl. 2020, Art. 63 GG, Rn. 12 (der aber die Justiziabilität vor staatlichen Gerichten in Frage stellt); a. A., sie als öffentlich-rechtliche Beziehung nicht verfassungsrechtlicher Art, sondern verwaltungsrechtlicher Natur qualifizierend: BGH, VerwRspr. 1960, 356 (359).

Frage, ob Koalitionsverträge überhaupt als rechtlich verbindliche Verträge qualifiziert werden können, zu weit weg von dem hier zu behandelnden Thema.

3. Verhältnis zwischen dem Staat und politischen Parteien

Denn für dieses Thema ist vor allem das Verhältnis zwischen dem Staat mit all seinen Untergliederungen und Organen auf der einen Seite und politischen Parteien auf der anderen Seite von Interesse. Welche dieser Streitigkeiten sind vor den Verfassungsgerichten, welche vor den Verwaltungsgerichten auszutragen? Da Parteien sowohl verfassungsrechtliche Institutionen als auch im gesellschaftlichen Bereich wurzelnde Einheiten sind, bestimmt sich die Abgrenzung der Rechtswege danach, welches materielle Recht streitgegenständlich ist.

a) Zuständigkeiten des Bundesverfassungsgerichts

Explizit wies das Grundgesetz ursprünglich nur die Entscheidung über das Verbot politischer Parteien der originären und ausschließlichen Zuständigkeit des Bundesverfassungsgerichts zu. Erst 2012 wurde das sog. Nichtanerkennungsverfahren in Art. 93 Abs. 1 Nr. 4c GG eingeführt, um noch vor einer Wahl klären zu lassen, ob der Ausschluss einer Liste von der Wahl zu Recht oder zu Unrecht erfolgte.[33] Zudem ist das Bundesverfassungsgericht seit 2017 auch originär und ausschließlich im sog. Finanzausschlussverfahren zuständig, das durch eine Änderung des Art. 21 Abs. 4 GG[34] und eine Ergänzung des BVerfGG um § 13 Nr. 2a BVerfGG mit entsprechenden Modifizierungen der §§ 43 ff. BVerfGG eingeführt wurde.[35] Diese Zuständigkeitsbegründung war eine unmittelbare Reaktion auf das Urteil des Bundesverfassungsgerichts im 2. NPD-Verbotsverfahren, mit dem das Gericht die NPD zwar für verfassungswidrig erklärt, sie aber mangels Bedeutung nicht verboten hat.[36] Nachdem das Bundesverfassungsgericht in der Urteilsverkündung aber trotz dieses merkwürdigen Urteilsausspruchs den Ausschluss von der staatlichen Finanzierung als ausreichende Sanktion in die politische Diskussion gebracht hat, haben sich in Bundestag und Bundesrat rasch verfassungsändernde Mehrheiten für die Verankerung eines solchen Ausschlusses in Art. 21 GG gefunden, der zum Schutz vor Missbrauch durch die politischen Wettbewerber in die alleinige Zuständigkeit des Bundesverfassungsgerichts gelegt ist, sozusagen ein „Verbotsverfahren light".

Doch ungeachtet dieser eigenständigen Verfassungsgerichtsverfahren liegt die eigentliche Besonderheit der verfassungsprozessualen Stellung politischer Parteien in dem Umstand, dass sie ihre Rechte aus Art. 21 GG nach

---

33 Art. 1 des Gesetzes zur Änderung des Grundgesetzes v. 11.07.2012, BGBl. I S. 1478.
34 Art. 1 des Gesetzes zur Änderung des Grundgesetzes v. 19.07.2017, BGBl. I S. 2346.
35 Gesetz v. 18.07.2017, BGBl. I S. 2730.
36 BVerfGE 144, 20.

ständiger Rechtsprechung auch im Organstreitverfahren vor dem Bundesverfassungsgericht geltend machen können.[37] Das Bundesverfassungsgericht behandelt sie als „sonstige Beteiligte", die durch das Grundgesetz – eben durch Art. 21 GG – mit eigenen Rechten ausgestattet sind. Hintergrund der frühen Begründung dieser Rechtsprechung war zum einen, dass politischen Parteien bereits unter der WRV vom Staatsgerichtshof die Stellung von Verfahrensbeteiligten eingeräumt worden war, und zum anderen, dass eine Verfassungsbeschwerde wegen des zunächst zu beschreitenden Fachgerichtsschutzes regelmäßig erst spät zu einer Befassung des Bundesverfassungsgerichts führen würde. Es würde aber dem Rang und der Bedeutung einer politischen Partei nicht entsprechen, „sie auf diesen letzten Rechtsbehelf zu verweisen, der dem Bürger gegen den Staat nach Erschöpfung aller anderen Rechtswege eingeräumt hat."[38] Nicht durch das Grundgesetz, sondern erst durch diese Rechtsprechung des Bundesverfassungsgerichts wurde in der Folge jede Rechtsverletzung von Parteien (und nicht nur ihrer parlamentarischen Zusammenschlüsse) zu einem Verfassungsstreit, jedenfalls dann, wenn Verfassungsorgane beteiligt sind.

b) Fehlende Kongruenz von Prozessrecht und materiellem Recht

Eine dominierende Verfassungsgerichtsbarkeit übt naturgemäß eine besonders starke Prägekraft auf das normhierarchisch niedrigere einfache (Verwaltungs-)Recht aus,[39] gerade auch im Parteienrecht. Und so hat die Entscheidung des Bundesverfassungsgerichts, politischen Parteien zur Durchsetzung ihrer von Art. 21 GG gewährleisteten Rechte das Organstreitverfahren zu öffnen, erheblich zu einer Konstitutionalisierung des Parteienrechts beigetragen. Im Ergebnis mag es durchaus sinnvoll sein, parteipolitische Streitigkeiten ausschließlich vom Bundesverfassungsgericht entscheiden zu lassen. Nichtsdestotrotz ist es aus dogmatischer Perspektive ein Fehlschluss, von der Zuständigkeit des Bundesverfassungsgerichts auf den materiellen Verfassungscharakter des Parteienrechts schließen zu wollen.

Besonders delikat ist, dass der Charakter des Parteienrechts insofern von den jeweiligen Verfahrensparteien abhängt, vom Klagegegner ebenso wie vom Antragsteller. Ein Organstreitverfahren vor dem Bundesverfassungsgericht kommt nämlich nur zwischen zwei Verfassungsorganen in Betracht, während bei allen anderen Streitigkeiten der Verwaltungsrechtsweg gegeben

---

37 St. Rspr., jüngst etwa BVerfGE 148, 11 (19).

38 BVerfGE 1, 208 (226).

39 Zu diesem Zusammenhang C. *Waldhoff*, Kann das Verfassungsrecht vom Verwaltungsrecht lernen?, in: C. Franzius/S. Lejeune/K. v. Lewinski/K. Meßerschmidt/G. Michael/M. Rossi/T. Schilling/P. Wysk (Hrsg.) Beharren. Bewegen. Festschrift für Michael Kloepfer zum 70. Geburtstag, 2013, 261 (273); zur materiell-rechtlichen Sogwirkung durch eine verselbständigte Verfassungs- und Verwaltungsgerichtsbarkeit s. auch C. *Schönberger*, Verwaltungsrecht als konkretisiertes Verfassungsrecht, in: M. Stolleis (Hrsg.), Das Bonner Grundgesetz, 2006, 53 (63 f.).

ist. Im Streit über die Äußerungsfreiheit des Bundespräsidenten ist dementsprechend das Bundesverfassungsgericht zuständig,[40] während Kundgaben von anderen der Neutralität verpflichteten Amtsträgern oder auch des öffentlich-rechtlichen Rundfunks fachgerichtlich zu entscheiden sind.[41]

Mit Blick auf den Antragsteller ist zudem in jedem Fall zu unterscheiden, ob tatsächlich Rechte aus Art. 21 GG oder nicht primär allgemeine Grundrechte betroffen sind. So wies das Bundesverfassungsgericht die von einem Abgeordneten erhobene Verfassungsbeschwerde gegen Maßnahmen der Öffentlichkeitsarbeit der Bayerischen Staatsregierung mangels Erschöpfung des Rechtswegs als unzulässig zurück, da der Verwaltungsrechtsweg nicht durchlaufen worden war. Ein SPD-Abgeordneter hatte die Verletzung der Grundrechte aus Art. 38 Abs. 1 und 2 GG i. V. m. Art. 3 Abs. 1 GG wegen unzulässiger Einwirkung auf den Wahlkampf durch die Staatsregierung gerügt. Doch das Recht auf Chancengleichheit im Wahlwettbewerb ist ein subjektives Grundrecht, kein Organrecht, dessen Verletzung durch Verwaltungsbehörden oder durch Verfassungsorgane vor den Verwaltungsgerichten geltend gemacht werden muss. So verwies das BVerfG den Kläger auf die verwaltungsprozessuale Möglichkeit, die Rechtswidrigkeit der Öffentlichkeitsarbeit der Staatsregierung von dem Verwaltungsgericht feststellen zu lassen.[42] Demgegenüber ist die Klage einer politischen Partei gegen eine solche Öffentlichkeitsarbeit verfassungsrechtliche Natur: Im Fall der aus Haushaltsmitteln finanzierten Öffentlichkeitsarbeit durch die Parteien der Regierungsfraktion rügte eine im Bundestag vertretene politische Partei im Wege des Organstreits mit Erfolg die Verletzung von Art. 21 Abs. 1 i. V. m. Art. 20 Abs. 2 GG.[43]

Auch die Klage einer Partei wegen Verletzung des parteirechtlichen Gleichbehandlungsgrundsatzes durch die Kündigung oder Weigerung der Eröffnung eines Girokontos bei einer Sparkasse[44] oder Landesbank als Trägerin öffentlicher Gewalt wird jedenfalls nicht vor dem Bundesverfassungsgericht ausgetragen. Der VGH Mannheim entschied insofern mittels der klassischen Zweistufenlehre, dass nur das „Ob" der Kontoeröffnung sich nach

---

40 BVerfGE 138, 102.

41 BVerfGE 7, 99 – Klage des Bund der Deutschen gegen den NDR auf Einräumung von Sendezeiten zur Wahlwerbung im Wege der Verfassungsbeschwerde erfolgreich, weil er auch anderen Parteien Sendezeiten eingeräumt hatte (ausnahmsweise ohne Erschöpfung des Verwaltungsrechtswegs zulässig wg. allgemeiner Bedeutung).

42 BVerfG, NVwZ 1988, 817.

43 BVerfGE 44, 125; s. auch BVerfGE 140, 1 zu einem Organstreit der ÖDP gegen die Praxis, dass aus den vom Bundestag aus Haushaltsmitteln zur Verfügung gestellten Fraktionsgeldern Werbemaßnahmen zu Gunsten politischer Parteien finanziert wurden m. Anm. v. *H.-H. v. Arnim*, DVBl. 2015, 1529.

44 VGH Mannheim, Beschl. v. 07.11.2016, 1 S 1386/16, NVwZ-RR 2017, 215; OVG Münster, Beschl. v. 11.05.2011, 16 A 1190/10; VG Göttingen, Urt. v. 10.06.2009, 1 A 91/08; VG Sigmaringen, Beschl. v. 05.03.2008. 5 K 2558/07.

dem öffentlichen Recht bestimme, das „Wie" hingegen privatrechtlich ausgestaltet sei. Mithin ist die Verweigerung der Kontoeröffnung vor Verwaltungsgerichten, der Streit um Vertragskonditionen vor den ordentlichen
Gerichten, in keinem Fall aber vor dem Bundesverfassungsgericht zu führen.[45]

c)   Unbefriedigendes Ergebnis

Dieser Schluss vom Prozessrecht auf das materielle Recht kann im Ergebnis
nicht befriedigen. Er stellt die Qualifizierung des Rechts zur Disposition des
Prozessrechts und damit in das Belieben des einfachen Gesetzgebers. Besons-
ders virulent ist insofern, dass Fragen der Parteienfinanzierung und der
Rechenschaftspflicht trotz ihrer unmittelbaren verfassungsrechtlichen Radi-
zierung in die Verwaltungskompetenz des Bundestagspräsidenten gelegt
sind und Streitigkeiten über die Parteienfinanzierung deshalb der Verwaltungsgerichtsbarkeit unterworfen sind. Auch Streitigkeiten über die Verletzung der Chancengleichheit durch den öffentlich-rechtlichen Rundfunk
werden von den Verwaltungsgerichten entschieden. Hier wird – auch
wenn es insbesondere vor Wahlen mitunter eilig ist – insofern ein langer
Rechtsweg durchaus in Kauf genommen, der zwar in der Praxis regelmäßig
in vorläufigen Rechtsschutzverfahren abgekürzt wird, die ihrerseits aber oft
nur eine beschränkte Befriedungswirkung entfalten.

4.   Zwischenfazit

Auch die prozessrechtliche Verteilung der Zuständigkeiten zwischen dem
Bundesverfassungsgericht einerseits und den Fachgerichten andererseits
lässt keinen hinreichenden Rückschluss auf den Charakter des Parteienrechts zu und dokumentiert insofern nur, dass sich das Parteienrecht zwischen dem Verfassungsrecht und dem Verwaltungsrecht bewegt.

IV.   Funktionale Zuordnung zum Verfassungs- und Verwaltungsrecht

Geboten ist insofern eine funktionale Betrachtung, die an die spezifischen
Aufgaben und Besonderheiten des Verfassungs- und Verwaltungsrechts
anknüpft, auch wenn eine solche Betrachtung naturgemäß zugleich rechts-
politischer Art ist. Von vornherein soll dabei die grundsätzliche Dichotomie
zwischen Verfassungs- und Verwaltungsrecht nicht aufgegeben und insbesondere nicht einem Verfassungsverwaltungsrecht[46] das Wort geredet wer-

---

45 VGH Mannheim, Beschl. v. 07.11.2016, 1 S 1386/16, NVwZ-RR 2017, 215.
46 S. die Nachw. bei *F. Wollenschläger*, VVDStRL 2016, 188 (195 Fn. 33); *J. Kersten*, DVBl. 2011,
     585 (587).

den, das trotz seiner Allbezüglichkeit und seinem Regelcharakter dem allgemeinen Verwaltungsrecht zugeordnet werden soll.[47]

1. Beschreibung von Verfassungs- und Verwaltungsrecht

Hervorzuheben ist zunächst, dass das Verfassungsrecht der Legitimierung und gleichzeitig der Begrenzung staatlicher Macht dient. Verfassungsrecht normiert die politische Rahmenordnung und sichert ihren Bestand und ihre Wirkkraft, indem es sich selbst unter einen qualifizierten Änderungsvorbehalt stellt. Zugleich ermöglicht Verfassungsrecht die flexible Schaffung einfachen Rechts durch die jeweiligen politischen Mehrheitsverhältnisse (und damit auch die flexible Revidierbarkeit bei Änderung der Mehrheitsverhältnisse),[48] denn legislative Rechtssetzung ist geprägt von einem weiten Beurteilungsspielraum: Gesetzgebung ist mehr als Verfassungsvollzug.[49]

Demgegenüber dient das Verwaltungsrecht primär der Lösung von Einzelfragen und Detailproblemen. Die typischen Handlungsformen der Verwaltung sind gesetzesgesteuert, auch wenn weder der Bereich der sog. gesetzesfreien Verwaltung noch der Spielraum durch (vermeintlich) unverbindliche Handlungsformen immer größer zu werden scheint. Außerdem sind die Wechselwirkungen von Verfassungs- und Verwaltungsrecht durchaus reziprok, wie etwa die begriffliche Übernahme einfachgesetzlicher Definitionen durch das Grundgesetz oder auch die normativen Grundrechte verdeutlichen.[50] Dass sich Verfassungs- und Verwaltungsrecht zudem nach der Autorität des Normsetzers – pouvoir constituant hier, pouvoir constitué dort – unterscheiden lassen, soll nur am Rande ebenso in Erinnerung gerufen werden.

2. Konstitutionalisierung als Schutz vor Entscheidungen in eigener Sache?

Für eine (weitergehende) Konstitutionalisierung des Parteienrechts werden viele Gründe angeführt und insbesondere Nachteile der einfachgesetzlichen Regelung des Parteienrechts bemüht.[51]

---

47 *F. Wollenschläger,* VVDStRL 2016, 188 (201).

48 *D. Grimm,* HStR I, 3. Aufl. 2003, § 1 Rn. 30, Rn. 44: „Da im Staat alles Recht politisch erzeugtes Recht ist, käme eine Totalverrechtlichung einer Negation der Politik gleich. Diese wäre auf Verfassungsvollzug reduziert und würde sich damit letztlich in Verwaltung verwandeln".

49 *J. Kersten,* DVBl. 2011, 585 (588).

50 Nachw. bei *C. Waldhoff,* Kann das Verfassungsrecht vom Verwaltungsrecht lernen?, in: C. Franzius/S. Lejeune/K. v. Lewinski/K. Meßerschmidt/G. Michael/M. Rossi/T. Schilling/P. Wysk (Hrsg.) Beharren. Bewegen. Festschrift für Michael Kloepfer zum 70. Geburtstag, 2013, 261 (266).

51 *M. Morlok,* Politische Parteien, in: T. Vesting/S. Korioth (Hrsg.), Der Eigenwert des Verfassungsrechts, 333 (338 ff.).

Im Vordergrund steht dabei regelmäßig die Problematik der „Entscheidung in eigener Sache". Sie beschreibt den Umstand, dass das Parteienrecht (und etwa auch das Wahlrecht und das Abgeordnetenrecht) als politisches Wettbewerbsrecht besonders anfällig für parteipolitische Einflussnahmen ist. Insbesondere im Bereich des Wahlrechts und der Parteienfinanzierung könne der (einfache) Gesetzgeber (und damit die parteipolitische Mehrheit) die Wettbewerbsbedingungen zum eigenen Vorteil anpassen: Die Spieler von heute beeinflussen die Spielregeln für morgen. Mandatsträger, die in aller Regel auch Parteirepräsentanten sind, schaffen Recht, das für sie selbst und den politischen Mitbewerber gilt. Zwar entscheiden in formaler Hinsicht die gesetzgebenden Organe, jedoch beeinflussen die Parlamentsparteien über ihre Fraktionen inhaltlich wesentlich das Parteienrecht.[52] Dementsprechend sind sie bei der Schaffung von Parteienrecht beides zugleich: Rechtsunterworfene und doch auch Rechtsgestalter.[53]

Martin Morlok hat freilich erkannt, dass nicht die „Koinzidenz von Entscheidungsberechtigten und Entscheidungsunterworfenen" das Kernproblem der „Entscheidung in eigener Sache" ist, denn es sei Wesensmerkmal demokratischer Selbstbestimmung, dass die Betroffenen selbst bestimmen, welche Entscheidungen getroffen werden sollen.[54] Die Besonderheit der „Entscheidung in eigener Sache" im Kontext des Parteienrechts liege vielmehr darin, dass parteienrechtliche Änderungen in der demokratischen Öffentlichkeit unter einem Aufmerksamkeitsdefizit leiden.[55] Es fehle insofern die demokratische Öffentlichkeit, die die Entscheidung kritisch begleitet.

Die jüngste Anhebung der absoluten Obergrenze der Parteienfinanzierung verdeutlicht dies sehr anschaulich, denn sie wurde im parlamentarischen Schnelldurchlauf und noch dazu im Aufmerksamkeitsschatten der gerade eröffneten Fußballweltmeisterschaft beschlossen.[56] Über dieses konkrete

---

52 Jüngst wieder *H. von Arnim*, Die Regeln der Macht regeln die Machthaber selbst, in: J. Krüper (Hrsg.), Die Organisation des Verfassungsstaats, Festschrift für Martin Morlok zum 70. Geburtstag, 2019, 335 (336 ff.) m. w. N.; *F. Shirvani*, Das Parteienrecht und der Strukturwandel im Parteiensystem, 2010, S. 468; *M. Morlok*, Politische Parteien, in: T. Vesting/S. Korioth (Hrsg.), Der Eigenwert des Verfassungsrechts, 333 (339).

53 *F. Shirvani*, Das Parteienrecht und der Strukturwandel im Parteiensystem, 2010, S. 468.

54 Zur Kritik an der Unschärfe der Begrifflichkeit „Entscheidung in eigener Sache", da die Volksvertretungen immer Entscheidungen in eigener Sache treffen würden (dabei aber Volk und Partei unzutreffend gleichsetzend) s. *M. Morlok*, Parteienrecht, 2018, S. 37 f.; *ders.*, Politische Parteien, in: T. Vesting/S. Korioth (Hrsg.), Der Eigenwert des Verfassungsrechts, 333 (339); *H. Klein*, in: T. Maunz/G. Dürig (Hrsg.), GG, Art. 48 Rn. 149 f.; *T. Streit*, Entscheidung in eigener Sache, 2006, S. 179 ff., der die Terminologie „Entscheidung mit strukturellem Kontrolldefizit" präferiert.

55 *M. Morlok*, Parteienrecht, 2018, S. 39.

56 Gesetz v. 10.07.2018, BGBl. I S. 1116. Gegen dieses Gesetz sind Verfahren vor dem Bundesverfassungsgericht anhängig. Das BVerfG hat es allerdings abgelehnt, im Wege der einstweiligen

Beispiel hinaus birgt jede „Entscheidung in eigener Sache" ein Kontrolldefizit in sich, denn die Institutionen, die sonst einseitige Parteiinteressen hemmen – das Prinzip der parlamentarischen Opposition, der Amtscharakter der gesetzgebenden Körperschaft, die Gewaltenteilung und das Bundesstaatsprinzip – greifen nicht oder jedenfalls nicht ausreichend.[57] Im Zusammenhang mit den Abgeordnetendiäten ist man dem Problem der Selbstbegünstigung und des Kontrolldefizits zwar dadurch begegnet, dass eine Kommission im Gesetzgebungsverfahren beteiligt ist.[58] Dabei obliegt es nach § 18 Abs. 6 PartG dem Bundespräsidenten, eine Kommission unabhängiger Sachverständiger zu Fragen der Parteienfinanzierung zu berufen. Doch in Bezug auf das allgemeine Parteienrecht gibt es keine entsprechenden grundsätzlichen Sicherungsmechanismen. Deshalb wird immer wieder gefordert, etwa die Regeln über die steuerliche Begünstigung von Parteispenden oder über die Zulassung von Parteien zur Bundestagswahl zu konstitutionalisieren.[59] Zudem wird auch ein Bedürfnis erkannt, die grundlegenden Regeln über sonstige parteiähnlicher Gruppierungen wie Wählervereinigungen in die Verfassung zu inkorporieren, um eine bundesweite chancengleiche Wettbewerbsordnung zu schaffen.[60]

3. Alternativen zur Konstitutionalisierung

Doch könnte eine weitere Konstitutionalisierung solche Möglichkeiten verhindern? Und gibt es nicht Alternativen, die nicht mit den Nachteilen einer Konstitutionalisierung verbunden sind? Schon generell soll die Verfassung nicht mit Detailregelungen überfrachtet werden, sondern der Demokratie Luft zum Atmen lassen. So wie Kontinuität und Stabilität für eine Hochzonung in das Verfassungsrecht sprechen, sind Flexibilität und Revidierbarkeit Argumente für eine einfachgesetzliche Ausgestaltung. Das gilt auch für das Parteienrecht, etwa im Bereich steuerrechtlicher Regelungen, die zu unterschiedlichen Zeiten durchaus unterschiedlich ausgestaltet sein sollen. Generell spricht viel dagegen, Art. 21 GG als eine Art Programm zu verstehen und das Parteienrecht auf eine Botenfunktion zu degradieren.[61]

Anordnung die Anwendung der neuen absoluten Obergrenze zu unterbinden: BVerfG, Beschluss v. 12.03.2019, 2 BvQ 91/18.

57 *W. Henke*, in: W. Kahl/C. Waldhoff/C. Walter (Hrsg.), Bonner Kommentar zum Grundgesetz, 2019, Art. 21, Rn. 321.

58 Ausführlich zum Verfahren der Einbeziehung der Kommission *F. Shirvani*, Das Parteienrecht und der Strukturwandel im Parteiensystem, 2010, S. 471.

59 Krit. zum bisherigen Verfahren *M. Morlok*, Politische Parteien, in: T. Vesting/S. Korioth (Hrsg.), Der Eigenwert des Verfassungsrechts, 333 (341).

60 *M. Morlok*, Politische Parteien, in: T. Vesting/S. Korioth (Hrsg.), Der Eigenwert des Verfassungsrechts, 333 (342).

61 *J. Krüper*, „Partei" als Rechtsform, in: J. Krüper/H. Merten/T. Poguntke (Hrsg.), Parteienwissenschaften, 2015, 199 (218).

Jenseits solcher grundsätzlichen Überlegungen darf man die Sicherungswirkung einer Konstitutionalisierung des Parteienrechts vor allem auch nicht überschätzen. Denn aus formaler Machtperspektive bewirkt die Konstitutionalisierung doch vor allem zweierlei: Sie verändert zum einen die erforderlichen Mehrheiten für die Änderung des Parteienrechts und unterwirft sie zum anderen als Verfassungsänderung der Kontrolle durch das Bundesverfassungsgericht. Doch nicht nur in Zeiten von „Großen Koalitionen" ist zu beobachten, dass politische Parteien ihre dichotomischen Rollen von regierungsstellender bzw. -stützender Position und Opposition aufgeben, wenn es um parteiübergreifende gemeinsame Interessen geht. Insofern sind Zwei-Drittel-Mehrheiten in Bundestag und Bundesrat kein sicheres Mittel, um (Fehl-)Entscheidungen in eigener Sache zu verhindern. Deshalb ist Vorsicht geboten: Der Gedanke, dass die Hochzonung des Parteienrechts in das Verfassungsrecht die Freiheit und Gleichheit der politischen Parteien und den Wettbewerb unter ihnen besser vor Zugriffen der jeweiligen Mehrheiten schützt, ist trügerisch. Denn er gewährleistet nur eine gewisse Sicherung gegenüber dem einfachen Gesetzgeber. Doch wo mehrere Parteien ungeachtet ihres inhaltlichen Wettstreits und ihres Wettkampfs um Zugang zu staatlichen Ämtern, um Zugang zur Macht, schlicht sicherstellen wollen, dass möglichst wenige Teilnehmer an diesem Wettbewerb teilnehmen wollen, bietet ihnen das Verfassungsrecht ein Sicherungsinstrument, dass zwar schwerer einzusetzen ist, dafür aber auch schärfer und vor allem langfristiger wirkt. Die jüngste Änderung des Art. 21 GG, nach der verfassungswidrige Parteien zwar nicht verboten, aber doch von der staatlichen Finanzierung ausgeschlossen werden können, mag dies verdeutlichen. Wie in jedem anderen Rechtsgebiet, so muss sich das Verfassungsrecht deshalb auch in Bezug auf das Parteienrecht davor hüten, die Gestaltungsfreiheit des Gesetzgebers, letztlich ja also die Möglichkeiten der Demokratie, zu weitgehend zu determinieren.

Notwendig wäre an Stelle veränderter Mehrheiten vielmehr die prozedurale Einbeziehung unbeteiligter Dritter. *Dieter Grimm* spricht insofern von der Notwendigkeit, sog. „Unterbrecher" in das Rechtsetzungsverfahren des Parteienrechts einzubeziehen.[62] Dabei sind ganz unterschiedliche Lösungsansätze denkbar,[63] die deutlich über höhere formelle Anforderungen oder Begründungserfordernisse hinausgehen[64] und die sich auch nicht nur mit

---

62 Zu entsprechenden Vorschlägen s. bereits *T. Streit*, Entscheidungen in eigener Sache, 2006, S. 190–195; *D. Grimm*, „Wir haben das Recht auf ein Leben mit einem einfachen Gesetzesvorbehalt", 2019/7/16, https://verfassungsblog.de/wir-haben-das-recht-auf-ein-leben-mit-einem-ein fachen-gesetzesvorbehalt/ (letzte Abfrage am 02.03.2020).

63 Ausführliche Übersicht bei *T. Streit*, Entscheidungen in eigener Sache, 2006, S. 186–206.

64 *H. von Arnim*, Die Regeln der Macht regeln die Machthaber selbst, in: J. Krüper (Hrsg.), Die Organisation des Verfassungsstaates, Festschrift für Martin Morlok zum 70. Geburtstag, 2019, 335 (350).

der Notwendigkeit einer qualifizierten Mehrheit für Änderungen des Parteienrechts zufriedengeben.[65]

Ob eine (Experten-)Gremium, ein Konvent oder eine Kommission ausreichend sein werden,[66] muss mit guten Gründen bezweifelt werden. Zwar kann eine Gremiumlösung der Gefahr der Selbstbegünstigung durch Änderungen im Parteienrecht wirksam begegnet werden, indem ein weiterer Akteur eingeschaltet wird.[67] Ferner ist vorteilhaft, dass sowohl die Expertise von Sachverständigen eingebracht werden kann als auch (gewählte) Bürger- oder Interessensvertreter am Gesetzgebungsprozess partizipieren können. Doch wer soll ein solches Gremium einsetzen? Sind es die politischen Parteien (entsprechend ihrem Stärkeverhältnis), behalten sie mittelbar Einfluss auf das Ergebnis, sind es Dritte, schwindet die Akzeptanz seines Ergebnisses, und zweitens wird ihnen aus Gründen fehlender demokratischer Legitimation nur eine beratende, nicht aber eine beschließende Befugnis zustehen.

Dem Bundesverfassungsgericht eine obligatorische Kontrolle von Parteirechtsänderungen noch während des Gesetzgebungsverfahrens zuzuweisen,[68] ist auch nicht zielführend, weil das Bundesverfassungsgericht nur auf den eben vagen verfassungsrechtlichen Maßstab beschränkt ist und durch eine zu weitgehende Konkretisierung zugleich seine Akzeptanz ver-

---

65 Dafür, wenn die Änderung Art. 21 GG und/oder Art. 38 GG betrifft: „Die meisten Dinge, die in Polen und Ungarn gelaufen sind, könnten ohne weiteres hier auch passieren", Interview mit Klaus Ferdinand Gärditz, Verfassungsblog 2018/2/22, https://verfassungsblog.de/die-meisten-dinge-die-in-polen-und-ungarn-gelaufen-sind-koennten-ohne-weiteres-hier-auch-passieren/ (letzte Abfrage am 02.08.2019).

66 Zur Einbindung korrigierenden objektiven Sachverstands im Kontext der Abgeordnetenentschädigung und Parteienfinanzierung s. BVerfGE 85, 264 (292); *F. Shirvani*, Das Parteienrecht und der Strukturwandel im Parteiensystem, 2010, S. 469 ff.; ablehnend *M. Morlok*, Parteienrecht, S. 39; s. auch für den Bereich der Politikfinanzierung den konkreten Vorschlag von *Streit*, Entscheidungen in eigener Sache, 2006, S. 210, für die Einführung eines Art. 60a GG und Art. 76 Abs. 4 GG, wonach der Bundespräsident eine Kommission unabhängiger Sachverständiger zu Fragen der Politikfinanzierung beruft und Gesetzesvorlagen zunächst dieser zuzuleiten sind.

67 *D. Grimm* will ein konventartiges Gremium einführen, das zur Aufgabe der politischen Binnenperspektive bei Verfassungsänderungen führt, *D. Grimm*, „Wir haben das Recht auf ein Leben mit einem einfachen Gesetzesvorbehalt", Interview mit Dieter Grimm, Verfassungsblog 2019/7/16, https://verfassungsblog.de/wir-haben-das-recht-auf-leben-mit-einem-einfachen-gesetzesvorbehalt/ (letzte Abfrage am 02.08.2019); s. auch bereits *ders.*, Die politischen Parteien, in: E. Benda/W. Maihofer/H. Vogel (Hrsg.), Handbuch des Verfassungsrechts der Bundesrepublik Deutschland, 1995, 4. Abschnitt, 317 (365).

68 Krit. zu den geltenden ex post-Kontrollmöglichkeiten mangels subjektiven Anspruchs einzelner Individuen auf gemeinwohlorientiertes Handeln der politischen Akteure: *S. Schönberger*, Unabhängigkeit von sich selbst?, in: J. Krüper (Hrsg.), Die Organisation des Verfassungsstaates, Festschrift für Martin Morlok zum 70. Geburtstag, 2019, 191 (197 f.); ferner krit. zur tatsächlichen Entpolitisierung durch Einbindung des BVerfG, da die Richter ihrerseits gewissen Loyalitätstendenzen gegenüber politischen Parteien unterliegen, *ebd.*, S. 199.

spielen könnte. Das zeigt sich etwa im Wahlrecht, wo das Bundesverfassungsgericht einerseits eine intensivere Verfassungsmäßigkeitskontrolle und eine gesteigerte Prüfungsdichte vornimmt, dabei aber den verbleibenden Spielraum – unbewusst womöglich, unwillentlich jedenfalls – so sehr verengt, dass den Abgeordneten des Bundestages ein ebenso funktionsadäquates wie auch verfassungskonformes Wahlrecht kaum möglich erscheint.[69]

Als weiterer Lösungsansatz, der die Besonderheit des Parteienrechts berücksichtigt, käme die zeitliche Streckung des Gesetzgebungsverfahrens im Sinne eines „zeitlichen Unterbrechers" in Betracht, damit die Aufmerksamkeit in der Öffentlichkeit für Entscheidungen in eigener Sache steigt. *Morlok* plädiert hierbei für Mindestfristen und schildert, dass beispielsweise die 8. Änderung des Parteiengesetztes innerhalb nur einer Woche komplett verabschiedet wurde.[70] Die demokratische Öffentlichkeit kann am parlamentarischen Diskurs aber nicht partizipieren, wenn von Einbringung des Gesetzesentwurfs zur Verabschiedung durch die 3. Lesung nur drei Tage verstreichen.[71] Vor allem aber muss die demokratische Selbstverständlichkeit gelten, dass das jeweilige Parlament die Grundlagen seiner Macht nur für die nächste Legislaturperiode, also nur für die Zukunft, verändern kann.[72] Änderungen des Parteienrechts sollten deshalb grundsätzlich erst für die nächste Legislaturperiode wirksam werden dürfen. Art. 82 Abs. 2 GG sollte insofern um einen Satz 3 ergänzt werden.

Der wirkungsvollste Unterbrecher ist allerdings, das Parteienrecht – wie auch das Abgeordnetenrecht und das Wahlrecht, also alle machtbezogenen Rechtsakte – der unmittelbaren Demokratie zu unterwerfen. Über Änderungen des Parteienrechts (wie auch des Wahlrechts und des Abgeordnetenrechts) sollte das Volk selbst entscheiden müssen.[73] Denn, um das Oberthema dieses Bandes nun endlich explizit aufzugreifen: Parteienrecht ist politisches Recht im engeren Sinne, ist machtzuweisendes, jedenfalls machtermöglichendes Recht und gehört deshalb in die Hände des Volkes als Inhaber der zu verteilenden Herrschaftsgewalt.

---

69 Der Schlüssel für ein solches Wahlrecht liegt freilich nicht in einer weiteren Ausdifferenzierung, sondern im Gegenteil in einer starken Vereinfachung des Wahlrechts, die wiederum aus unterschiedlichen machtpolitischem Kalkül der einzelnen politischen Parteien nicht angestrebt wird.

70 *M. Morlok*, Parteienrecht, 2018, S. 39.

71 Weitere Beispiele bei *M. Morlok*, Parteienrecht, 2018, S. 39.

72 Diesen Vorschlag erörternd und i. E. ablehnend *T. Streit*, Entscheidungen in eigener Sache, 2006, S. 187 ff.

73 Dafür *H.-H. v. Arnim*, Die Regeln der Macht regeln die Machthaber selbst, in: J. Krüper (Hrsg.), Die Organisation des Verfassungsstaates, Festschrift für Martin Morlok zum 70. Geburtstag, 2019, 335 (351).

V.   Verfassungsrechtlich bestimmter Zugang zur Macht

Inhaltlich muss man – muss also gegebenenfalls auch das über das Parteienrecht entscheidende Volk – sich stets klar darüber werden, welche Anreize das Parteienrecht den politischen Parteien einräumen bzw. lassen muss. Denn die Vorstellung, dass politische Parteien als Gemeinwohlorganisationen agieren und deshalb – womöglich gar altruistisch – öffentliche Aufgaben wahrnehmen und dafür im Gegenzug Privilegien in Form der Parteienfinanzierung und eines besonderen Verbotsverfahrens genießen, ist realitätsfremd. Die eigentlichen Privilegien liegen woanders, sie liegen im Zugang zur Macht. Denn nach dem (geltenden) Wahlrecht können nur politische Parteien Landeslisten einreichen – an der (nach geltendem Wahlrecht) maßgeblichen Verhältniswahl können insofern nur Parteien teilnehmen. Für die Mehrheitswahl gelten zwar andere Regeln, doch in der Praxis haben auch insofern regelmäßig nur Parteimitglieder eine Chance, in den Bundestag gewählt zu werden. Der Weg in den Bundestag und in die Landtage führt deshalb grundsätzlich ausschließlich über eine politische Partei. Statt die Mitwirkung an der politischen Willensbildung als Aufgabe zu begreifen, sollte der Zugang zur Macht als Privileg verstanden werden, und die Anforderungen an die Binnenstruktur und die Rechenschaftspflicht sind weniger mit der Aufgabe einhergehende Pflichten als vielmehr Bedingungen des Machtzugangs.

1.   Geringere Anreize

Doch wie reizvoll ist es, eine politische Partei zu gründen und über sie in die Parlamente zu gelangen und Gesetze beeinflussen zu können? Nach wie vor geht jedenfalls die Staatsrechtslehre und mehrheitlich sicherlich auch die Politikwissenschaft davon aus, dass es in einer repräsentativen Demokratie zwingend politischer Parteien bedarf. Ihre Reduktionsleistung sei unverzichtbar, ja Demokratie sei ohne politische Parteien nicht denkbar, wird als unumstößliches Dogma permanent wiederholt.

Indes stellt sich nicht nur die Frage, ob in der modernen Informationsgesellschaft eine solche Reduktionleistung überhaupt noch in dem Maße erforderlich ist. Vielmehr ist auch eine Reihe weiterer Akteure an der staatlichen Willensbildung beteiligt. Dies stellt Art. 21 GG natürlich nicht in Abrede, sondern setzt es implizit voraus, wenn er den politischen Parteien eben nur die Aufgabe einer „Mit"-Wirkung an der politischen Willensbildung des Volkes (im Übrigen nicht: des Staates!) zuspricht.

Doch insofern ist nicht nur ein Wandel der Akteure, sondern auch eine Stärkung ihres Einflusses zu beobachten. Die üblichen, relativ strikt organisierten Akteure wie Verbände, Kammern, Gewerkschaften und Kirchen verlieren zunehmend an Bedeutung, während neue, wenig oder nur locker organisierte Player wie NGOs, Bewegungen oder gar nur virtuelle Gruppen an Einfluss gewinnen. Die Möglichkeiten der Digitalisierung ermöglichen insofern eine „liquid democracy", die sich die politischen Parteien zwar zu eigen zu machen versuchen, die letztlich auf politische Parteien aber nicht angewiesen ist. Beispiele für mehr oder weniger organisierte Akteure lassen sich viele finden: Häufig in der Öffentlichkeit erscheinen etwa der Verein Mehr Demokratie oder auch die Deutsche Umwelthilfe, daneben sei aber etwa auch Campact genannt, die nach ihrem eigenen Verständnis (weitgehend) unabhängig von eigenen politischen Meinungen schlicht Mehrheiten organisieren. Fridays for Future ist aktuell sicherlich die bekannteste Bewegung, die dezidiert nicht auf eine Vertretung in Parlamenten gerichtet ist, sondern im alleinigen Interesse des Klimaschutzes sogar rechtsstaatlich-demokratische Entscheidungsgrundsätze zu opfern bereit ist, die gleichwohl nachhaltig nicht nur die Willensbildung des Volkes, sondern auch die Entscheidungen der Parlamente beeinflusst.

Etwas überspitzt lässt sich deshalb die These formulieren, dass es einer formellen Vertretung in den Parlamenten nicht mehr bedarf, wenn ihre materiellen Entscheidungen auch von außen gesteuert werden können, wobei diese Möglichkeiten unter den Bedingungen der digitalen Vernetzung ungleich größer sind als in der alten analogen Welt.

Frei von den verfassungsrechtlichen Vorgaben des Art. 21 GG schlicht Grundrechte gebrauchen zu können, um zwar ohne staatliche Finanzierung, dafür aber auch ohne Rechenschaftspflicht, ohne Vorgaben für die interne Willensbildung und ohne Zwang zur Vorhaltung von Schiedsgerichten, die parlamentarischen (und daneben gleichzeitig die exekutiven) Entscheidungen beeinflussen zu können, scheint heute deshalb durchaus attraktiv zu sein.

2. Ausreichende Anreize

Umgekehrt sollten die Anreize nicht unterschätzt werden. Die Möglichkeit, die öffentliche Meinung zu beeinflussen, unterscheidet sich qualitativ immer noch ganz erheblich von der Befugnis, verbindliches Recht zu erlassen. Und so verwundert es nicht, dass etwa in Frankreich die Gruppe „En Marche" zwar als Bewegung begann und sich doch als Partei profilierte. Auch im Inland gibt es immer wieder Neugründungen politischer Parteien, und wenn man bei manchen zwar an ihrer Ernsthaftigkeit zweifeln kann, so zeigt doch insbesondere das Beispiel der AfD, dass es ein großes Interesse daran gibt, in den Parlamenten Politik verbindlich gestalten zu können. Und in der Tat unterscheidet sich die öffentliche Meinung noch immer von parlamentarischen Mehrheiten. Es gibt eine Interdependenz der Stärke von Parlamenten und politischen Parteien, die sie von anderen Akteuren unterscheidet, denn das Parlament muss sich, kann sich jedenfalls selbstbewusst jederzeit gegen die öffentliche Meinung durchsetzen. Solange die Verfassung dem Parlament die Befugnis zur Rechtsetzung zuspricht, solange wird es attraktiv bleiben, im Parlament vertreten zu sein.

3.   Versuchungen und Gefährdungen des Parteienrechts

Bestimmen das Verfassungsrecht und das Parteienrecht den Zugang zur Macht, ist die Versuchung gerade in unsicheren Zeiten und unter veränderten Rahmenbedingungen mit neuen politischen Akteuren groß, dieses Recht im Sinne einer Konservierung der vermeintlich überkommenen Verhältnisse zu ändern. Dies kann ohne Frage durch eine Änderung der gesetzlichen und parlamentsinternen Vorschriften, schwieriger schon durch eine Änderung der verfassungsrechtlichen Grundlagen und schleichend sicher auch durch eine Änderung der Dogmatik bewirkt werden.

Doch abgesehen davon, dass eine Stärkung der Anforderungen an neue Akteure weder dem Grundsatz der Partei(gründungs)freiheit noch dem Grundgedanken der Demokratie entspricht, möge man solchen Versuchungen widerstehen: Unter veränderten und nie vorherzusagenden Mehrheitsverhältnissen können sich solche neuen Voraussetzungen und Dogmen rasch gegen die wenden, die sie zu ihrer eigenen Sicherung noch erlassen haben. Und vor allem kann schon ihre Änderung als solche als Argument für weitere Änderungen verwendet werden. Jede Änderung des Parteienrechts, sei sie inhaltlicher Art oder sei sie formaler Art, wie etwa bei einer Konstitutionalisierung bestimmter Vorgaben, muss stets mit Weitblick erfolgen und mögliche, auch unerwünschte Wirkungen in den Blick nehmen: Respice finem! Der politische Wettbewerb unter den Parteien ist politisch auszutragen, nicht mit den Mitteln des Parteienrechts.

Kommunikationsgrundrechte im Verwaltungsrecht (am Beispiel der Versammlungsfreiheit)

von
Andrzej Wróbel, Warschau[*]

I.   Einleitung

Die folgenden Überlegungen sind im Wesentlichen dem Konzept der Versammlungsfreiheit im polnischen Recht als Kommunikationsfreiheit gewidmet. Ich rechtfertige die Wahl dieser Freiheit als Gegenstand der Betrachtung wie folgt: Erstens: Die Versammlungsfreiheit ist eine Freiheit im Sinne der Verfassung, zweitens: Die Versammlungsfreiheit ist eine politische Freiheit, drittens: Die juristische Funktionsweise dieser Freiheit erlaubt es, die Versammlungsfreiheit als Meinungs- und Kommunikationsfreiheit zu betrachten, viertens: Der Schutzbereich dieser Freiheit geht daher über die sogenannte Gestaltungsfreiheit hinaus, die in Artikel 57 der Verfassung zum Ausdruck kommt, d. h. die Freiheit, sich friedlich zu versammeln, und die Freiheit, sich daran zu beteiligen (Artikel 57 der Verfassung) und umfasst Meinungsfreiheit und Kommunikationsfreiheit, d. h. die Freiheit der Meinungsäußerung, der Kommunikation und des Austauschs von Meinungen, Ideen und Informationen, fünftens: Im Bereich der Versammlungsfreiheit ist die öffentliche (Verwaltungs-)Regulierung besonders umfangreich und tief, sechstens: Die praktischen Probleme bei der Gewährleistung des Schutzes

---

[*] *Andrzej Wróbel* ist Professor Emeritus für Öffentliches Recht sowie Richter in Ruhestand am Obersten Gerichtshof in Polen.

der Versammlungsfreiheit in Polen auf verfassungsrechtlicher und gesetzlicher Ebene spiegeln weitgehend den Grad der tatsächlichen Gefährdung von Demokratie, Rechtsstaatlichkeit und verfassungsmäßigen Rechten und Freiheiten wider.

Ich beschränke meine Überlegungen zur administrativen und rechtlichen Regelung der Versammlungen auf die Fragen im Zusammenhang mit den Vorschriften über die sogenannte präventive Kontrolle der Versammlungen durch die öffentliche Verwaltung und weise auf einige Möglichkeiten der Neuinterpretation dieser Vorschriften im Lichte des Begriffs der Versammlungsfreiheit als politische Freiheit, Meinungsfreiheit und Kommunikationsfreiheit hin.

II. Verfassungsrechtliche Grundlagen von Kommunikationsfreiheiten

1. Die Verfassung der Republik Polen garantiert zum einen das allgemeine Grundrecht auf Kommunikation (allgemeine Kommunikationsfreiheit) und erkennt zum anderen die Grundrechte an, die in der deutschen Rechtstradition als Kommunikationsfreiheiten definiert und klassifiziert werden.

2. Nach Artikel 49 der Verfassung „(werden) die Freiheit und der Schutz des Kommunikationsgeheimnisses gewährleistet. Sie können nur im Bereich der Verfassung tätig werden, und zwar in einer Form, die mit der Verfassung vereinbar ist". Die Verfassung qualifiziert das in Artikel 49 garantierte Grundrecht ausdrücklich als Freiheit, die jedem Menschen zusteht, was es ermöglicht, diese Freiheit als Menschenrecht[1] zu qualifizieren[2]. Der Verfassungsschutz nach Art. 49 der Verfassung der Republik Polen gilt für unmittelbar und mittels Fernkommunikationsmitteln übermittelte Inhalte. Nach Ansicht des Verfassungsgerichtshofs umfasst „die in Artikel 49 der Verfassung erwähnte Kommunikationsfreiheit" nicht nur das Briefgeheimnis, sondern auch „alle Arten zwischenmenschlicher Kontakte".[3] Der Inhalt der Kommunikationsfreiheit besteht darin, die Kommunikation mit anderen Personen in jeder Form zu schützen und die Geheimhaltung dieser Kommunikation zu wahren. Laut *M. Florczak-Wątor* „umfasst das Geheimnis der Kommunikation

---

1 *B. Opaliński, Tajemnica* komunikowania się w Konstytucji RP (Das Geheimnis der Kommunikation in der Verfassung der Republik Polen), in: P. Brzeziński/B. Opaliński/M. Rogalski (Hrsg.), Gromadzenie i udostępnianie danych telekomunikacyjnych (Sammeln und Austausch von Telekommunikationsdaten), 2016, Kapitel I, § 4, passim.

2 *M. Rogalski*, Tajemnica korespondencji (Das Geheimnis der Korrespondenz), 2016, Kapitel I.1 passim.

3 Verfassungsgerichtshof (Trybunał Konstytucyjny), Urt. v. 20.06.2005, K 4/04, OTK-A 2005, Nr. 6, Rn. 64, Rn. 2.2

nicht nur den Inhalt der Nachricht, sondern auch alle Umstände des Kommunikationsprozesses, zu denen die persönlichen Daten der Teilnehmer an diesem Prozess gehören, Informationen über die gewählten Telefonnummern, die aufgerufenen Websites, Daten, die die Zeit und Häufigkeit der Anrufe zeigen oder den geografischen Standort der Teilnehmer am Anruf ermöglichen, und schließlich Daten über die IP-Nummer oder IMEI-Nummer".[4]

3. Das Wesen der Kommunikationsfreiheit und des Schutzes der Vertraulichkeit der Kommunikation ist umstritten. Fachliteratur und Rechtsprechung stimmen nur darin überein, dass die in Artikel 49 der Verfassung der Republik Polen anerkannte Freiheit eine Freiheit persönlicher Natur ist. Sie unterscheiden sich jedoch bei der Beurteilung des Wesens dieser Freiheit. Die Auffassungen der polnischen Verfassungsrechtswissenschaft in dieser Frage lassen sich in zwei grundlegende Gruppen einteilen, nämlich in solche, die den unabhängigen, instrumentellen oder funktionalen Charakter der Kommunikationsfreiheit und des Schutzes des Kommunikationsgeheimnisses betreffen, und solche, nach denen diese Freiheit eine autonome und eigenständige Freiheit ist. Die erste Position wird unter anderem von *M. Florczak-Wątor* vertreten, dem zufolge die Kommunikationsfreiheit „Bestandteil des Rechts auf Privatsphäre (Artikel 47 der Verfassung) ist und eine Freiheit persönlicher Natur darstellt"[5]. Nach *P. Sarnecki* Artikel 49 „setzt die verfassungsrechtliche Regelung der klassischen Bürgerfreiheit fort, die zuvor, auch in den früheren polnischen Verfassungen, als Freiheit (und Geheimnis) der Korrespondenz zum Ausdruck kam"; dies ist eine Freiheit, die mit der in Artikel 54[6] der Verfassung anerkannten Redefreiheit nicht identisch ist. In der Rechtsprechung des Verfassungsgerichtshofes wiederum scheint die Position zum funktionalen Zusammenhang zwischen der Kommunikationsfreiheit (Artikel 49) als Freiheit der persönlichen Eigenschaft und dem Recht auf Privatsphäre (Artikel 47), der Redefreiheit (Artikel 54) und der Informationsfreiheit (Artikel 51)[7] vorherrschend zu sein.

4. Die Verfassung der Republik Polen erkennt die Rechte und Freiheiten an, die in der deutschen Verfassungstradition als „Kommunikationsfreihei-

---

4 *M. Florczak-Wątor*, in: P. Tuleja (Hrsg.), Konstytucja Rzeczypospolitej Polskiej. Komentarz (Verfassung der Republik Polen. Kommentar), 2019, Art. 49, Rn. 3; identisch, *M. Wild*, in: M. Safjan/ M. Bosek (Hrsg.), Konstytucja Rzeczypospolitej Polskiej. Tom I Komentarz do art. 1–86 (Die Verfassung der Republik Polen. Band I. Anmerkungen zu Art. 1–86), 2016, Bemerkungen zu Art. 49, Pkt. I.1.

5 Ebendort, Pkt 1.

6 *P. Sarnecki*, in: L. Garlicki/M. Zubik (Hrsg.), Konstytucja Rzeczypospolitej Polskiej. Komentarz (Verfassung der Republik Polen. Kommentar.), 2016, Anmerkungen zu Art. 49, Pkt. 3.

7 Vgl. z. B. Verfassungsgerichtshof (Trybunał Konstytucyjny), Urt. v. 30.07.2014, K 23/11, OTK-A 2014 Nr. 7, Rn. 80.

ten"[8] bezeichnet werden. Dies sind: 1) Die Kommunikationsfreiheit (Artikel 49), 2) die Informationsfreiheit (Artikel 51), 3) die Meinungsfreiheit (Artikel 54), 4) die Pressefreiheit (Artikel 14), 5) die Freiheit von Kunst, Wissenschaft, Forschung und Lehre (Artikel 73), 6) die Versammlungsfreiheit (Artikel 57), 7) die Vereinigungsfreiheit (Artikel 58).

5. Die oben genannten Freiheiten haben einen unterschiedlichen verfassungsrechtlichen Status. Einige von ihnen, wie Kommunikationsfreiheit (Art. 49), Informationsfreiheit (Art. 51) und Meinungsfreiheit (Art. 54), sind nach der Verfassungsordnung persönliche Freiheiten, andere, wie Versammlungsfreiheit und Vereinigungsfreiheit, politische Freiheiten; die durch Artikel 73 der Verfassung garantierten Freiheiten haben den Status kultureller Freiheiten. Einen besonderen Charakter hat die Pressefreiheit (Artikel 14), die nach der Verfassungsordnung den Status eines Verfassungsprinzips[9] hat.

6. Die von der Verfassung anerkannten Kommunikationsfreiheiten bleiben in den komplexen Sach- und Funktionszusammenhängen und Verfassungskonstellationen bestehen. Aufgrund des Zwecks und des Umfangs dieser Studie werden sie nicht diskutiert. Es genügt der Hinweis, dass diese Zusammenhänge zum Teil nicht nur durch den Status dieser Freiheiten als persönliche, politische oder kulturelle, sondern auch durch ihre gemeinsame Quelle, die Würde des Menschen (Artikel 30 der Verfassung), bestimmt werden, wobei eine autonome und die Menschenwürde schützende Umdeutung der Freiheiten bei persönlichen Freiheiten wie der Meinungsfreiheit wichtiger ist, während politische Freiheiten wie z. B. die Versammlungsfreiheit eher nach dem funktionalistischen Freiheitsbegriff interpretiert werden.[10] Die Art dieser Beziehungen wird natürlich durch die teilweise Überschneidung der Schutzbereiche dieser Kommunikationsfreiheiten beeinflusst.

---

8 Die Kommunikationsfreiheiten, welche in Art. 5 GG aufgelistet sind, nämlich: die Meinungsfreiheit (Art. 5 Abs. 1 S. 1 1. HS), die Informationsfreiheit (Art. 5 Abs. 1 S. 1 2. HS), die Presse- und Rundfunkfreiheit, die Freiheit des Films (Art. 5 Abs. 1 S. 2), die Freiheit von Kunst, Wissenschaft, Forschung und Lehre (Art. 5 Abs. 3), außerdem die Versammlungsfreiheit (Art. 8 GG) und die Vereinigungsfreiheit (Art. 9 Abs. 1).

9 Zur Besonderheit dieser Regelung im Vergleich zur europäischen traditionellen Regulierung der Pressefreiheiten als Freiheiten oder Rechten, siehe *L. Garlicki/P. Sarnecki*, in: L. Garlicki/ M. Zubik (Hrsg.) Konstytucja Rzeczypospolitej Polskiej. Komentarz (Verfassung der Republik Polen. Kommentar)., 2016, Anmerkungen zu Art. 14, passim.

10 Für ein autonomes und funktionales Konzept der Grundrechte siehe zum Beispiel *A. von Ungern-Sternberg*, Autonome und funktionale Grundrechtskonzeptionen – Unter besonderen Berücksichtigung der Rechtsprechung der Europäischen Gerichtshof für Menschenrechte, in: M. Hong/N. Matz-Lück (Hrsg.), Grundrechte und Grundfreiheiten im Mehrebenensystem – Konkurrenzen und Interferenzen, 2011, S. 69 – 108; über die Funktionsweise von Kommunikationsgrundrechten siehe *M. Flitsch*, Die Funktionalisierung der Kommunikationsgrundrechte, 1998.

III. Versammlungsfreiheit als Freiheit

1. 1. Die Verfassung der Republik Polen kategorisiert die verfassungsmäßigen Grundrechte systematisch in zwei Gruppen, nämlich in Freiheiten und Rechte. Die verfassungsrechtliche Unterscheidung zwischen Rechten und Freiheiten beruht auf einem formalen Kriterium, nämlich auf der Struktur des Grundrechts, nicht auf seinem Inhalt oder seiner Funktion. Viele verfassungsrechtlich geschützte Grundrechte, darunter die meisten Kommunikationsgrundrechte, haben die formale Struktur von Freiheitsrechten. Die Verfassung systematisiert die Grundrechte jedoch nicht nur als strukturelle Freiheiten und Rechte, sondern stellt in Artikel 30 Abs. 1 auch fest, dass „die Freiheit des Menschen dem Rechtsschutz unterliegt". Diese Bestimmung ist, was ihre Bedeutung betrifft, Gegenstand doktrinärer Streitigkeiten, Auseinandersetzungen und divergierender Bewertungen in Gerichtsentscheidungen. Sie wird im Allgemeinen als „Freiheitsprinzip" interpretiert, dessen ontologischer Status aufgrund der vorherrschenden Auffassung komplex ist, 1) denn es ist einer der Grundsätze des Rechtssystems, 2) ist eines der Prinzipien des Systems der individuellen Rechte und Freiheiten und 3) bestimmt das subjektive Recht des Einzelnen.[11] Es ist jedoch höchst umstritten, ob das diesem allgemeinen Grundsatz innewohnende subjektive Element, nämlich die Freiheit des Menschen, ein zu anderen Grundrechten komplementäres Element oder eine inhärente Freiheit im materiellen Sinne, ein eigenes subjektives öffentliches Recht, das Recht auf Freiheit, ist.[12]

Der Begriff der „Freiheit" im verfassungsrechtlichen Sinne hat daher zwei Bedeutungen: erstens als die formale Struktur bestimmter verfassungsmäßiger Grundrechte, zweitens als Recht auf Freiheit (Artikel 30 Abs. 1 der Verfassung). Die Versammlungsfreiheit ist Freiheit im ersten Sinn.

2. Das Konzept der Freiheit als Struktur eines Grundrechts, nicht als Inhalt eines bestimmten Grundrechts, ist eines der umstrittensten. Nach dem klassischen Freiheitsbegriff hat sie zwei Aspekte, nämlich den positiven, d. h. die Freiheit des Berechtigten, von seinen durch die Freiheit garantierten Rechten Gebrauch zu machen oder nicht, und den negativen, d. h. das Verbot des Eingreifens der öffentlichen Gewalt in die von der Freiheit abgedeckten Bereich. Nach anderen Meinungen manifestiert sich der negative Aspekt der Freiheit in dem Recht bzw. Anspruch der berechtigten Person, dass die öffentliche Gewalt nicht eingreift, während der positive Aspekt die Verpflichtung der öffentlichen Gewalt bedeutet,

---

11 *L. Garlicki/K. Wojtyczek*, in: L. Garlicki, M. Zubik (Hrsg.), Konstytucja Rzeczypospolitej Polskiej. Komentarz (Verfassung der Republik Polen., Kommentar.), 2016, Art. 31, Pkt. 6.

12 Z. B. Verfassungsgerichtshof (Trybunał Konstytucyjny), Urt. v. 07.03.2007, K 28/05, Pkt. III.5 und Urt. v. 04.11.2015, K 1/14, Pkt. III.11.2.

die Person vor solchen Eingriffen zu schützen.[13] Der negative und der positive Aspekt der Versammlungsfreiheit kann auch so verstanden werden, dass der erstere sich in dem Recht des Berechtigten manifestiert, diese Freiheit nicht auszuüben, während der letztere das Recht bedeutet, alle zum Inhalt dieser Freiheit gehörenden Rechte auszuüben.

3. Es scheint jedoch notwendig zu sein, zwischen zwei grundlegenden Konzepten der negativen und positiven Aspekte der Versammlungsfreiheit zu unterscheiden. Das erste, das als individualistisch und nichtrelativ bezeichnet werden kann, bezieht beide Aspekte der Versammlungsfreiheit auf das Verhalten der Person, der diese Freiheit zusteht, nämlich die autonome und freie Entscheidung der Person, die berechtigt ist, sie auszuüben (positiver Aspekt) oder nicht (negativer Aspekt). Das nichtindividualistische und relationale Konzept, d. h. das Konzept der Definition der Freiheit aus der Perspektive der Pflichten der öffentlichen Behörde, sieht den negativen Aspekt der Versammlungsfreiheit in dem Verbot der Einmischung durch die öffentliche Behörde, während der positive Aspekt darin besteht, dass die öffentliche Behörde Maßnahmen ergreifen muss, um dem Rechtsinhaber die wirksame Ausübung seiner Freiheit zu ermöglichen und zu verhindern, dass Dritte diese Freiheit verletzen.[14]

4. In Bezug auf diese Unterscheidung ist zu betonen, dass sich das traditionelle Modell der Freiheit geändert hat. In der modernen Grundrechtslehre wird die Meinung vertreten, dass die Freiheiten nicht mehr den Bereich der individuellen Autonomie, der frei von öffentlicher Gewalt ist, definieren. Grundrechte und Freiheiten werden vielmehr als Teile der materiellen organisatorischen Prinzipien der Verfassungsordnung, die sie konstituiert, angesehen. Nach *M. Loughlin*,[15] statt sie als „pre-political" Grundrechte, die die Grenzen der öffentlichen Gewalt setzen, zu behandeln. Die Grundrechte entstanden aus und erhalten ihre Ausführung nur durch Verfassungsorder, das „office of government". Während früher die Freiheit als die Setzung der Grenzen des Rechts angesehen wurde, sieht man heute die Freiheit als Zustand, der nur durch die Operation des

---

13 Z. B. *O. Salat*, The Right to Freedom of Assembly. Comparative Study (Das Recht auf Versammlungsfreiheit. Vergleichende Studie), 2017, S. 39.

14 Verfassungsgerichtshof (Trybunał Konstytucyjny), Urt. v. 18.02.2004, Az. P 21/02 „Der positive Aspekt der Freiheit eines Individuums besteht darin, dass es sein Verhalten in einem bestimmten Bereich frei gestalten kann, indem es die Formen der Tätigkeit wählt, die ihm am besten passen, oder indem es auf jede Tätigkeit verzichtet [...]. Die Funktion des Gesetzgebers bei der Regelung der Freiheit des Einzelnen besteht nicht – und das sollte betont werden – darin, eine Norm zu schaffen, die bestimmte Verhaltensweisen zulässt. Sie beruht auf der Einführung eines Verbots, Tätigkeiten auszuüben, die das Subjekt eines bestimmten Gesetzes daran hindern würden, sein Verhalten in einem bestimmten Bereich nach eigenem Gutdünken zu gestalten".

15 *M. Loughlin*, Foundations of Public Law, Oxford and Portland, Oregon 2012, S. 188, 369

Rechts realisiert wird. Statt sie als „natural condition", als Produkt der prä-politischen sozialen Prozesse zu behandeln, wird Freiheit „political condition", die selbst institutionell und normativ geordnet ist.

5. Unter diesem Gesichtspunkt ist auch negative Freiheit, d. h. die Freiheit, die einfach gegen staatlichen Gewaltmissbrauch schützt, um die Freiheitszone der individuellen Autonomie zu etablieren, nicht mehr als bloße Staatsabstinenz zu verstehen. Sie erfordert vielmehr, dass die Freiheit durch die öffentliche Gewalt, die Fehlverhalten verhindert und bestraft, zu schützen ist. Die Freiheitsgrundrechte haben also zwei Funktionen, auf der einen Seite sind sie Abwehrrechte gegen die öffentliche Gewalt, auf der anderen Seite staatliche Schutzpflicht gegen die von Privaten drohenden Gefahren. Diese Wandlung ist für unser Thema von Bedeutung.

IV. Versammlungsfreiheit als politische Freiheit

1. Die Verfassung zählt die Versammlungsfreiheit expressis verbis zu den politischen Freiheiten,[16] indem sie den Artikel 57 innerhalb des Kapitels II, „Allgemeine und staatssbürgerliche Freiheit, Rechte und Pflichten" in den Teil „Politische Rechte und Freiheiten" stellt. Die verfassungsrechtliche Qualifizierung der Versammlungsfreiheit als politische Freiheit bedeutet jedoch nicht, dass sie vollständig mit dem autonomen Konzept dieser Freiheit als Freiheit der Person bricht, denn erstens übernimmt die Verfassung ein personalistisches Konzept der verfassungsmäßigen Rechte, und zweitens ist die Quelle aller von der Verfassung garantierten Rechte und Freiheiten die angeborene und unveräußerliche Würde der Person. Aus dieser verfassungsrechtlichen Qualifizierung der Versammlungsfreiheit als politische Freiheit scheint jedoch zu folgen, dass bei der Festlegung des Schutzbereichs, des persönlichen und sachlichen Geltungsbereichs dieser Freiheit und der zulässigen Einschränkungen der Versammlungsfreiheit die Bedeutung dieser Freiheit für die Bildung politischer Prozesse und der öffentlichen Meinung in einem demokratischen Rechtsstaat in den Vordergrund tritt.

2. Die Rechtsprechung des Verfassungsgerichtshofes verbindet beide Perspektiven für die Auslegung von Artikel 57 der Verfassung. In seinem Urteil vom 18. September 2014 in der Rechtssache K 44/12 stellte das Gericht klar, dass „die Versammlungsfreiheit sowohl in Bezug auf das Individuum, das in dem von den Verfassungsgarantien abgedeckten

---

16 Zu den politischen Freiheiten gehören: Vereinigungsfreiheit (Art. 58), Koalitionsfreiheit (Art. 59), das Recht auf Zugang zu öffentlichen Dienst (Art. 60), das Recht, Informationen über die Tätigkeiten von Behörden und Personen die öffentliche Aufgaben wahrnehmen, zu erhalten, (Art. 61), das Recht zur Teilnahme an einem Referendum und das Wahlrecht (Art. 62) sowie das Petitionsrecht (Art. 63)

Bereich handelt, als auch im Kontext des demokratischen Staatssystems betrachtet werden muss. Im ersten Aspekt besteht der Zweck der Versammlungsfreiheit darin, dem Einzelnen die Bedingungen für seine Selbstverwirklichung zu bieten und seine Ansichten in der Öffentlichkeit gemeinsam mit anderen zu vermitteln. Dem Gericht zufolge „kann die partizipatorische Funktion der Versammlungsfreiheit nicht ignoriert werden. Sie beinhaltet die Möglichkeit der Einflussnahme auf den Entscheidungsprozess und die politische Willensbildung durch Einzelpersonen unabhängig vom bestehenden Vertretungsmechanismus, d. h. in der Zeit zwischen den einzelnen Wahlakten." (Der folgende Satz ist unvollständig und völlig unübersichtlich) Diese funktionalistische Interpretation der Versammlungsfreiheit scheint von der Instrumentalisierung der Versammlungsfreiheit als eine persönliche Freiheit, die „organisatorische und funktionale Formen der Verwirklichung anderer Freiheiten und Rechte des Einzelnen, insbesondere der Redefreiheit" darstellt, dominiert zu sein. Diese

1) „ist (…) die Grundvoraussetzung für die wirksame Ausübung der Vereinigungsfreiheit, ist ein konstitutives Element der Ausübung der Meinungsfreiheit sowie der Religions-, Gewissens- und Glaubensfreiheit",

2) „ist auch für den Schutz der Interessen der Minderheiten gegenüber der herrschenden Mehrheit wichtig, weil sie die Möglichkeit bietet, die öffentliche Sphäre zu beeinflussen und die Richtung der getroffenen Entscheidungen zu bestimmen",

3) „hat eine stabilisierende Funktion gegenüber der bestehenden sozialen und politischen Ordnung und vor allem gegenüber dem Repräsentationsmechanismus".

4) „ist eine Form der aktiven Teilnahme der Bürger am staatlichen Leben und damit der Sorge um das Gemeinwohl. Sie ermöglicht eine öffentliche Analyse der Quellen, Ursachen und des Wesens der sozialen Unzufriedenheit. Sie bietet die Gelegenheit, Kritik oder Verneinung der geltenden Rechts- oder Gesellschaftsordnung zu äußern. Sie spielt somit die Rolle eines Frühwarnmechanismus. Dadurch können die Vertretungsorgane die Quellen von Spannungen kennen lernen, die zu Widerständen der Mitglieder der Gesellschaft gegen bestimmte Entscheidungen im öffentlichen Raum führen".

5) Außerdem sind „Versammlungen eine wesentliche Ergänzung des Vertretungsmechanismus, da sie in einem demokratischen Staat das Entstehen solcher Spannungen in der Gesellschaft als Folge einer Störung der öffentlichen Kommunikation, die die Demokratie gefährden könnte, verhindern". Nach Ansicht des Gerichtshofs „ist das Vorhandensein bestimmter Garantien der Versammlungsfreiheit daher eine Voraussetzung für die Anerkennung des demokratischen Charakters des Staates. Die Ausübung dieser Freiheit in einem öffentlichen Raum ist jedoch für

das reibungslose Funktionieren der politischen Gemeinschaft notwendig".

3. In Literatur und Rechtsprechung wird betont, dass die Versammlungsfreiheit „in erster Linie dazu dient, (...) die Politik des Staates zu beeinflussen, indem sie Meinungen, Bewertungen, Ansichten und Forderungen (...) vorbringt. (...) Versammlungen ermöglichen es den Bürgerinnen und Bürgern, die Behörden direkt zu beeinflussen und sich auf ihre Entscheidungen zu beziehen (...).[17] Versammlungen, die auf der spontanen Aktivität der Bürgerinnen und Bürger beruhen, können ein wirksameres Mittel zur Beeinflussung der Behörden sein. Nach Ansicht von *W. Sokolewicz* und *K. Wojtyczek*: „Die Wahrnehmung der Versammlungsfreiheit als eines der Merkmale des demokratischen Staatswesens und zugleich der Eigenschaften der Zivilgesellschaft verpflichtet alle staatlichen Organe, sie besonders sorgfältig zu respektieren, und den Gesetzgeber, die Rechtsordnung in ihrer Gesamtheit so zu gestalten, dass die Verwirklichung dieser Freiheit möglichst effektiv gewährleistet und ein Anreiz für die Berechtigten, sie zu nutzen, geschaffen wird".[18] In ähnlicher Weise stellt der Verfassungsgerichtshof im Urteil vom 8. September 2014 klar fest, dass die Bestimmung des Artikels 57 „nach dem Schema des Kapitels II der Verfassung eine der politischen Freiheiten zum Ausdruck bringt, die sich in ihrer grundlegenden Dimension auf die Teilnahme des Einzelnen am öffentlichen Leben, die Festlegung und Verwirklichung gemeinsam festgelegter Ziele, die Einholung von Informationen über die Arbeitsweise der Behörden und die Beteiligung an ihrer Ernennung beziehen. In diesem Zusammenhang betrachtet, definiert Artikel 57 der Verfassung den Freiheitsbereich des Individuums und gibt die Freiheit an, bestimmte Handlungen vorzunehmen. Sie stellt auch eines der grundlegenden Elemente dar, die den Status eines Individuums gegenüber dem Staat bestimmen, wodurch sie in der Perspektive des Modells der Verfassungsordnung von großer Bedeutung ist."[19]

4. In der Literatur wird manchmal argumentiert, dass „Versammlungen ein Instrument der direkten Demokratie sind", eine Position, die fraglich ist.[20] Zunächst einmal ist die Organisation von und die Teilnahme an Versammlungen keine Form der direkten Demokratie im Sinne von Arti-

---

17 *J. Sułkowski*, in: M. Safjan/L. Bosek (Hrsg.), Konstytucja RP. Komentarz do art. 1–86. Tom I. (Verfassung der Republik Polen. Kommentar zu Art. 1–86, Band I), 2016, Anmerkungen zu Artikel 57, Pkt. 11.

18 *W. Sokolewicz/K. Wojtyczek*, in: L. Garlicki/M. Zubik (Hrsg.), Konstytucja Rzeczypospolitej Polskiej. Komentarz. (Verfassung der Republik Polen. Kommentar.), 2016, Art. 57, Pkt. 10.

19 Verfassungsgerichtshof (Trybunał Konstytucyjny), Urt. v. 8.09.2014, K 48/12, Pkt. 2.1.

20 So etwa *J. Sułkowski*, in: M. Safjan/L. Bosek (Hrsg.), Konstytucja RP. Komentarz do art. 1–86. Tom I. (Verfassung der Republik Polen. Kommentar zu Art. 1–86, Band I), 2016, Anmerkungen zu Artikel 57, Pkt. 11.

kel 2 der Verfassung. Darüber hinaus üben Versammlungen keine öffentliche Autorität aus und sind dazu auch nicht legitimiert, da sie nicht im Namen der Nation als souveräner Machteinheit handeln,[21] sondern im Namen bestimmter Gruppen, die die Ausübung der öffentlichen Macht unterstützen oder kritisieren und in diesem Sinne im Falle von Massendemonstrationen einen starken Einfluss auf die Ausübung dieser Macht ausüben. Aus gesellschaftspolitischer Sicht können Massendemonstrationen sowohl ein demokratisches Regierungssystem ruinieren als auch seine demokratische Legitimität stärken oder unterstützen, aber sie können verfassungsmäßige Formen der direkten und indirekten Demokratie nicht ersetzen.

5. Die verfassungsrechtliche Qualifizierung der Versammlungsfreiheit als politische Freiheit impliziert, dass der Kern dieser Freiheit darin besteht, öffentliche Versammlungen zu organisieren und an ihnen teilzunehmen. Diese Versammlungen zeichnen sich dadurch aus, dass sie erstens an öffentlichen Orten organisiert und durchgeführt werden, d. h. an Orten, die für jedermann zugänglich sind und zu denen der Zugang keine individuelle Einladung erfordert (konstitutives Element); zweitens ist der Zweck der Versammlung die öffentliche und gemeinsame Äußerung der eigenen Position zu öffentlichen Angelegenheiten (optionales Element).[22] Das Verfassungsgericht unterstrich in seinem Urteil von 2014 diesen öffentlich-rechtlichen Aspekt des Schutzes der Versammlungsfreiheit, indem es darauf hinwies, dass „Gegenstand der Norm in Artikel 57 der Verfassung jede friedliche Versammlung von Personen ist, die ihre Ansichten oder Standpunkte in der Öffentlichkeit zum Ausdruck bringen oder ihre Erfahrungen in Bezug auf das Gemeinwohl manifestieren wollen". Es besteht daher kein Zweifel, dass die Versammlungsfreiheit, die durch Artikel 57 der Verfassung garantiert wird, öffentliche Versammlungen umfasst, einschließlich solcher, die den Prozess der öffentlichen Meinungsbildung und den Prozess des politischen Willens in einem demokratischen Rechtsstaat beeinflussen.

---

21 *O. Salat*, The Right to Freedom of Assembly. Comparative Study (Das Recht auf Versammlungsfreiheit. Vergleichende Studie), 2017, S. 48–49.

22 Artikel 3 Abs. 1 des Gesetzes vom 24. Juli 2015. Versammlungsgesetz (konsolidierter Text im Gesetzblatt von 2019, Pkt. 631), nachstehend als Versammlungsgesetz bezeichnet: Eine Versammlung ist eine Gruppierung von Menschen in einem offenen Raum, der für nicht näher definierte Personen namentlich an einem bestimmten Ort zugänglich ist, um gemeinsame Sitzungen abzuhalten oder gemeinsam ihren Standpunkt zu öffentlichen Angelegenheiten zum Ausdruck zu bringen.

V. Versammlungsfreiheit als Meinungsfreiheit

1. Der Unterschied zwischen Versammlungsfreiheit und Meinungsfreiheit ist der zwischen dem Inhalt der Freiheit und der Art und Weise, wie sie sich manifestiert. In Fachliteratur und Rechtsprechung scheint sich die Ansicht verbreitet zu haben, dass die Versammlungsfreiheit eine der Formen ist, in denen sich die Meinungsfreiheit manifestiert. Das Verfassungsgericht hat in seinem Urteil vom 18.01.2006 (K 21/05 Punkt 141) festgestellt, dass die Versammlung eine besondere Art der Meinungsbildung sei, Ansichten auszudrücken, Informationen zu liefern und die Einstellungen anderer Menschen zu beeinflussen. Gemäß dieser Position gehört die Meinungsfreiheit nicht zum Wesen der Versammlungsfreiheit, die für sie instrumentell ist oder lediglich eine Form oder einen Modus Operandi der Meinungsfreiheit darstellt.[23] In jedem Fall handelt es sich um getrennte und autonome Freiheiten, die sich im Verhältnis eines Wettbewerbs (Konkurrenzverhältnis) gegenüberstehen, da es gewisse Überschneidungen zwischen ihren Normungs-/Schutzbereichen gibt.

2. In der Fachliteratur unterscheidet man verschiedene Formen der kollektiven Meinungsäußerung durch Versammlungen. Die erste ist die kollektive Meinungsäußerung durch Demonstrationen, deren Zweck es ist, Druck auszuüben; es geht hier einfach um eine große Zahl an Personen. Die von Demonstrationen verwendeten Symbole sind nicht nur rhetorisch, sondern auch materiell (Fahnen), visuell (Handgesten) und akustisch; auch Ort und Zeit der Versammlung können aussagekräftig sein. Die zweite Form besteht in Meetings als kollektive Meinungsäußerung durch Debatte und Diskussion. Die dritte Form ist die Wechselwirkung zwischen Demonstranten und ihrem Publikum.[24]

3. Obwohl die Bestimmung des Artikels 57 der Verfassung alle oben genannten Versammlungsformen abdeckt, gibt sie keine Grundlage für ihre Differenzierung, insbesondere was ihre bevorzugte oder weniger günstige Behandlung anbelangt, und zwar sowohl hinsichtlich ihres rechtlichen und verfassungsrechtlichen Status als auch hinsichtlich des Umfangs der verfassungsrechtlich zulässigen Einschränkungen ihrer Ausübung oder des Umfangs und der Tiefe der gerichtlichen Kontrolle staatlicher Eingriffe in die durch diese Freiheit geschützten Bereiche.

---

23 *J. Sułkowski*, in: M. Safjan/L. Bosek (Hrsg.), Konstytucja RP. Komentarz do art. 1–86. Tom I. (Verfassung der Republik Polen. Kommentar zu Art. 1–86, Band I), 2016, Anmerkungen zu Art. 57, Pkt. 17: „Die Beziehung zwischen Versammlungsfreiheit und Redefreiheit scheint jedoch am stärksten zu sein. Der Zusammenhang zwischen ihnen hängt mit dem meinungsbildenden Charakter der Gemeinde zusammen, der eine Ausdrucksform (in Wort, Kleidung, Haltung) ist." [Übersetzung durch den Autor].

24 *O. Salat*, The Right to Freedom of Assembly. Comparative Study (Das Recht auf Versammlungsfreiheit. Vergleichende Studie), 2017, S. 6 – 7.

4. Streitig ist, ob Versammlungsfreiheit nur diese zwei inhaltlichen Komponenten, nämlich die in Artikel 57 genannten Rechte: das Recht, Versammlungen zu veranstalten, und das Recht, an solchen teilzunehmen, enthält, d. h. nur die sogenannte Gestaltungsfreiheit, oder ob der Schutzbereich dieser Freiheit auch die Meinungsfreiheit mit umfasst. Aus Wesen und Funktion der Versammlungsfreiheit ergibt sich, dass Artikel 57 der Verfassung auch die kollektive und individuelle Meinungsfreiheit schützt, d. h. die Meinungsfreiheit des Einzelnen, der an einer Versammlung teilnimmt, und die Meinungsfreiheit der als Versammlung organisierten Gruppe. Bei dieser Betrachtung lässt sich die Versammlungsfreiheit als Mittel zum Zwecke der Meinungsfreiheit nicht instrumentalisieren. Im Gegensatz dazu kann die Versammlungsfreiheit, auf die in Artikel 57 der Verfassung Bezug genommen wird, nicht eng dahingehend ausgelegt werden, dass sie nur die sogenannte Gestaltungsfreiheit, d. h. das Recht, öffentliche Versammlungen abzuhalten und an ihnen teilzunehmen, umfasst, sondern weit gefasst als eine Freiheit, deren Normen- und Schutzbereich neben der Gestaltungsfreiheit auch die Meinungsfreiheit umfasst. Diese beiden Aspekte der Versammlungsfreiheit sind untrennbar miteinander verbunden. Abgesehen von dem pragmatischen Argument, dass Versammlungen üblicherweise nicht zu dem Zweck organisiert werden, Menschen an einem bestimmten Ort und zu einer bestimmten Zeit zu versammeln, sondern um einen Standpunkt zu öffentlichen Angelegenheiten zum Ausdruck zu bringen, ist festzuhalten, dass selbst dann, wenn man diese Freiheit als Gestaltungsfreiheit versteht, klar ist, dass die Wahl des Ortes und der Zeit der Versammlung eine symbolisch-expressive Dimension haben kann und die physische Anwesenheit der Versammlungsteilnehmer an diesem bestimmten Ort und zu dieser bestimmten Zeit, auch wenn sie schweigend ist, als Ausdruck einer Position zu öffentlichen Angelegenheiten qualifiziert werden kann.

5. Diese These scheint vom Gesetzgeber akzeptiert zu werden. Das Versammlungsgesetz sieht zwei Arten von öffentlichen Versammlungen vor, nämlich Sitzungen und sonstige Versammlungen. Grundlage für die Unterscheidung ist der Zweck der Versammlung, d. h. im ersten Falle die gemeinsame Abhaltung von Sitzungen in öffentlichen Angelegenheiten und im zweiten Fall die gemeinsame Äußerung von Standpunkten zu öffentlichen Angelegenheiten. In beiden Fällen von Zusammenkünften steht der freie Austausch von Meinungen und Ansichten über öffentliche Angelegenheiten (Sitzungen) und die uneingeschränkte gemeinsame Meinungsäußerung zu öffentlichen Angelegenheiten im Mittelpunkt der Versammlungsfreiheit. Der Geltungsbereich der Normalisierung der Versammlungsfreiheit umfasst daher nicht nur und nicht in erster Linie das Recht, öffentliche Versammlungen zu organisieren und an ihnen teilzu-

nehmen, sondern auch das Recht auf freie Meinungsäußerung. Die beiden Bereiche des Schutzes der Versammlungsfreiheit sind untrennbar miteinander verbunden. Dies ist sowohl für den Prozess der Konkretisierung und Einschränkung der Versammlungsfreiheit durch den Gesetzgeber als auch für die Anwendung einschlägiger Vorschriften und deren Auslegung durch die Organe der öffentlichen Verwaltung von Bedeutung. Obwohl die öffentliche Behörde die Versammlung wegen des Inhalts und der Form der zum Ausdruck gebrachten Meinungen nicht verbieten oder auflösen kann, es sei denn, sie verstoßen gegen die gesetzliche und verfassungsmäßige Ordnung des Staates oder gegen strafrechtliche Bestimmungen, ist in jedem Fall des Verbots oder der Auflösung der Versammlung von anderen, nicht mit der Freiheit der Meinungsäußerung zusammenhängenden, gesetzlichen Voraussetzungen, z. B. Verletzung der öffentlichen Ordnung, eine gleichzeitige Einschränkung der Freiheit der Meinungsäußerung der in der Versammlung organisierten Personen sowie des Rechts, diese Meinungen der Öffentlichkeit mitzuteilen, gegeben. Im Falle eines absoluten Verbots der Abhaltung einer Versammlung kann geprüft werden, ob dieses Verbot eine Form der verbotenen präventiven Zensur darstellt, insbesondere wenn die Behörde, die die Versammlung verbietet, das Argument einer ernsthaften Bedrohung der öffentlichen Ordnung und Sicherheit missbraucht. In diesem Zusammenhang haben wir es mit präventiver Zensur zu tun.

In diesem Zusammenhang sind für die Versammlungsfreiheit als Recht zur Meinungsäußerung in einem durch diese Freiheit geschützten Bereich zwei rechtliche und verfassungsrechtliche Fragen von Bedeutung, nämlich ob das Recht zur Meinungsäußerung in öffentlichen Angelegenheiten von allen, die das Recht haben, Versammlungen zu organisieren und an ihnen teilzunehmen, gleichberechtigt wahrgenommen wird, oder ob bestimmte Personengruppen dieses Recht aufgrund ihres besonderen Status nicht ausüben können oder sollen (z. B. beruflicher Status). Die Frage der Ausübung der Versammlungsfreiheit durch Richter wird derzeit in Polen breit diskutiert. An dieser Stelle genügt der Hinweis, dass sowohl das Versammlungsgesetz als auch das Gesetz über die Gerichtsordnung[25] die Freiheit der Richter, öffentliche Versammlungen zu organisieren und an ihnen teilzunehmen, in keiner Weise einschränken. Es stellt sich daher die Frage, ob die Verfassung dieser Freiheit der Richter Grenzen setzt. Dies gilt insbesondere für Artikel 178 Abs. 3 der Verfassung, in dem es heißt: „Ein Richter darf weder einer politischen Partei oder einer Gewerkschaft angehören noch eine öffentliche Tätigkeit ausüben, die mit den Grundsätzen der Unabhängigkeit der Gerichte und

---

25 Ustawa z dnia 27 lipca 2001 r. Prawo o ustroju sądów powszechnych, Dz.U. z 2020 r. poz. 365 ze zm.

der Richter nicht vereinbar ist". Da die Versammlungsfreiheit eine politische Freiheit ist, ist es nicht ganz klar, ob der Richter, der an von z. B. einer politischen Partei organisierten Versammlung teilnimmt und eine Rede hält oder in anderer Weise seine politische Meinung äußert, gegen ein verfassungsrechtliches Verbot verstößt. Nach *S. Banaszak* wird das Verbot verletzt, wenn ein Richter u. a.: 1) „aktiv an aktuellen politischen Streitigkeiten teilnimmt" (…), 2) „für (oder gegen) die Art und Weise, wie Kompetenzen von einer Behörde ausgeübt werden, spricht" (…), 3) „öffentlich an den Aktivitäten einer bestimmten Wohltätigkeitsorganisation beteiligt sein wird."[26] Diese restriktive Auslegung der Verfassung bedeutet, dass ein Richter an öffentlichen Versammlungen nicht aktiv teilnehmen dürfe.

Eine andere Meinung zu diesem Thema vertritt *M. Wróblewski*, nach dem „es eine Kategorie öffentlicher Äußerungen von Richtern gibt, die entschieden anders behandelt werden sollte, indem den Richtern ein beträchtlicher Spielraum für die freie Meinungsäußerung eingeräumt werden müsse, bedingt durch die Notwendigkeit, das öffentliche und gesellschaftliche Interesse an der Unabhängigkeit der Gerichte und der Unabhängigkeit der Richter (Art. 173 und Art. 178 Abs. 1 der Verfassung der Republik Polen) sowie die Grundsätze der Gewaltenteilung (Art. 10 Abs. 1 der Verfassung der Republik Polen) zu schützen".[27] Diese Position, die den Auftrag berücksichtigt, die Bestimmungen der Verfassung in Übereinstimmung mit internationalen Abkommen, die für die Polen bindend sind, auszulegen, stützt sich stark auf Artikel 10 Abs. 1 der Europäischen Konvention zum Schutze der Menschenrechte und Grundfreiheiten und auf internationale „Soft-law"-Rechtsakte wie „Opinion no. 3 of the Consultative Council of European Judges (CCJE) to the attention of the Committee of Ministers of the Council of Europe on the principles and rules governing judges, professional conduct, in particular ethics, incompatible behaviour and impartiality".[28] Die Schlussfolgerung

26 *S. Banaszak*, in: S. Banaszak (Hrsg.), Konstytucja Rzeczypospolitej Polskiej. Komentarz (Verfassung der Republik Polen. Kommentar), 2012, Bemerkungen zu Artikel 178 Rn. 18; ähnlich in: M. Safjan/L. Bosek (Hrsg.), Konstytucja Rzeczypospolitej Polskiej. Tom. II (Die polnische Verfassung. Band II.), 2016, Art. 178, Rn. 189.

27 *M. Wróblewski*, Granice ekspresji i wypowiedzi sędziego – zarys problemu, Krajowa Rada Sądownictwa (Grenzen des Ausdrucks und der Aussage eines Richters – Skizzierung des Problems), Nationaler Justizrat 2017, Nr. 1, S. 31–32.

28 Ausführlich zu verfassungsrechtlichen und völkerrechtlichen Zusammenhängen der Ordnung für die Apolitisierung eines Richters, vgl. *E. Maniewska*, Apolityczność jako wyznacznik granic wolności wypowiedzi sędziego dotyczących ustawowych reform sądownictwa (ich krytyki) (Apolitisierung als Bestimmungsfaktor für die Grenzen der Meinungsfreiheit eines Richters bei gesetzlichen Reformen der Justiz (ihre Kritik), Państwo i Prawo (Staat und Recht), 2019 No. 7, S. 19–44; vgl. auch *J. Barcik*, Standardy udziału sędziów w sferze publicznej w dokumentach międzynarodowych, Krajowa Rada Sądownictwa (Standards für die Beteiligung von Richtern

aus diesen Rechtsakten ist, dass ein Richter zwar angemessene Zurück-haltung bei der Darstellung seiner politischen Ansichten in der Öffent-lichkeit üben sollte, dass er jedoch uneingeschränkt berechtigt ist, sich an öffentlichen Debatten über das Justizsystem zu beteiligen, sich aktiv an der Vorbereitung von Rechtsakten über die Rechtspflege zu beteiligen, sich zu kontroversen Fällen zu äußern, die sich unmittelbar auf die Arbeitsweise der Justiz, die Unabhängigkeit und Unparteilichkeit von Gerichten und Richtern auswirken, usw. Diese Auslegung von Artikel 178 Abs. 3 der Verfassung der Republik Polen, die ich voll und ganz teile, zeigt deutlich, dass die Richter das Recht haben, aktiv an öffent-lichen Versammlungen teilzunehmen, deren Zweck darin besteht, ihren Standpunkt zu Fragen zum Ausdruck zu bringen, die das Funktionieren des Justizsystems und die Unabhängigkeit von Gerichten und Richtern unmittelbar betreffen.

VI. Versammlungsfreiheit als Kommunikationsfreiheit

1. Aus einer funktionalistischen Perspektive ist die Versammlungsfreiheit die Freiheit der Kommunikation in dem Sinne, dass die Teilnehmer einer Versammlung einander ihre eigenen individuellen Ansichten, Mei-nungen und Standpunkte zu öffentlichen Angelegenheiten mitteilen, was im Falle von Zusammenkünften oder Debatten von besonderer Bedeutung ist, und gemeinsam präsentieren sie anderen gemeinsame Ansichten, Meinungen und Standpunkte zu öffentlichen Angelegenhei-ten. Im ersten Fall handelt es sich um die gegenseitige und interne (ver-sammlungsinterne) Kommunikation der Sitzungsteilnehmer (Debatten), indem sie individuell ihre eigenen Ansichten, Standpunkte oder Mei-nungen zu den öffentlichen Angelegenheiten, die zur Diskussion stehen, zum Ausdruck bringen; im zweiten Fall handelt es sich um die kollek-tive und externe (versammlungsexterne) Kommunikation der Sitzungs-teilnehmer mit „anderen", indem sie gemeinsam ihre Positionen zu den öffentlichen Angelegenheiten, die zur Diskussion stehen, darlegen. Das Verfassungsgericht hat in seinem Urteil vom 18.01.2006 (K 21/05 Punkt 141) festgestellt, dass die Versammlungsfreiheit „ein äußerst wichtiges Mittel der zwischenmenschlichen Kommunikation sowohl im öffent-lichen als auch im privaten Bereich sowie eine Form der Beteiligung an der öffentlichen Debatte und damit auch an der Ausübung von Macht in

---

im öffentlichen Raum an internationalen Dokumenten), Nationalrat der Justiz 2017, Nr. 1, S. 35–44; *Ireneusz C. Kamiński*, Swoboda wypowiedzi a zachowanie powagi i bezstronności wymiaru sprawiedliwości – uwagi na kanwie orzecznictwa Europejskiego Trybunału Praw Człowieka, Krajowa Rada Sądownictwa (Meinungsfreiheit und die Wahrung der Seriosität und Unparteilichkeit der Justiz – Bemerkungen auf der Grundlage der Rechtsprechung des Europäischen Gerichtshofs für Menschenrechte), Nationalrat der Justiz 2017, Nr. 1, S. 5–28.

einer demokratischen Gesellschaft dar[stellt]. Das Ziel der Versammlungsfreiheit ist nicht nur die Gewährleistung der Autonomie und der Selbstverwirklichung des Einzelnen, sondern auch der Schutz für Prozesse der sozialen Kommunikation, die für das Funktionieren einer demokratischen Gesellschaft notwendig sind. Im Mittelpunkt steht das öffentliche Interesse."[29]

2. Die Versammlungsfreiheit ist eine Freiheit von komplexer Struktur und Funktion. Der Kern dieser Freiheit ist das Recht, öffentliche Versammlungen abzuhalten, das Recht, an ihnen teilzunehmen, und das Recht, gemeinsam Versammlungen abzuhalten und zu öffentlichen Angelegenheiten Stellung zu nehmen. Diese Rechte, und damit die Freiheit selbst, sind nicht entscheidend für andere verfassungsmäßig geschützte Freiheiten wie die Meinungsfreiheit, sondern völlig unabhängig und autonom. In funktionalistischer Hinsicht verschwindet die Unterscheidung zwischen Form und Inhalt der Versammlungsfreiheit, die eingeführt wurde, um die Darstellung dieser Freiheit als Form oder Mittel der Meinungsfreiheit zu rechtfertigen. In der Folge unterliegt die Versammlungsfreiheit Prozessen der interpretativen Funktionalisierung, wodurch diese Freiheit als politische Freiheit, Meinungs- und Kommunikationsfreiheit konzeptualisiert wird. Diese Funktionalisierungen sind untrennbar miteinander verbunden und bedingen sich bei öffentlichen Versammlungen gegenseitig. An dieser Stelle genügt der Hinweis, dass das Versammlungsverbot während des Präsidentschaftswahlkampfes im Zustand der Seuchengefahr die Funktionen der Versammlungsfreiheit, sowohl als politische Freiheit als auch als freie Meinungsäußerung in öffentlichen Angelegenheiten, sowie die Kommunikationsfreiheit ernsthaft einschränkt und eine wechselseitige Kommunikation zwischen Wählern und Kandidaten für das Amt des Präsidenten unmöglich macht.

VII. Schranken der Versammlungsfreiheit

1. Nach Artikel 57 Abs. 2 der Verfassung kann ein Gesetz Einschränkungen/Schranken dieser Freiheit festlegen. Diese Bestimmung legt daher keine inhaltlichen, materiellen Anforderungen an die zulässigen Einschränkungen dieser Freiheit fest, sondern nur ein formales Erfordernis, nämlich dass nur ein Gesetz als Parlamentsakt eine zulässige Form der Einschränkung darstellt. Es stellt sich daher die Frage, ob der Gesetzge-

---

29 Übersetzung durch den Autor. Die externe und kollektive Kommunikation der Versammlungsteilnehmer mit dem Auditorium ist mit vielen rechtlichen Fragen verbunden, wie z. B. dem friedlichen Charakter öffentlicher Versammlungen, der Freiheit von Gegendemonstrationen und der Freiheit von Spontandemonstrationen, feindseligem Publikum, kämpferischen Worten und vielem mehr; Siehe *O. Salat*, The Right to Freedom of Assembly. Comparative Study (Das Recht auf Versammlungsfreiheit. Vergleichende Studie), 2017, S. 133 ff.

ber, der die Versammlungsfreiheit einschränkt, an andere verfassungsrechtliche Schrankenklauseln gebunden ist. Die sogenannte allgemeine
Beschränkungsklausel aus Artikel 31 Abs. 3 der Verfassung kann in
Frage kommen. Möglicherweise gehören immanente Einschränkungen
der Meinungsfreiheit zum Wesen der Versammlungsfreiheit.

2. Die Frage des Verhältnisses zwischen den verfassungsmäßigen Begrenzungsklauseln, einschließlich des Anwendungsbereichs von Artikel 31
Abs. 3 der Verfassung, ist umstritten. Die Frage, ob Beschränkungen der
Ausübung der Versammlungsfreiheit auch den Anforderungen von Artikel 31 Abs. 3 der Verfassung unterliegen, bejahte der Verfassungsgerichtshof, als er feststellte, dass das Kriterium für die Kontrolle der Verfassungsmäßigkeit von Freiheitsbeschränkungen nicht nur Artikel 57
Abs. 2 der Verfassung, sondern auch die allgemeine Beschränkungsklausel von Artikel 31 Abs. 3 der Verfassung sei.[30] Obwohl sich also nur aus
Artikel 57 Abs. 2 ergibt, dass Beschränkungen der Versammlungsfreiheit
eines Gesetzes bedürfen und dass die Freiheit des Gesetzgebers, solche
Beschränkungen zu definieren, durch allgemeine, für den Gesetzgeber
verbindliche Verfassungsgrundsätze, wie insbesondere den Grundsatz
der Verhältnismäßigkeit, eingeschränkt sind, ist der Gesetzgeber durch
die Einführung solcher Beschränkungen verpflichtet, diese im Hinblick
auf die in Artikel 31 Abs. 3 der Verfassung[31] festgelegten Erfordernisse zu
begründen und zu rechtfertigen. Darüber hinaus sollten nach dem Urteil
des Verfassungsgerichts vom 18. Januar 2006 in der Rechtssache K 21/05
bei der Regelung der persönlichen und politischen Rechte und Freiheiten strengere Beurteilungsmaßstäbe angelegt werden als bei den wirtschaftlichen und sozialen Rechten. Diese höheren Standards gelten
auch für die Beurteilung der Zulässigkeit der Einführung von Beschrän-

---

30 Verfassungsgerichtshof (Trybunał Konstytucyjny), Urt. v. 18.09.2014, K 44/12, „Unter Bezugnahme auf den Inhalt von Artikel 57 in Verbindung mit Artikel 31 des Gesetzes Nr. 3 der Verfassung ist darauf hinzuweisen, dass jede Beschränkung nur dann gesetzlich festgelegt werden
kann, wenn sie in einem demokratischen Staat zum Schutz der staatlichen Sicherheit oder
öffentlichen Ordnung, zum Schutz der Umwelt, der öffentlichen Gesundheit und Moral oder
der Freiheiten und Rechte anderer notwendig ist. Die Einschränkungen dürfen nicht so weit
gehen, dass sie das Wesen einer bestimmten Freiheit oder eines bestimmten Rechts verletzen.
Die Prüfung gesetzlicher Lösungen, die Beschränkungen der Versammlungsfreiheit einführen,
muss sich auf die in Artikel 31 von Gesetz 3 der Verfassung vorgesehenen Bedingungen beziehen" [Übersetzung durch den Autor].
31 Nach Artikel 31 Abs. 3 der Verfassung dürfen Einschränkungen verfassungsrechtlicher Freiheiten und Rechte nur in einem Gesetz beschlossen werden und nur dann, wenn sie in einem
demokratischen Staat wegen seiner Sicherheit oder öffentlicher Ordnung oder zum Schutz der
Umwelt, Gesundheit, der öffentlichen Moral oder der Freiheiten und Rechte anderer Personen
notwendig sind. Diese Einschränkungen dürfen das Wesen der Freiheiten und Rechte nicht
verletzen.

kungen der Ausübung der verfassungsmäßigen Freiheit der friedlichen Versammlung.

3. Daraus kann man die Schlussfolgerung ziehen, dass ein Gesetz nur die Schranken dieser Freiheit festlegen kann. Der Gesetzgeber sei nicht kompetent, diese Freiheit näher auszugestalten oder zu konkretisieren, wie es bei einigen anderen Grundrechten der Fall ist. Die Grenzen zwischen Einschränkung, Ausgestaltung und Konkretisierung einer Freiheit sind allerdings unscharf und flüssig. Mit anderen Worten, Versammlungsfreiheit bedarf nicht der gesetzlichen Ausgestaltung oder Konkretisierung. Doch im Schutzbereich sind die beiden Rechte: das Recht, die Versammlungen zu veranstalten, und das Recht, an solchen teilzunehmen, der Konkretisierung zugänglich.

VIII. Versammlungsfreiheit als verwaltungsrechtlich normierte Freiheit?

1. Die Versammlungsfreiheit als verfassungsrechtlich geschützte Freiheit unterliegt umfangreichen und akribischen gesetzlichen und administrativen Vorschriften. Den Kern dieser Regelung bildet das Gesetz über Versammlungen vom 24. Juli 2015. Die Frage der öffentlichen Versammlungen wird auch in einer Reihe von Sondergesetzen geregelt, die zum Verwaltungsrecht gehören, wie z. B. dem Gesetz vom 5. Dezember 2008 über die Vorbeugung und Bekämpfung von Infektionen und Infektionskrankheiten beim Menschen, das in Artikel 46 den Woiwoden oder den für das Gesundheitswesen zuständigen Minister ermächtigt, durch die Einführung eines Notstands z. B. wegen einer Epidemie ein Verbot der Veranstaltung von Versammlungen in einem bestimmten Gebiet zu erlassen.

2. Geht man vom klassischen Freiheitsbegriff und damit von der Freiheit als einer prä-positiven Freiheit aus, so ist davon auszugehen, dass jede rechtlich-administrative Regelung der Versammlungsfreiheit als eine Beschränkung dieser Freiheit zu verstehen ist, die mit den verfassungsrechtlichen Begrenzungsklauseln in Einklang stehen sollte, d. h. denjenigen Bestimmungen der Verfassung, die die Anforderungen für Beschränkungen der Versammlungsfreiheit festlegen, einschließlich der detaillierten Begrenzungsklausel in Artikel 57 Abs. 2 und der allgemeinen Begrenzungsklausel in Artikel 31 Abs. 2 der Verfassung. Darüber hinaus gibt die Bestimmung des Artikels 57 der Verfassung dem ordentlichen Gesetzgeber nicht das Recht, den Inhalt dieser Freiheit zu konkretisieren oder zu präzisieren („Bestimmung des „Näheren"), wie dies bei anderen verfassungsmäßigen Rechten und Freiheiten der Fall ist (z. B. Artikel 66 der Verfassung). Die Versammlungsfreiheit gehört demnach zu den Freiheiten, die unter qualifiziertem (formalem und materiellem)

Gesetzesvorbehalt stehen (Art. 57 Abs. 2 im Zusammenwirken mit Art. 31 Abs. 3). Natürlich sind die Grenzen zwischen einer gesetzlichen Regelung, die die Freiheit einschränkt, und einer konkreten/gestaltenden Regelung dieser Freiheit fließend, aber in der polnischen Fachliteratur zu diesem Thema scheint die Auffassung vorherrschend zu sein, dass es sich bei den Einschränkungen nicht um diejenigen Bestimmungen der Verfassung handelt, die „dem Gesetzgeber anordnen, die Art und Weise der Durchführung eines bestimmten Verfassungsrechts zu bestimmen (...), oder die den Gesetzgeber ermächtigen, den Anwendungsbereich eines bestimmten Verfassungsrechts zu bestimmen".[32]

3. Es ist jedoch umstritten, ob das Versammlungsgesetz ausschließlich oder hauptsächlich Regelungen enthält, die eine Einschränkung der Versammlungsfreiheit darstellen, oder auch Regelungen, die den Inhalt dieser Freiheit konkretisieren oder gestalten. Daraus ist zu schließen, dass das Versammlungsrecht administrative und rechtliche Regelungen enthält, die folgende Fragen betreffen: a) Inhalt der Versammlungsfreiheit, b) Zuständigkeiten und Tätigkeitsformen der Organe der öffentlichen Verwaltung in Versammlungsangelegenheiten, c) Art und Weise der Ausübung der Versammlungsfreiheit durch befugte Subjekte, d) Verwaltungsverfahren in Versammlungsangelegenheiten, e) gerichtlicher Schutz der Versammlungsfreiheit.

4. Zu den Bestimmungen des Gesetzes über die Generalversammlung, die den Umfang und den konkreten Inhalt der Versammlungsfreiheit definieren, gehört die Bestimmung von Artikel 3, der eine rechtliche Definition der Versammlung und der öffentlichen Versammlung enthält. Gemäß Artikel 3 des Gesetzes Nr. 1 des Versammlungsgesetzes ist „eine Versammlung eine Gruppierung von Personen in einem offenen Raum, der für nicht namentlich bezeichnete Personen an einem bestimmten Ort zugänglich ist, um gemeinsame Sitzungen abzuhalten oder um einen gemeinsamen Standpunkt zu öffentlichen Angelegenheiten zum Ausdruck zu bringen", während eine spontane Versammlung „eine Versammlung ist, die im Zusammenhang mit einem plötzlichen und unvorhersehbaren Ereignis im öffentlichen Bereich stattfindet, dessen Abhaltung zu einem anderen Zeitpunkt für die öffentliche Debatte unangemessen oder irrelevant wäre". Der Inhalt dieser Freiheit wird auch in Artikel 26a des Gesetzes über Versammlungen konkretisiert, der zyklische Versammlungen definiert als „Versammlungen, die (...) von demselben Veranstalter mindestens viermal jährlich am selben Ort oder auf derselben Strecke nach einem vorbereiteten Zeitplan oder mindestens

---

32 *L. Bosek/M. Szydło*, in: M. Safjan/L. Bosek (Hrsg.), Konstytucja RP. Komentarz do art. 1–86. Tom I. (Verfassung der Republik Polen. Kommentar zu Art. 1–86, Band I), 2016, Kommentare zu Art. 31, Pkt. 57.

einmal jährlich an gesetzlichen und nationalen Feiertagen organisiert werden und die in den letzten drei Jahren stattgefunden haben, wenn auch nicht in Form von Versammlungen, und die insbesondere zum Gedenken an wichtige und bedeutende Ereignisse in der Geschichte der Republik Polen bestimmt waren".[33]

5. Aus den vorgenannten Bestimmungen ergibt sich, dass das Gesetz über Versammlungen, das „die Grundsätze und Verfahren für die Organisation, Durchführung und Auflösung von Versammlungen" regelt (Artikel 1 des Versammlungsgesetzes), nicht für private Versammlungen gilt, die nicht in den Anwendungsbereich der öffentlich-rechtlichen Vorschriften fallen. Die Bestimmungen der Artikel 3 und 26a des Versammlungsgesetzes regeln daher nur einen bestimmten, durch Artikel 57 der Verfassung garantierten Schutzbereich, nämlich die Versammlungsfreiheit von Personen in Form einer öffentlichen Versammlung, wie sie in Artikel 3 Abs. 1 dieses Gesetzes definiert ist. Gegenstand des Versammlungsgesetzes sind öffentliche Versammlungen, die den Schutzbereich der Versammlungsfreiheit betreffen, eng definiert als das Recht, Versammlungen zu organisieren und an Versammlungen teilzunehmen, die als öffentliche Versammlungen definiert sind und folgende Bedingungen erfüllen: a) sie sind eine Gruppierung von Menschen in einem offenen, einer unbestimmten Anzahl von Menschen zugänglichen Raum, b) an einem bestimmten Ort (und zu einer bestimmten Zeit), c) um gemeinsame Versammlungen abzuhalten oder einen gemeinsamen Standpunkt zu öffentlichen Angelegenheiten zu vertreten. Die Versammlungsfreiheit bei öffentlichen Versammlungen, die unter den Schutz von Art. 57 der Verfassung fällt, ist im Versammlungsgesetz so festgelegt, dass Gegenstand der Regelung nur eine öffentliche Versammlung als Open-Space-Versammlung ist, die einer unbestimmten Anzahl von Menschen zugänglich ist. Die Organisation von und die Teilnahme an Versammlungen, die den Kern der Versammlungsfreiheit im Sinne von Artikel 57 der Verfassung bilden, erfolgt in Bezug auf öffentliche Versammlungen nach den im Versammlungsgesetz festgelegten Grundsätzen und Verfahren. Die konstitutiven Merkmale einer (öffentlichen) Versammlung sind nach Artikel 3 Abs. 1 des Gesetzes über Versammlungen der Zweck der Organisation und Abhaltung einer Versammlung, nämlich „gemeinsame

---

33 Die Institution der zyklischen Versammlungen wurde vom Verfassungsgericht in seinem Urteil vom 16. März 2017 als mit der Verfassung vereinbar befunden. Dieses Urteil stieß auf heftige und berechtigte Kritik, vgl. *M. Florczak-Wątor*, Zyklische Versammlungen. Glossar zum Urteil des Verfassungsgerichts vom 16. März 2017. Vgl. Verfassungsgerichtshof (Trybunał Konstytucyjny), 1/17, OTK-A 2017/28, Lex/el 2017; vgl. auch *M. Haczkowska*, Die Frage der Verfassungsmäßigkeit von Artikel 1 Punkt 4 und 2 des Gesetzes vom 13.12.2016 zur Änderung des Gesetzes – Gesetz über Versammlungen. Glossar zum Urteil des Verfassungsgerichts vom 16. März 2017, Kap 1/17, Palestra 2019/9/119–131.

Beratungen oder gemeinsame Meinungsäußerungen zu öffentlichen Angelegenheiten". Die Bedingung der gemeinsamen Beratung oder gemeinsamen Äußerung von Standpunkten zu öffentlichen Angelegenheiten wirft verfassungsrechtliche Bedenken auf, da sie die Versammlungsfreiheit in öffentlichen Versammlungen derart einschränkt, dass nur „öffentliche Angelegenheiten" diskutiert oder Standpunkte vertreten werden können. Die Regelung im Artikel 26a des Gesetzes über zyklische Versammlungen, wonach das Thema (der Zweck) einer zyklischen Versammlung „insbesondere zum Gedenken an wichtige und bedeutende Ereignisse in der Geschichte der Republik Polen" ist, geht sogar noch weiter. Unabhängig davon, ob die Deliberation öffentlicher Angelegenheiten ein konstitutives Merkmal einer öffentlichen Versammlung ist (was meines Erachtens nicht der Fall ist, da die Versammlung ebenso öffentlich ist, wie sie Personen zur Verfügung steht, die nicht namentlich definiert sind), erlegt das Versammlungsgesetz dem Veranstalter und den Teilnehmern der Versammlung deren Gegenstand (auch einen so allgemeinen und nicht klar umrissenen wie „öffentliche Angelegenheit") auf, was gegen die in Artikel 26a des Versammlungsgesetzes garantierte Freiheit der Wahl von Ort, Zeit und Gegenstand der Versammlung, durch Artikel 57 der Verfassung garantiert, verstößt, und darüber hinaus schränkt sie die Meinungsfreiheit der Versammlung ein, indem sie ihre Meinungsäußerung auf öffentliche Angelegenheiten beschränkt, was einen ungerechtfertigten Eingriff des Gesetzgebers in diesen Bereich der Versammlungsfreiheit darstellt. Die Meinungsfreiheit wird durch die Bestimmungen über zyklische Versammlungen, die in der Regel zum Gedenken an wichtige und bedeutende Ereignisse in der Geschichte der Republik Polen organisiert werden können, erheblich beeinträchtigt.

6. Das Versammlungsgesetz führt subjektive Einschränkungen der Versammlungsfreiheit ein, da nach Artikel 4 Abs. 1 das Recht, Versammlungen zu organisieren, Personen, die nicht voll geschäftsfähig sind, nicht eingeräumt wird. Dies bedeutet, dass diese Personen zwar das Recht haben, an der Sitzung teilzunehmen, sie können die Sitzung jedoch nicht allein organisieren, was als verfassungswidrig angesehen werden kann, da minderjährigen Schulkindern die Möglichkeit vorenthalten wird, Versammlungen zu Zwecken zu organisieren, die sie für wichtig und unterstützens- oder ablehnungswürdig halten.

7. Die Zuständigkeit für Angelegenheiten im Zusammenhang mit (öffentlichen) Versammlungen obliegt der Gemeinde im Auftrag der Regierungsverwaltung (Artikel 6 des Versammlungsgesetzes). Dies bedeutet, dass der Umfang dieser Zuständigkeiten und die Art und Weise, in der sie von der Gemeinde ausgeübt werden, durch das Interesse des Staates und nicht durch das Interesse der lokalen Verwaltung gerechtfertigt ist und einheitlichen Regeln und Verfahren für alle Gemeinden auf dem

Gebiet der Republik Polen folgt (im Falle von Angelegenheiten im Zusammenhang mit Versammlungen gemäß den im Versammlungsgesetz festgelegten Regeln und Verfahren). Das Versammlungsgesetz sieht eine Reihe von Befugnissen in Versammlungsangelegenheiten für den Woiwoden vor, der kein Selbstverwaltungsorgan, sondern ein Vertreter der Regierung vor Ort und somit ein eminent politisches und administratives Organ ist. Die Zuständigkeiten und Aufgaben des Woiwoden in diesem Bereich betreffen vor allem Angelegenheiten im Zusammenhang mit zyklischen Versammlungen, die nicht so sehr wegen ihres partizipatorischen und demokratischen Charakters als politische Versammlungen par excellence konzipiert wurden, sondern wegen der „Feier" wichtiger und bedeutender Ereignisse für die Geschichte der Republik Polens. Als solche Veranstaltungen betrachtete der Woiwode die sogenannten „Smoleńsk Monatsschriften", d. h. Zeremonien zum Gedenken an die Opfer der Smolensk-Katastrophe vom 10. April 2010, die an jedem zehnten April des Jahres stattfinden.

8. Die Rechtsnatur der Befugnisse und Rechtsmittel der öffentlichen Behörden in Versammlungsangelegenheiten ergibt sich aus dem Registrierungs- und Anmeldesystem, das in der Phase der Organisation der Versammlungen angenommen wurde. Die Bestimmungen des Versammlungsgesetzes verlangen nicht, dass der Organisator einer Versammlung seine Zustimmung zur Abhaltung einer Versammlung gibt, was für das Genehmigungssystem angemessen ist, sondern lediglich, dass er die zuständige Behörde über seine „Absicht, eine Versammlung abzuhalten" in Kenntnis setzt. Diese Lösung ist positiv zu bewerten, da es sich bei dem Konzessionssystem um ein System handelt, das per definitionem strengere Anforderungen stellt und die Versammlungsfreiheit in stärkerem Maße dem öffentlichen Interesse unterordnet als das Registrierungs- und Anmeldesystem, und darüber hinaus erfordert eine breite Kategorie nichtöffentlicher Versammlungen nicht einmal eine Anmeldung bei der zuständigen Behörde, um die Verpflichtungen des Veranstalters der Versammlung festzulegen. Die Meldepflicht gilt natürlich nicht für spontane Treffen. Eine schwerwiegende und verfassungsrechtlich bedenkliche Abweichung vom Registrierungs- und Anmeldungsprinzip sehen die Bestimmungen des Gesetzes über periodische Versammlungen vor, nach denen der Organisator einer Versammlung bei zyklischen Versammlungen die Zustimmung (in Form eines Verwaltungsbeschlusses) des Woiwoden einholen muss (Artikel 26a). Die Verwaltungsstruktur der Zustimmung der Behörde zur Abhaltung einer Versammlung, einschließlich einer zyklischen Versammlung, stellt einen ungerechtfertigten Verstoß gegen das derzeitige Registrierungs- und Anmeldesystem dar und verstößt gegen den Grundsatz der Gleichbehandlung von Versammlungen, indem zyklische Versammlungen strengeren Anforderun-

gen unterworfen werden als andere öffentliche Versammlungen. Darüber hinaus ist auch die ungerechtfertigte Bevorzugung zyklischer Versammlungen fragwürdig, insbesondere durch die Tatsache, dass an Ort und Zeit einer zyklischen Versammlung keine andere öffentliche Versammlung stattfinden darf (Artikel 14 Abs. 3).

9. Die Bestimmungen des Versammlungsgesetzes regeln im Einzelnen die Grundsätze und das Verfahren der Notifikation sowie den Inhalt und die Form der Notifikationen der Absicht, eine Versammlung abzuhalten. Im Hinblick auf den Zweck dieser Ausarbeitung ist es notwendig, die Aufmerksamkeit auf zwei Punkte zu lenken, nämlich auf die Verpflichtung, in der Ankündigung „den Zweck der Zusammenkunft einschließlich einer Angabe der öffentlichen Angelegenheiten, die behandelt werden sollen" anzugeben (Artikel 10 Abs. 1 S. 3), und die Verpflichtung des Organisators, Datum, Uhrzeit und Ort des Beginns der Tagung, die voraussichtliche Dauer, die voraussichtliche Zahl der Teilnehmer und die mögliche Route der Versammlung mit Angabe des Ortes ihres Endes (Artikel 10 Abs. 1 S. 4) festzulegen.

10. Die Verpflichtung des Organisators der Versammlung, den Zweck der Versammlung mitzuteilen und die öffentlichen Angelegenheiten, die Gegenstand der Versammlung sein sollen, zu bestimmen, wird in der Fachliteratur damit begründet, dass „die Gemeindebehörde in die Lage versetzt werden soll, zu beurteilen, ob die geplante Versammlung nicht gegen die Freiheit der friedlichen Versammlung verstößt, nicht gegen das Strafrecht verstößt und nicht das Leben oder die Gesundheit von Personen oder Gütern erheblicher Größe gefährdet. Folglich ist die Definition der Ziele der Versammlung relevant für die Entscheidung der Stadtverwaltung, die Versammlung zu verbieten"[34]. Ohne die Bedeutung der Funktion der Notifikation zum Schutz des öffentlichen Interesses und der Rechte anderer zu vergessen, sei darauf hingewiesen, dass aus funktionalistischer Sicht die Forderung an den Organisator, Zweck und Gegenstand der Versammlung zu definieren, einen Eingriff in die Meinungsfreiheit in Angelegenheiten von öffentlicher Bedeutung darstellt. Diese Einmischung besteht darin, dass die zuständige öffentliche Behörde rechtlich befugt ist, die Ziele der Versammlung zu beurteilen, die darin bestehen können, gegen die staatliche oder lokale Politik zu protestieren, die angenommenen gesetzlichen Lösungen zu kritisieren usw., und somit eine Meinung zu einer Angelegenheit von politischer Bedeutung zu äußern. Die Beurteilung der Frage, ob der Zweck einer geplanten und daher zukünftigen Veranstaltung in Form einer öffentlichen Versammlung mit dem notifizierten Ziel und Gegenstand übereinstimmt, ist zweifellos ein Kriterium zur Beurteilung des vorausschauen-

---

34 *I. Gil-Retecka*, Versammlungsgesetz. Kommentar, LEX 2019, Kommentare zu Art. 10, Pkt. 3.

den Charakters, sowohl hinsichtlich der Auslegung des Zwecks und des Gegenstands der Versammlung (z. B. ob der Gegenstand der Versammlung unter den Begriff „öffentliche Angelegenheit" fällt) als auch hinsichtlich der rechtlichen Beurteilung der Frage, ob die geplante Versammlung mit dem notifizierten Ziel und Gegenstand eine Verletzung des öffentlichen Interesses darstellt. Die diesbezügliche Kontrolle der Bekanntmachung durch eine Behörde kann folglich als eine Form der präventiven Zensur qualifiziert werden, die verfassungsrechtlich nicht zulässig ist, da es sich letztlich um eine rechtliche Beurteilung der Frage handelt, ob die geplante Versammlung nach Auffassung der Behörde zu einer bestimmten öffentlichen Angelegenheit Stellung nehmen, d. h. ihre Meinung zu dieser Angelegenheit frei äußern kann. Diese Einmischung erscheint eher ungerechtfertigt, da die Behörde nur auf der Grundlage ihrer eigenen Beurteilung des Inhalts des Zwecks (Gegenstands) der geplanten Versammlung eine Verwaltungsentscheidung erlassen kann, die die Versammlung verbieten kann.[35] Die gesetzliche Ermächtigung der öffentlichen Behörde, ein Versammlungsverbot allein auf der Grundlage der in der Notifikation angegebenen Auslegung des Versammlungszwecks und der Prognose möglicher Gesetzesverstöße durch die Versammlung mit einem solchen Zweck zu erlassen, ist eindeutig unverhältnismäßig und beeinträchtigt die Versammlungsfreiheit als politische Freiheit, als Freiheit der Meinungsäußerung und letztlich als Freiheit der Kommunikation.

11. In der Anmeldung sollte der Organisator die Daten zum Verlauf der Versammlung angeben, insbesondere die Uhrzeit (Datum, Uhrzeit) und den Ort (Route). Die Beschaffung dieser Daten durch eine Behörde ist u. a. notwendig, um den Schutz der Teilnehmer an der Sammlung durch die unterstützenden Organe (Polizei) zu gewährleisten (Urteil des Verfassungsgerichtshofs vom 18.09.2014, K 44/12, OTK-A 2014/8, Punkt 92). Es ist jedoch zu beachten, dass Ort und Datum der geplanten Veranstaltung expressiver Natur sein können, d. h. sie können einen Standpunkt zu einer öffentlichen Angelegenheit zum Ausdruck bringen. Das Recht, eine Versammlung frei zu organisieren, schließt das Recht des Organisators ein, das Datum einer öffentlichen Versammlung frei zu wählen. Das Wesen der öffentlichen Debatte besteht darin, dass die Wahl des Datums einer öffentlichen Versammlung, um bestimmte Meinungen zum Ausdruck zu bringen, entscheidend für die politische und soziale Bedeutung der Versammlung sein kann. Der Staat kann zwar unter bestimmten Umständen die Durchführung einer Demonstration verweigern, wenn

---

35 Art. 14 Abs. 1 des Versammlungsgesetzes: „Ihr Inhalt verstößt gegen die Freiheit, sich friedlich zu versammeln, ihre Abhaltung verstößt gegen Art. 4 oder gegen die Regeln für die Organisation von Versammlungen oder der Zweck der Versammlung oder ihre Abhaltung verstößt gegen das Strafrecht."

dies mit Artikel 11 Abs. 2 vereinbar ist, er kann jedoch das Datum der von den Organisatoren geplanten Zusammenkunft nicht ändern.[36] Gleiches gilt für die freie Wahl des Versammlungsortes, da in der Wahl des öffentlichen Versammlungsortes seine politische und gesellschaftliche Bedeutung liegen kann. Die öffentliche Behörde ist nicht berechtigt, den Ort einer öffentlichen Versammlung willkürlich zu ändern.[37]

12. Erwähnenswert ist an dieser Stelle das Urteil des Verfassungsgerichtshofs, in dem das Gericht das im polnischen Recht geltende Meldesystem und insbesondere die Folgen der Nichteinhaltung der Meldepflicht durch den Veranstalter definiert hat. In dem Urteil in der Rechtssache K 44/12 heißt es: „Die Benachrichtigung über Versammlungen ist wichtig für die Information und spielt daher auch aus der Sicht des Einzelnen eine wichtige Garantiefunktion. Der Grund dafür ist, dass sie es den Behörden ermöglicht, Maßnahmen zu ergreifen, um die Ausübung der Freiheit der friedlichen Versammlung zu ermöglichen. Die Ankündigung der Absicht, ein Treffen an einem bestimmten Ort und zu einer bestimmten Zeit zu organisieren, verpflichtet die zuständigen Behörden, den Personen, die das Unternehmen organisieren und daran teilnehmen, Schutz zu gewähren. (...). Der Garantieaspekt der Anmeldung verbindet sich mit dem Aspekt einer Entscheidung über das Verbot des Zusammenkommens. Dies ist die Möglichkeit, die Einberufung und Abhaltung von Versammlungen zu verhindern, die eine reale Gefahr für das Leben oder die Gesundheit von Menschen darstellen oder die dazu bestimmt sind, erheblichen Sachschaden zu verursachen. In diesem Fall gibt die Notifikation den Behörden die Möglichkeit, die Art der Versammlung zu beurteilen und in Kenntnis der Sachlage zu entscheiden, dass sie unter den gegebenen Umständen nicht friedlich ist. Der Garantieaspekt besteht darin, dem Einzelnen die Möglichkeit zu geben, eine solche Entscheidung in einem entsprechend strukturierten Beschwerdeverfahren zu überprüfen. Es geht darum, rechtliche Garantien dafür zu schaffen, dass jede friedliche öffentliche Versammlung zu der von den Organisatoren vorgesehenen Zeit und an dem von ihnen vorgesehenen Ort stattfinden und von den staatlichen Behörden geschützt werden kann. (...). Eine Notifikation kann nicht als die Einreichung eines Antrags auf Erlaubnis zur Ausübung der Versammlungsfreiheit durch eine Einzelperson verstanden werden. Die Möglichkeit, von dieser Freiheit Gebrauch zu machen, ergibt sich aus dem Wesen der verfassungsmäßigen Freiheit, die ein Individuum genießt. Infolgedessen kann eine fehlende oder unterlassene Notifizierung oder eine unterlassene formelle Notifizierung für sich allein nicht dazu führen, dass eine öffentliche Versammlung für

---

36 Siehe des EGMR, Urt. v. 03.05.2007, Nr. 1543/06 (Bączkowski et al/Polen), Rn. 82.
37 *Mutatis mutandis*, EGMR, Urt. v. 03.05.2007, Nr. 1543/06 (Bączkowski et al/Polen), Rn. 82.

illegal erklärt wird. Andernfalls würde die Notifikation tatsächlich zu einer Bedingung für die Versammlung und würde die Möglichkeit ihrer Abhaltung bestimmen. Das Verfassungsgericht entschied, dass die Nichteinhaltung der Notifizierungsbedingung nicht dazu führen kann, dass die friedliche Versammlung als außerhalb des Verfassungsschutzes stehend betrachtet wird (siehe Urteil unter P 15/08, Teil III, Punkt 7.1). Diese Auffassung knüpft an die Rechtsprechung des EGMR an, in der ebenfalls darauf hingewiesen wurde, dass die Nichteinhaltung der Notifizierungspflicht keine ausreichende Voraussetzung dafür ist, eine Versammlung für illegal zu erklären.[38]

13. Das Recht auf freie Wahl von Ort und Zeit der Versammlung, das zum Kern der Versammlungsfreiheit gehört (Artikel 57 der Verfassung), wurde drastisch eingeschränkt, indem zyklischen Versammlungen der gesetzliche Vorrang der Wahl von Ort und Zeit der Versammlung eingeräumt wurde (Artikel 12 Abs. 1 Satz 2 des Versammlungsgesetzes). Mehr noch, wenn eine geplante Tagung an dem Ort und zu der Zeit stattfinden soll, an dem zyklische Tagungen stattfinden, dann ist die zuständige Gemeindebehörde verpflichtet, einen Beschluss über das Verbot der Tagung zu erlassen (Artikel 14 Abs. 3 des Gesetzes über Tagungen). Die obige Lösung kommt einem gesetzlichen Verbot gleich, öffentliche Versammlungen an den Orten und Terminen zyklischer Versammlungen abzuhalten. In Anbetracht des hochgradig symbolischen und ausdrucksstarken Charakters von Ort und Datum zyklischer Versammlungen zur Feier wichtiger und bedeutender Ereignisse in der Geschichte Polens schränken die angenommenen Lösungen die Freiheit der Wahl des Ortes und des Datums der Versammlung und damit die Freiheit der Meinungsäußerung zu diesen Ereignissen unverhältnismäßig ein und verhindern eine öffentliche Debatte in der Versammlung über damit zusammenhängende Fragen, einschließlich der Äußerung von Protest oder Unterstützung.

14. Die gesetzliche Maßnahme, die am stärksten in die Versammlungsfreiheit eingreift, ist das präventive Versammlungsverbot. Das Versammlungsverbot ist ein Instrument der Verwaltungspolizei in Form einer Verwaltungsentscheidung, die von einem für Versammlungen zuständigen Organ der öffentlichen Verwaltung erlassen wird. Gemäß der Bestimmung von Artikel 14 des Versammlungsgesetzes erlässt eine Gemeindebehörde spätestens 96 Stunden vor dem geplanten Datum der Versammlung einen Beschluss über das Verbot einer Versammlung unter folgenden Bedingungen: 1) Ihr Zweck verstößt gegen die Freiheit der friedlichen Versammlung, ihre Abhaltung verstößt gegen Artikel 4 oder die Regeln für die Organisation der Versammlung, oder der Zweck der Versammlung oder ihre Abhaltung verstößt gegen die strafrechtlichen

---

38 Vgl. EGMR, Urt. v. 17.07.2007, Nr. 25691/04 (Bukta et al/Ungarn).

Bestimmungen; 2) Ihre Abhaltung kann das Leben oder die Gesundheit von Personen oder Gütern von erheblicher Größe gefährden, auch wenn die Bedrohung in den in Artikel 12 oder Artikel 13 genannten Fällen nicht beseitigt worden ist; 3) Die Versammlung soll an dem Ort und zu der Zeit stattfinden, an dem zyklische Versammlungen nach Artikel 26a abgehalten werden. Hier ist nicht der Ort für eine Analyse dieser Verbotsgründe für eine Versammlung. Es genügt der Hinweis, dass erstens das Verbot der Versammlung wegen des in der Einberufung dargelegten Zwecks unverhältnismäßig erscheint und im Extremfall eine Form der verbotenen präventiven Zensur darstellt, zweitens jedoch, dass es im Falle eines Verstoßes des Veranstalters gegen Artikel 4 Abs. 1 des Versammlungsgesetzes gerechtfertigt ist. Da das Recht zur Abhaltung von Versammlungen nicht Personen gewährt wird, die nicht voll geschäftsfähig sind, ist es fragwürdig, was die Verletzung von Art. 4 Abs. 2 betrifft, wonach Personen, die Waffen, Sprengstoffe, pyrotechnische Gegenstände oder andere gefährliche Materialien oder Werkzeuge mit sich führen, nicht an den Versammlungen teilnehmen können. Dieser Zweifel ist dadurch begründet, dass sich die oben genannte Bestimmung, die eine Konkretisierung des friedlichen Charakters von Versammlungen darstellt (Art. 57 der Verfassung), auf den tatsächlichen Verlauf der Versammlung und nicht auf die Prognose ihres Stattfindens bezieht, nämlich ob es aufgrund der Einberufung der Versammlung höchst wahrscheinlich ist, dass die in Artikel 4 Abs. 2 genannten Personen an ihr teilnehmen werden; 4) Das Verbot einer Versammlung mit der Begründung, dass ihre Abhaltung gegen die „Regeln für die Organisation der Versammlungen" verstößt, widerspricht dem Grundsatz der Festlegung der verwaltungsrechtlichen Sanktion, die das genannte Verbot darstellt, da diese Sanktion nicht aus einem Verstoß gegen eine spezifische gesetzliche Bestimmung, sondern aus einem allgemeinen, nicht definierten Grundsatz der Organisation der Versammlungen resultiert. die in jeder Bestimmung des Gesetzes über Versammlungen enthalten sein kann; 5) Ein Verbot einer Versammlung aufgrund der in Artikel 14 Abs. 3 des Gesetzes über Versammlungen dargelegten Prämisse untergräbt unverhältnismäßig die Freiheit des Veranstalters, Zeit und Ort einer öffentlichen Versammlung zu bestimmen.

IX. Zusammenfassung

Die Versammlungsfreiheit ist im polnischen Recht die Freiheit, (öffentliche) Versammlungen frei zu organisieren, frei an diesen Versammlungen teilzunehmen und sich zu öffentlichen Angelegenheiten zu äußern. Die Verfassung der Republik Polen qualifiziert die Versammlungsfreiheit eindeutig als politische Freiheit, und das Funktionalisieren dieser politischen Freiheit durch gerichtliche Entscheidungen führt zu ihrer Anerkennung als Kommunikationsfreiheit und Freiheit der Meinung sowie Redefreiheit.

Die Versammlungsfreiheit ist die einzige unter den politischen Freiheiten, die Gegenstand einer so umfassenden und detaillierten administrativen und rechtlichen Regelung ist, die diese Freiheit konkretisiert und mitgestaltet und die die Ausübung dieser Freiheit durch die Berechtigten einschränkt. Sie regelt die Grundsätze und das Verfahren in Versammlungsangelegenheiten, die Rechtsformen der Tätigkeit der öffentlichen Verwaltung und ihre Zuständigkeit in diesen Angelegenheiten sowie die Rechtsmittel gegen Entscheidungen in Versammlungsangelegenheiten einschließlich der Rechtsmittel vor den Gerichten. Die Rechtsinstrumente der öffentlichen Verwaltung in Form von Verboten gegen Organisatoren und Teilnehmer der Versammlung sind im Prinzip dazu bestimmt, das öffentliche Interesse und die Rechte und Freiheiten anderer Personen zu schützen. Dies wird durch die Gründe für den Erlass eines Beschlusses zum Verbot der Versammlung oder zur Auflösung der Versammlung angegeben. Beide Arten von Entscheidungen betreffen jedoch nicht nur den Bereich der Organisations- und Teilnahmefreiheit an Versammlungen, sondern vor allem die Freiheit, politische Prozesse zu beeinflussen, sich an politischen Entscheidungen zu beteiligen und die öffentliche Meinung zu bilden (Versammlungsfreiheit als politische Freiheit), die Freiheit, zu öffentlichen Angelegenheiten gemeinsam Stellung zu nehmen oder zu debattieren (Versammlungsfreiheit als Meinungsfreiheit), oder die Freiheit der Teilnehmer, untereinander und mit Dritten zu kommunizieren (Versammlungsfreiheit als Kommunikationsfreiheit). Diese Umstände werden jedoch weder in ausreichendem Maße noch allgemein berücksichtigt, wenn Verwaltungsentscheidungen getroffen werden, die die Abhaltung einer anberaumten Versammlung verbieten oder die Auflösung der Versammlung beschließen.

Kommunikationsfreiheiten und Kommunikationsrechte im Verwaltungsrecht

von
Dieter Kugelmann, Mainz*

Inhalt

I. Grundlagen und Funktionen der Kommunikationsfreiheiten

In der freiheitlichen Demokratie bilden Kommunikationsfreiheiten zentrale und unverzichtbare Elemente. Sie gewährleisten die Freiheiten der Bürgerinnen und Bürger, ungehindert zu kommunizieren und damit an der Verwirklichung demokratischer und gesellschaftlicher Prozesse teilzuhaben. Kommunikation zwischen Bürgerinnen und Bürgern, aber auch die Kommunikation der Bürgerschaft mit dem Staat ermöglichen Partizipation an Entscheidungen, erleichterte Durchsetzung und Verwirklichung von Rechten, das Einbringen eigener Positionen in gesellschaftliche Diskussionen und damit die Verwirklichung sozialer Geltungsansprüche. Kommunika-

---

* *Dieter Kugelmann* ist Landesbeauftragter für den Datenschutz und die Informationsfreiheit Rheinland-Pfalz. Er ist zudem Professor für Öffentliches Recht mit Schwerpunkt Polizeirecht an der Deutschen Hochschule der Polizei.

tionsfreiheiten und auf ihnen beruhende Kommunikationsrechte tragen zur Selbstverwirklichung des Einzelnen dadurch bei, dass er oder sie sich äußern kann, sich zeigen kann und damit seine oder ihre Persönlichkeit in der von ihm oder ihr gewählten Definition nach außen darstellen kann.[1] Gelingt die effektive Realisierung kommunikativer Freiheit, trägt das zur Akzeptanz der Demokratie insgesamt in beträchtlichem Umfang bei. Akzeptiert wird die freiheitliche Demokratie gerade dann, wenn sie dem Einzelnen erlaubt, die eigene Personalität zu leben und auszudrücken. Kommunikationsfreiheiten verbürgen bestimmte Rechte, die in der Rechtsordnung und gerade auch im Verwaltungsrecht verankert sind. Diese sind durchsetzbar. Dergestalt verfügt der Einzelne über die Möglichkeit, seine soziale Selbstdarstellung gegenüber Hindernissen und Beschränkungen durchzusetzen. Autonomie ist ein entscheidender Wesenszug des Grundrechtsschutzes.[2]

In der digitalen Welt stellen sich für die Verwirklichung von freier Kommunikation immer neue Herausforderungen. Dieser seit längerem diskutierte Fragenkreis betrifft die Rolle der Intermediären wie insbesondere von sozialen Netzwerken ebenso wie die Beeinflussung der Kommunikation durch hochdynamische technische Entwicklungen.[3] Die öffentliche Diskussion findet nicht nur auf Straßen und Plätzen, in Vereinen und Verbänden vor Ort, sondern auch in sozialen Netzwerken statt. Die Nutzung digitaler Kommunikationsmittel hat durch die Erfordernisse der Kommunikation auf Distanz, die aus der Eindämmung der Corona-Pandemie im Jahr 2020 resultieren, weiteren Auftrieb erhalten. Ohne Zweifel sind die Kommunikationsfreiheiten auch hier von elementarer Bedeutung. Dieser unbestrittene Grundsatz stößt in der Realität allerdings auf Schwierigkeiten in der Umsetzung. Für die Verwirklichung werden Dienstleistungen und Unterstützungen durch private Unternehmen benötigt. Die großen Technologieunternehmen und Anbieter, vielfach mit Sitz in den Vereinigten Staaten von Amerika, sind Teil einer Reihe von Prozessen, in denen sich Kommunikationsfreiheit verwirklichen kann. Im Gegensatz zu staatlichen Einrichtungen stellt sich hier die Frage, welche Eigeninteressen diese Intermediären verfolgen. Diese Eigeninteressen sind oftmals wirtschaftlicher Natur. Zwar ist dies dem Grunde nach deshalb legitim, weil selbstverständlich private Unternehmen auch Gewinninteressen verfolgen. Jedoch eröffnet sich hier die Problematik, dass zur Realisierung von Gemeinwohlinteressen, nämlich dem Interesse an ungehinderter und freier Information, die Dienstleistungen von kommerziell orientierten Unternehmen in Anspruch genommen wer-

---

1 Vgl. zu den Ausprägungen des Persönlichkeitsrechts BVerfG, Beschl. v. 06.11.2019, 1 BvR 16/13, Rn. 82.

2 *G. Britz*, NVwZ 2019, 672 (673).

3 *B. Stark/M. Magin/P. Jürgens*, Ganz meine Meinung? Informationsintermediäre und Meinungsbildung – eine Mehrmethodenstudie am Beispiel von Facebook, 2017.

den müssen oder sollen.[4] Damit stellt sich die Frage der Regulierung der zwischengeschalteten Informationsmittler, der Intermediären, mit dem Ziel, die Ausübung der Kommunikationsfreiheiten der Bürgerinnen und Bürger in der Bundesrepublik Deutschland, in der Europäischen Union und ggf. global zu sichern.[5] Diese Herausforderungen stehen vor dem Hintergrund geänderter technischer Rahmenbedingungen oder sich ständig ändernder wirtschaftlicher Vorgaben. Die Gesetzgeber in der Bundesrepublik Deutschland und der Europäischen Union versuchen, mit dieser Dynamik Schritt zu halten, zuletzt mit der Anpassung der Rundfunkstaatsverträge.[6]

II. Strukturen und Ansatz von Kommunikationsfreiheiten

Kommunikationsfreiheiten folgen einem multifunktionalen Ansatz. Sie sind in einer Reihe von grundrechtlichen Verbürgungen angelegt oder sind Kern der Verbürgung.[7] Dabei spielt die mittelbare Drittwirkung eine große Rolle, weil in der digitalen Welt gerade im Verhältnis zwischen Privaten erhebliche Gefährdungspotenziale liegen.[8] Die rechtlichen und sozialen Wirkungen der Kommunikationsfreiheiten sind sowohl unmittelbarer wie mittelbarer Natur. Die unmittelbare Rechtsdurchsetzung des Einzelnen bringt ihm im Erfolgsfall einen unmittelbaren Vorteil oder verwehrt ihm im Misserfolgsfall diesen Vorteil, z. B. die Äußerung der Meinung oder die Löschung eines Inhaltes im Netz. In jedem Fall hat dies Auswirkungen auf die soziale Ausprägung von Kommunikation. Einmal ist die Art und Weise oder der Inhalt von Kommunikation rechtlich zulässig oder zumindest nicht verboten. Sind gewisse Äußerungen unzulässig oder kann ein Kommunikationsweg nicht beschritten werden, hat dies gleichermaßen gesellschaftliche Auswirkungen. Im Zusammenhang der Kommunikationsfreiheiten geht es demnach immer auch um die Voraussetzungen und sozialen Wirkungen der einschlägigen Grundrechte.

1. Unionsrecht

Das Unionsrecht ist ein Katalysator für die Digitalisierung des Rechts. Aufgrund seines grenzüberschreitend angelegten Charakters ist es potenziell besonders geeignet, grenzüberschreitende Informationsflüsse zu regeln. Das beste Beispiel sind die Umweltinformationen, die in der einschlägigen Richtlinie bereits zu einem frühen Zeitpunkt normiert wurden.[9] Dem Ein-

---

4 BVerfGE 149, 222 (Rn. 79).

5 Aus dem reichhaltigen Schrifttum *W. Beck*, DVBl. 2020, 253; *A. Ingold*, MMR 2020, 82; *R. Müller-Terpitz*, AfP 2017, 380; *R. Schütz*, MMR 2018, 36; *D. Wielsch*, JZ 2020, 105; *T. Wischmeyer*, AöR 143 (2018), 1.

6 *M. Cornils*, ZUM 2019, 89; *B. Paal*, MMR 2018, 567.

7 BVerfG, Beschl. v. 06.11.2019, 1 BvR 16/13, Rn. 82, 84 f.

8 BVerfG, Beschl. v. 06.11.2019, 1 BvR 16/13, Rn. 76 f.

9 *A. Guckelberger*, VerwArch 105 (2014), 411; *B. Wegener*, NVwZ 2015, (609).

zelnen werden in derartigen Zusammenhängen Rechte gegen die nationalen Verwaltungen zur Durchsetzung des Unionsrechts eingeräumt. Zugleich wird auf die innerstaatlichen Strukturen Einfluss genommen, um gemeinsame Mindeststandards und taugliche Mechanismen für ein digitales Europa zur Verfügung zu stellen. Aufgrund der vorhandenen Kompetenzen der Europäischen Union wird insbesondere der Verfahrensaspekt betont.

Das Recht der Europäischen Union als Recht des europäischen Gemeinsamen Marktes hat vielfältige Bezüge zu dem Austausch und der Übermittlung von Informationen in wirtschaftlichen Zusammenhängen. Die Verwirklichung des digitalen Binnenmarktes ist ein zentraler Gesichtspunkt für die politischen Aktivitäten der Europäischen Union auf dem Gebiet der Digitalisierung.[10] In diesem Zusammenhang steht aus der Sicht des europäischen Gesetzgebers auch die Datenschutz-Grundverordnung, die zu einer Vertrauensbasis für die digitale Wirtschaft beitragen soll, um deren Wachstum im Binnenmarkt zu befördern (Erwägungsgrund 7 der DS-GVO).[11] Die Regelungen der Datenschutz-Grundverordnung, die Kommunikation in der digitalen Welt erfassen, legen wesentliche Grundzüge und insbesondere zentrale Rechte des Einzelnen europaweit fest.[12] Die Festlegung materieller Rechtspositionen zur Wahrung des Grundrechtsschutzes geht einher mit der Betonung der effektiven Durchsetzung dieser Rechtspositionen, die eine zentrale Aufgabe der Datenschutzaufsichtsbehörden ist.[13] Ziel ist zugleich die Eröffnung der Freiheit des Verkehrs mit personenbezogenen Daten (Art. 1 Abs. 1 DS-GVO). Im Hinblick auf nicht personenbezogene Daten existieren ebenfalls Regelungen, die diesem Ziel dienen.[14]

Die Erkenntnis, dass die Europäische Union sich im globalen Wettbewerb der Informationsordnungen im Verhältnis insbesondere zu China und den USA mit einem spezifischen europäischen Ansatz behaupten muss, führt zu einem selbstbewussten Konzept des freien Datenverkehrs unter Beachtung von Datenschutz und Datensicherheit. Die Gestaltung und Weiterentwicklung des Rahmens für diese europäische Konzeption ist eine der spannenden Gegenwartsaufgaben. Die Europäische Kommission hat die Strategie

---

10 *I. Conrad/D. Hausen*, in: A. Auer-Reinsdorff/I. Conrad (Hrsg.), Handbuch IT- und Datenschutzrecht 3. Auflage 2019, § 36 Rn. 39 f.

11 Verordnung (EU) 2016/679 des Europäischen Parlaments und des Rates vom 27.04.2016 zum Schutz natürlicher Personen bei der Verarbeitung personenbezogener Daten, zum freien Datenverkehr und zur Aufhebung der Richtlinie 95/46/EG (Datenschutz-Grundverordnung), ABl. 2016 L 119, S. 1.

12 *G. Sydow*, in: ders. (Hrsg.), Europäische Datenschutzgrundverordnung, 2. Auflage 2018, Einleitung Rn. 113.

13 *D. Kugelmann*, in: R. Schwartmann/A. Jaspers/G. Thüsing/D. Kugelmann (Hrsg.), DS-GVO/BDSG, 2. Aufl. 2020, Art. 51 Rn. 19, 39.

14 Verordnung (EU) 2018/1807 des Europäischen Parlaments und des Rates vom 14. November 2018 über einen Rahmen für den freien Verkehr nicht-personenbezogener Daten in der Europäischen Union, ABl. L 303, S. 59.

des digitalen Binnenmarktes in das überwölbende Konzept einer digitalen Agenda für die Europäische Union überführt. Eine Datenstrategie hat sie am 19. Februar 2020 vorgelegt.[15] Ein Ziel ist darin die Ausstattung des Bürgers mit Fähigkeiten und Rechten, um an den digitalen Vergünstigungen und Freiheiten teilhaben zu können. Ungeachtet des wirtschaftsbezogenen Ausgangspunkts verfolgt die Kommission einen Ansatz, der auch Individualrechte beinhaltet, die allerdings im Kontext des Marktes und des Wettbewerbs gesehen werden.

2. Verfassungsrecht

Kommunikationsfreiheiten werden durch das Verfassungsrecht gewährleistet, der schillernde Begriff selbst ist deskriptiv zu verstehen. Eine normative Festlegung der Kommunikationsfreiheiten als solcher ist dem Grundgesetz nicht zu entnehmen. Zweifellos stehen die Freiheiten des Art. 5 GG im Vordergrund. Aber auch weitere Freiheitsrechte haben Kommunikationsbezüge, etwa die Glaubensfreiheit (Art. 4 GG), die auch die Selbstverwirklichung in und mit der Religion umfasst. Die Versammlungsfreiheit des Art. 8 GG steht in einer offenen Gesellschaft im Kontext der Kommunikation und der Realisierung einer gesellschaftlichen Diskussion. Die Vereinigungsfreiheit des Art. 9 GG ist auch die Freiheit, als Vereinigung kommunikativ tätig zu werden, um eigene Positionen zu vertreten. Das Handbuch der Grundrechte fasst dementsprechend in Band IV/1 unter den Schutz kommunikativen Handelns die Grundrechte auf Meinungsfreiheit, Informationsfreiheit, Freiheit von Presse und Film, Rundfunkfreiheit, Versammlungsfreiheit sowie Vereinigungsfreiheit.[16] In der digitalen Welt von erheblicher Bedeutung ist auch Art. 10 GG, denn das Fernmeldegeheimnis oder Telekommunikationsgeheimnis erlaubt dem Einzelnen, seine ungestörte und vertrauliche Kommunikation zu verteidigen.[17] Diese und viele weitere Bezüge der genannten Grundrechte sind auf Kommunikation gerichtet. Kommunikationsfreiheit als Oberbegriff enthält eine Unschärfe, die durch die konkrete Interpretation des einzelnen Grundrechts aufgelöst wird.

Aus Art. 2 Abs. 1 i. V. m. Art. 1 Abs. 1 GG folgt das Grundrecht auf informationelle Selbstbestimmung.[18] Eine spezifische Entfaltung bildet das Grundrecht auf Vertraulichkeit und Integrität informationstechnischer Systeme.[19] Informationelle Selbstbestimmung ist Teil der sozialen Kommunikation und steht in engem Zusammenhang zur effektiven Wahrnehmung des allgemeinen Persönlichkeitsrechts sowie zur Meinungs- und Informations-

---

15 KOM (2020) 66 final vom 19.02.2020.

16 D. Merten/H.-J. Papier (Hrsg.), Handbuch der Grundrechte, Bd. IV/1, 2011, §§ 102 bis 107.

17 *M. Pagenkopf*, in: Sachs (Hrsg.), Grundgesetz, 8. Aufl. 2018, Art. 10 Rn. 6.

18 BVerfGE 65, 1.

19 BVerfGE 120, 274.

freiheit.[20] Kommunikation ist Teil der Entfaltung der Persönlichkeit.[21] Dies hat in der Informationsgesellschaft zentrale Bedeutung für Selbstdefinition und Selbstbehauptung der Bürgerinnen und Bürger. Die Kommunikationsfreiheiten sichern dem Einzelnen eine aktive Stellung in der digitalisierten Gesellschaft und verleihen ihm Rechte, um seine individuellen Positionen durchzusetzen.

3. Verwaltungsrecht

Das Verwaltungsrecht hat mitprägende Wirkung für die Kommunikationsordnung.[22] Darauf hat sich die öffentliche Verwaltung in vielfältiger Weise einzustellen.[23] Verwaltung in der Informationsgesellschaft, die digitale Mittel und Wege nutzt oder deren Nutzung zulässt, ist zum einen Folge gesellschaftlicher Entwicklungen. Der Antrag über das Internet wird erwartet, wenn Bürgerinnen und Bürger eine Vielzahl von sonstigen Vorgängen und Dienstleistungen über das Internet erledigen können. Zum anderen regelt das Verwaltungsrecht Kommunikation in der Informationsgesellschaft, indem etwa mit dem Netzwerkdurchsetzungsgesetz die Verantwortung und die Pflichten der Intermediären in bestimmten Zusammenhängen festgeschrieben werden (s. u. V. 2).[24] Der gestaltende Charakter der Kommunikationsfreiheiten wird hier besonders deutlich.[25] Vor diesem Hintergrund ist eine Modernisierung und zugleich Bürgerzentrierung der einschlägigen verwaltungsrechtlichen Regelungen eine Aufgabe von brennender und dauerhafter Aktualität. Die Gesetzgeber sind dem bereits gerecht geworden, indem eine Reihe von verwaltungsrechtlichen Vorschriften den Gegebenheiten der digitalen Welt angepasst wird. Dennoch steht diese Entwicklung erst am Anfang.

Im Verhältnis zum Staat spielen verwaltungsrechtliche Regelungen, die die Freiheit der Kommunikation berühren oder formen, eine wesentliche Rolle.[26] Vor dem Hintergrund einer transparenteren Verwaltung können

---

20 *M. Albers*, Umgang mit personenbezogenen Informationen und Daten, in: W. Hoffmann-Riem/E. Schmidt-Aßmann/A. Voßkuhle (Hrsg.), Grundlagen des Verwaltungsrechts, Bd. 2, 2. Aufl. 2012, § 22 Rn. 70 ff.

21 Vgl. *H. Bethge*, in: M. Sachs (Hrsg.), Grundgesetz, 8. Aufl. 2018, Art. 5, Rn. 22

22 *G. Britz*, Elektronische Verwaltung, in: W. Hoffmann-Riem/E. Schmidt-Aßmann/A. Voßkuhle (Hrsg.), Grundlagen des Verwaltungsrechts, Bd. 2, 2. Aufl. 2012, § 26.

23 *A. Guckelberger*, Öffentliche Verwaltung im Zeitalter der Digitalisierung, 2019.

24 Netzwerkdurchsetzungsgesetz v. 01.09.2017, BGBl. I S. 3352, das durch Artikel 274 der Verordnung vom 19.06.2020, BGBl. I S. 1328 geändert worden ist; *K.-H. Ladeur*, K&R 2020, 248; *L. I. Löber/A. Roßnagel*, ZD 2019, 71.

25 *M. Eifert*, NJW 2017, 1450; *A. Lang*, AöR 143 (2018), 220.

26 *C. Gusy*, Informationsbeziehungen zwischen Staat und Einzelnem, in: W. Hoffmann-Riem/E. Schmidt-Aßmann/A. Voßkuhle (Hrsg.), Grundlagen des Verwaltungsrechts, Bd. 2, 2. Aufl. 2012, § 23.

dem Bürger individuelle Rechte eingeräumt werden.[27] Der Bürger tritt in Kommunikationsbeziehungen mit der Verwaltung, wenn er entsprechende Verfahren in Gang bringt. Aus anderer Interessenlage heraus wollen Bürgerinnen und Bürger Informationen von der Verwaltung erhalten und werden insoweit aktiv. Die speziellen Regelungen der einschlägigen Gesetze verwirklichen die Implementierung und Ausgestaltung der Kommunikationsfreiheit im Verhältnis des Staates zum Bürger.

4. Begrenzen oder Verwehren von Information durch die Verwaltung

Im Zusammenhang der Kommunikationsbeziehung zwischen Bürger und Staat geht es nicht nur um die Eröffnung von Kommunikation und den Zugang zu Informationen, sondern umgekehrt auch um das Begrenzen des Zugangs zu Informationen oder um die Verwehrung der Information insgesamt durch die Verwaltung, die über Informationen verfügt. Der Grund für die Begrenzung kann in öffentlichen oder privaten Interessen liegen, jedenfalls ist das Begrenzen aber der Begründung bedürftig.[28] Als öffentliches Interesse kommt etwa die Funktionsfähigkeit der Verwaltung in Betracht. Die Kommunikationsrechte einer Person können ebenfalls dem Informationsinteresse einer anderen Person oder des Staates entgegenstehen.

Das Verwehren der Erteilung von Information durch eine staatliche Stelle in einem Verwaltungsverfahren kann durch entgegenstehende Rechtspositionen dritter Personen gerechtfertigt sein, deren Rechte von der Behörde geschützt werden müssen. Dies ist etwa der Fall des Datenschutzes. Wenn also in dem Verfahren personenbezogene Daten Dritter betroffen sind, hat die Behörde regelmäßig abzuwägen und zu entscheiden, ob und wie diese Daten übermittelt werden können. Eine Offenlegung kann dann unzulässig sein, wenn im Rahmen der Interessenabwägung die Interessen der Dritten an der Geheimhaltung überwiegen. Ein weiterer Grund für das Verwehren von Informationen ist das Urheberrecht. Urheberrechtliche Vorgaben können verhindern, dass etwa bestimmte geistige Schöpfungen im Zusammenhang von Verwaltungsverfahren ohne weiteres an einen Antragsteller herausgegeben werden können.

Im Verwaltungsrecht bestehen spezielle Vorschriften für den Geheimnisschutz.[29] Der Begriff des Geheimnisschutzes ist insoweit relativ, als jede Person selbst bestimmen kann, welche Informationen über sie geheim und welche öffentlich sein sollen. Der Gesetzgeber kann aber dann abstrakt-

---

27 *R. Gröschner/J. Masing*, Transparente Verwaltung – Konturen eines Informationsverwaltungsrechts, in: VVDStRL 63 (2004), 344 bzw. 377; *M. Rossi*, Informationszugangsfreiheit und Verfassungsrecht, 2004.

28 *D. Kugelmann*, Die informatorische Rechtsstellung des Bürgers, 2001, S. 22 f.

29 Allgemein *M. Jestaedt*, AöR 126 (2001), 204.

generelle Regelungen treffen, wenn typischerweise als sensibel einzustu-
fende Daten in Verfahren verarbeitet werden.[30] Solche Regelungen dienen
der effektiven Aufgabenerfüllung gerade auch im Kontext von Massenver-
fahren. In derartigen Konstellationen hat der Gesetzgeber klargestellt, dass
bestimmte Informationen einem erhöhten und erweiterten Schutz unterliegen. Damit ist die Verwaltung gehindert, diese Informationen herauszuge-
ben. Das Steuergeheimnis des § 30 Abgabenordnung oder das Sozialge-
heimnis des § 35 SGB I sind die wichtigsten Beispiele hierfür. Jeweils geht
es um besonders sensible Daten, die eng die Privatheit berühren und deshalb besonders geschützt sind. Ziel des Geheimnisschutzes ist zum einen
die Funktionsfähigkeit der Verwaltung, zum anderen aber insbesondere der
Schutz der personenbezogenen Daten von betroffenen Personen, die hier ein
Geheimnis dem Staat kundgetan haben.

Vorschriften des Geheimschutzes spielen zumal dann eine Rolle, wenn
sie Interessen Dritter schützen. In einem Verfahren des Bürgers mit der Verwaltung wird es häufig auch um Informationen von und über Dritte gehen.
Im Zusammenhang des Datenschutzes oder des Urheberrechtes ist dies häufig der Fall. Dann stehen die Möglichkeiten, die der Verwaltung im Hinblick
auf die Begrenzung von Informationszugang zukommen, im Kontext des
Schutzes der gesetzlich vorgesehenen Interessen der Dritten. Von großer
praktischer Bedeutung ist das Verwehren des Zugangs zu Informationen
der Verwaltung, um Betriebs- und Geschäftsgeheimnisse Dritter zu schützen. Das Berufs- und Geschäftsgeheimnis ist nunmehr auch durch eine
Richtlinie der EU geschützt.[31] Diese ist im Geschäftsgeheimnisgesetz umgesetzt worden.[32] Damit besteht ein europarechtlich fundierter Schutz von
Berufs- und Geschäftsgeheimnissen, der auch im grenzüberschreitenden
Wirtschaftsverkehr eine Rolle spielt.

III. Rechte des Einzelnen auf und in der Kommunikation mit dem Staat

Der Bürger verfügt über individuelle Rechte, ohne zu begründenden Anlass
die Kommunikation mit der Verwaltung zu eröffnen. Hier geht die Initiative
von dem Einzelnen aus. Bürger und Bürgerinnen wollen aktiv Informationen von staatlichen Stellen. Damit wird regelmäßig durch einen Antrag das
Kommunikationsverhältnis begründet, das für die Ausübung von Rechten
eine unterstützende Funktion haben kann. Denn der Einzelne benötigt oftmals Informationen, um seine von der Rechtsordnung gewährleisteten
Rechte geltend zu machen. Die Übermittlung von Informationen durch die

---

30 *G. Sydow*, Die Verwaltung 38 (2005), 35.
31 *M. Goldhammer*, NVwZ 2018, 1809; *G. Wiebe*, Der Geschäftsgeheimnisschutz im Informations-
    freiheitsrecht, NVwZ 2019, 1705.
32 BGBl. 2019 I, 466; dazu *M. Dann/J. W. Markgraf*, NJW 2019, 1774.

Verwaltung an den Bürger kann erforderlich sein, um die ihm zustehende Rechtsausübung etwa in einem gerichtlichen Verfahren oder einem Rechtsstreit zu ermöglichen. Die Ausübung von Kommunikationsrechten kann aber nicht nur unterstützenden, sondern auch eigenständigen Charakter tragen. Hier ist ihr Ziel insbesondere die Verbreiterung von Wissen. Beispiele sind etwa das Archivrecht oder die Kenntnisnahme von Geodaten.[33]

1. Informationsfreiheit

Der prägendste Fall eines vom Bürger ausgehenden Begehrens, Zugang zu staatlichen Informationen zu erhalten, ist das Geltendmachen eines subjektiven Rechts auf Information. Informationsfreiheit als Informationszugangsfreiheit ist in der staatlichen Ordnung der Bundesrepublik Deutschland weitreichend verankert.[34] Aus verwaltungsgeschichtlicher Sicht geht es um die Öffnung staatlicher Arkansysteme.[35] Die wichtigsten Regelungen, die Rechte auf Zugang zu Informationen der Verwaltung gewährleisten, sind die Informationsfreiheitsgesetze bzw. Transparenzgesetze des Bundes und der Länder. Die Informationsfreiheit konkretisiert sich als Informationszugangsfreiheit.[36] Gegenstand sind vorhandene Informationen, die der Verwaltung vorliegen. Ein Anspruch auf Sammeln und Erheben neuer Informationen besteht regelmäßig nicht. Die Informationen, die der Verwaltung vorliegen, sind potenziell Gemeingut.[37] Denn das Verfügen über Informationen ist für die Verwaltung kein Selbstzweck, sondern dient ihrer Aufgabenerfüllung und steht im Zusammenhang allgemeiner Pflichten und Rechte.[38]

Das Informationsfreiheitsgesetz des Bundes sowie die einschlägigen Informationsfreiheits- und Transparenzgesetze der Länder eröffnen weitreichende Rechte, Zugang zu Informationen zu verlangen, die staatlichen bzw. öffentlichen Stellen zur Verfügung stehen. Das voraussetzungslose Individualrecht jeder und jedes Einzelnen auf Informationen ist gesetzlich verankert. Es ist deshalb voraussetzungslos, weil sein Sinn und Zweck nicht nur die Befriedigung individueller Interessen ist, sondern zugleich die Gestaltung offener Verwaltung in der Demokratie.[39] Die Informationsfreiheit ist auch die Freiheit demokratischer Teilhabe. Dies erklärt, warum keine Begründung erforderlich ist. Nicht der Bürger ist begründungspflichtig, wenn er Informationen von staatlichen Stellen will. Die öffentlichen Stellen

---

33 *M. Rossi*, Rechtliche Grundlagen der Zugänglichkeit geologischer Daten, 2016.

34 *F. Schoch*, in: ders., Informationsfreiheitsgesetz, 2. Aufl. 2016, Einleitung Rn. 1 ff.

35 *B. Wegener*, Der geheime Staat, 2006, S. 3 ff.

36 *M. Rossi*, Informationszugangsfreiheit und Verfassungsrecht, 2004.

37 *A. Scherzberg*, Die Öffentlichkeit der Verwaltung, 2000.

38 *J. Masing/R. Gröschner*, Transparente Verwaltung – Konturen eines Informationsverwaltungsrechts, in: VVDStRL 63 (2004), 377.

39 *M. Hong*, NVwZ 2016, 953; *D. Kugelmann*, Die informatorische Rechtsstellung des Bürgers, 2001, S. 35.

sind vielmehr begründungspflichtig, wenn sie die Informationen verwehren wollen. Einfache Anfragen sind daher gebührenfrei. Denn Gebühren könnten abschreckenden Charakter einnehmen, der vermieden werden soll.

Die Informationsfreiheit trägt doppelfunktionalen Charakter.[40] Ein Anspruch, der vorgetragen wird, ist zunächst die Ausübung individueller Freiheit. Eine Person beansprucht Informationen einer staatlichen Stelle, auf die sie grundsätzlich ein Recht hat. Es ist dann Aufgabe der staatlichen Stelle abzuwägen, ob Gegengründe überwiegen. Gegenläufige öffentliche Interessen können einer Weitergabe von Informationen entgegenstehen. In einschlägigen Regelungen ist regelmäßig von der Funktionsfähigkeit des Staates oder dem Schutz der Vertraulichkeit von Beratungen die Rede. Diese Tatbestände dürfen allerdings nicht überspannt werden. Das Geltendmachen eines individuellen Anspruchs auf Informationen bezweckt neben der Verwirklichung subjektiver Rechte zugleich die Öffnung der Verwaltung. Das Einräumen der Möglichkeit, Informationen zu erlangen, hat die Funktion, die Transparenz der Verwaltung sowie ihre Akzeptanz bei den Betroffenen zu steigern.[41] Ein individuell erfolgreicher Anspruch führt zugleich dazu, dass die Verwaltung offener wird und transparenter arbeitet. Damit sind zwei Funktionen erfüllt.

In der Konsequenz dieses doppelfunktionalen Ansatzes liegt es, dass Informationen, die aufgrund eines individuellen Anspruches herausgegeben werden müssen, auch generell veröffentlicht werden können. Dies ist in einigen Gesetzen ausdrücklich vorgesehen. Die Transparenzgesetze, die in mehreren Ländern der Bundesrepublik Deutschland vorhanden sind, gehen über die Informationsfreiheitsgesetze insoweit hinaus, als sie Plattformen schaffen, mit denen im Internet Informationen der Verwaltung zur Verfügung gestellt werden können und teilweise müssen. Hier wird die Zivilgesellschaft ermächtigt, sich angemessen zu informieren und damit wird der offenen Demokratie Raum gegeben. Teilweise bestehen sogar Pflichten der Verwaltung, bestimmte Informationen zu veröffentlichen. Das Verwaltungsrecht verpflichtet damit die Verwaltung, offen und transparent zu agieren, indem sie entsprechende Dokumente auf der Plattform zur Verfügung stellt. Die Transparenzgesetze führen dazu, dass von vornherein eine offene und transparente Zugänglichmachung der einschlägigen Informationen mit bedacht wird. Dies kann im Rahmen einer effektiven Verwaltungsorganisation und von vorausschauenden Verwaltungsabläufen abgebildet werden. Werden etwa entsprechende Dokumente von vornherein markiert und entsprechend maschinenlesbar verarbeitet, erleichtert dies die Veröffentlichung und Publikation.

---

40 *D. Kugelmann*, Die informatorische Rechtsstellung des Bürgers, 2001, S. 374.

41 *G.-J. Ostermann*, Transparenz und öffentlicher Meinungsbildungsprozess, 2019.

Die Transparenz der Verwaltung bewirkt sowohl Selbstkontrolle wie Fremdkontrolle. Die Selbstkontrolle geht dahin, dass die Verwaltung ihre Aktenführung entsprechend einrichten kann und soll. Hier geht es darum schon bei der Behandlung von Anträgen und der Führung von Akten im Blick zu haben, dass Informationen nachgefragt werden können. Dies führt zu einer Stärkung des Selbstverständnisses als bürgerorientierte Verwaltung in der Demokratie. Die Fremdkontrolle durch den Bürger führt dazu, dass von außen mittels Anfrage oder Antrag auf die Verwaltung eingewirkt wird. Die Transparenzgesetze sind Ausdruck einer funktionierenden Zivilgesellschaft.

Die Regelungen der Bundesrepublik Deutschland zu Informationsfreiheit und Transparenz sind verfassungsrechtlich motiviert. Die Grundrechte wirken jeweils in ihrer verfahrensrechtlichen Dimension.[42] Das Grundrecht auf Informationsfreiheit des Art. 5 Abs. 1 S. 1 Hs. 2 GG gewährleistet ein Recht auf Zugang zu allgemein zugänglichen Informationsquellen.[43] Dazu zählen nach neuerer Rechtsprechung auch die amtlichen Informationen, die gesetzlich zur Zugänglichkeit bestimmt sind und insoweit besteht dann ein grundrechtlicher Anspruch.[44] Damit hat das Bundesverfassungsgericht den Anwendungsbereich des Art. 5 Abs. 1 S. 1 Hs. 2 GG auf die Informationen erweitert, die nach den Informationsfreiheits- und Transparenzgesetzen zugänglich gemacht werden sollen. Den Schritt zu einem allgemeinen grundrechtlichen Anspruch auf Information gegen die Verwaltung jenseits gesetzlicher Maßgaben ist es nicht gegangen.

Darüber hinaus bestehen europarechtlich fundierte Vorgaben für das Recht der Umweltinformation. Die vom Unionsrecht geprägte Rechtsmaterie hat das innerstaatliche Informationsrecht erheblich geprägt. Die Richtlinie zu Umweltinformationen war ein früher Ursprung und Anschub für die Öffnung des Informationszugangs.[45] Hier wird für eine bestimmte Art von Informationen ein weitreichendes Recht europaweit eingeführt. Zwar ist das Recht sektoral begrenzt, aber angesichts des weiten Begriffes der Umweltinformationen haben die einschlägigen Bestimmungen doch einen sehr großen Anwendungsbereich.

Eine spezifische Materie ist das Verbraucherinformationsrecht. Hier geht es insbesondere um privatrechtliche Zusammenhänge, die durch behördliche Informationen beeinflusst werden. Verbraucherschutz soll auch dadurch gesichert werden, dass der Einzelne über hinreichende Informationen verfügt. Ein jüngstes Beispiel sind die Initiativen einer Nichtregierungs-

---

42 *D. Kugelmann*, Die informatorische Rechtsstellung des Bürgers, 2001, S. 48.

43 BVerfGE 103, 44 (60).

44 BVerfGE 145, 365 (Rn. 20).

45 *F. Schoch*, Die Europäisierung des Umweltinformationsrechts, in: A. Dix/G. Franßen/M. Kloepfer/P. Schaar/F. Schoch/A. Voßhoff/D. Kugelmann (Hrsg.), Informationsfreiheit und Informationsrecht, Jahrbuch 2017, 65 (67).

organisation zur Abfrage der Ergebnisse von Hygienekontrollen, die staatlichen Stellen vorliegen. Mit der sogenannten Aktion „Topfsecret" wird der Transparenzcharakter des Verbraucherinformationsrechts besonders herausgearbeitet. Durch eine entsprechende technische Lösung, die einfach und schnell funktioniert, war eine derartige Abfrage möglich und wurde dementsprechend in hoher Quantität auch durchgeführt. Inhaltlich wurden gegenüber den zuständigen Behörden die Ergebnisse von Gutachten abgefragt, mit denen bestimmte Restaurants oder sonstige Einrichtungen der Ernährungsversorgung untersucht wurden. Das Projekt „Topfsecret" hat zu erheblichen Diskussionen geführt, ob und inwieweit das Verbraucherinformationsrecht insoweit entsprechende Informationen zugänglich machen kann und soll. Das Bundesverwaltungsgericht hat klargestellt, dass die entsprechenden Vorschriften des VIG weit auszulegen sind.[46] Daher sind die Anfragen der Aktion „Topfsecret" als zulässig zu bewerten.[47]

2. Proaktive Publikation von Informationen

An die Seite der subjektiven Informationsrechte des Einzelnen treten Informationspflichten staatlicher Stellen. Nach den Informationsfreiheitsgesetzen und Landestransparenzgesetzen sind bestimmte öffentliche Stellen dazu verpflichtet, proaktiv Informationen kundzutun. Die Transparenzplattformen sind das Instrument, um diese Publikationspflichten zu erfüllen. Die öffentlichen Stellen der betroffenen Länder müssen bestimmte Informationen auf der einschlägigen Transparenzplattform zur Verfügung stellen. Damit ist der voraussetzungslose, kostenfreie und begründungslose Anspruch des Einzelnen ohne weiteres zu gewährleisten. Hier handelt es sich dann um einen Anspruch auf Erfüllung der Rechtspflicht generell. In eine ähnliche Richtung weist das E-Government-Gesetz. Die Open-Data-Regelung der §§ 12a, 19 E-Government Gesetz (Bund) stellt eine Verpflichtung auf, strukturierte und unbearbeitete Daten zu veröffentlichen.[48] Sie ist am 13.7.2017 in Kraft getreten.[49]

Gerade im Zusammenhang der proaktiven Zurverfügungstellung von Informationen wird besonders deutlich, dass die Informationsfreiheit doppelfunktionalen Charakter aufweist. Zum einen erfüllt sie die Funktion, die Ausübung individueller Freiheit zu sichern. Zum anderen geht es aber auch um die Wahrung der Demokratie durch Transparenz der Verwaltung. Jeder einzelne Antrag, der Erfolg hat, öffnet die Verwaltung ein Stück mehr. Denn die zugänglich gemachten Informationen sind als zugangsfähig eingeschätzt. Die zuständige Stelle hat die Gegenrechte nicht als überwiegend

---

46 BVerwG, Urt. v. 29.08.2019, 7 C 29.17, NJW 2020, 1155.
47 BayVGH, Urt. v. 15.04.2020, 5 CS 19.2087, BayVBl. 2020, 454.
48 *H. Richter*, NVwZ 2017, 1408.
49 Erstes Gesetz zur Änderung des E-Government-Gesetzes v. 05.07.2017, BGBl. I, 2206.

eingestuft und damit klargestellt, dass die Information, die der Einzelne nunmehr erhält, ohne weiteres auch der Öffentlichkeit insgesamt zugänglich gemacht werden kann. Konsequent sind daher Regelungen, die dann die öffentliche Stelle dazu anhalten, derartige Informationen auf die Plattform zu stellen (§ 7 Abs. 1 Nr. 14 TranspG RP).

Das allgemeine Informationsfreiheitsrecht, das Umweltinformationsrecht und das Verbraucherinformationsrecht bilden einen informationsrechtlichen Kontext, der dem Bürger vielfältige Rechte einräumt. Zwar ist eine gewisse Unübersichtlichkeit der Gesetzeslage eingetreten.[50] Dieser wird in einigen Ländern wie Rheinland-Pfalz und Schleswig-Holstein mit der Fusionierung des Landes-UIG mit dem Informationsfreiheitsgesetz begegnet. Dem Grunde nach beruhen aber die gesetzlichen Vorschriften auf der Grundstruktur, den Bürgerinnen und Bürgern den Zugang zu staatlichen Informationen möglichst einfach und niedrigschwellig zu ermöglichen.

3. Verfahrensgebundene Kommunikation

Kommunikation zwischen Bürgern und Verwaltung ist regelmäßig verfahrensgebunden.[51] Der Prozess der Kommunikation wird mit einem Antrag des Bürgers eröffnet, der zum Ziel hat, eine ihn begünstigende Entscheidung der Verwaltung herbeizuführen. Hier beginnt der Kommunikationsprozess, der regelgeleitet zu einer Entscheidung führt. Die Behörde kann auch von Amts wegen ein Verfahren beginnen, wenn sie etwa Kenntnis von einem möglichen Rechtsverstoß des Bürgers erlangt.[52]

Der Kommunikationsprozess findet nach den Maßgaben des Verwaltungsverfahrens statt. Das Verwaltungsverfahrensrecht ist in diesem Sinne Kommunikationsdurchführungsrecht. Die Beteiligten und Betroffenen werden als aktive Subjekte des Verwaltungsverfahrens betrachtet und sind mit Rechten ausgestattet.[53] Der Bürger macht individuelle Interessen geltend, möchte Leistungen des Staates in Anspruch nehmen oder die Erlaubnis zur Durchführung der von ihm gewünschten Vorhaben erhalten. Die zugrundeliegenden Interessen hat er geltend zu machen. Die kommunikationsbezogenen Rechte, die der Einzelne in Anspruch nimmt, sind zumeist an das Vorliegen bestimmter Voraussetzungen gebunden. Im Verwaltungsverfahrensrecht ergibt sich regelmäßig die Notwendigkeit, das berechtigte Interesse vorzutra-

---

50 *D. Kallerhoff/T. Mayen*, in: P. Stelkens/H. J. Bonk/M. Sachs (Hrsg.), Verwaltungsverfahrensgesetz, 9. Aufl. 2018, § 29 Rn. 20b.

51 *C. Gusy*, Informationsbeziehungen zwischen Staat und Einzelnem, in: W. Hoffmann-Riem/E. Schmidt-Aßmann/A. Voßkuhle (Hrsg.), Grundlagen des Verwaltungsrechts, Bd. 2, 2. Aufl. 2012, § 23 Rn. 32 ff.

52 *M. Heßhaus*, in: J. Bader/M. Ronellenfitsch (Hrsg.), Beck-OK VwVfG, 47. Ed. 2020, § 22 Rn. 6.

53 *C. Gusy*, Informationsbeziehungen zwischen Staat und Einzelnem, in: W. Hoffmann-Riem/E. Schmidt-Aßmann/A. Voßkuhle (Hrsg.), Grundlagen des Verwaltungsrechts, Bd. 2, 2. Aufl. 2012, § 23 Rn. 41.

gen. Die kommunikationsbezogenen Regelungen führen dazu, dass entsprechende Informationen übermittelt werden können oder müssen. Die Beteiligteneigenschaft des § 13 VwVfG setzt etwa entsprechende Interessen voraus. Gleiches gilt für die Rechte der Beteiligten auf Anhörung und Akteneinsicht (§§ 28, 29 VwVfG). Der Einzelne will dabei individuelle Rechtspositionen durchsetzen.

Kollektive Aspekte sind in größeren Verfahrenszusammenhängen durchzusetzen. Dies betrifft etwa das Planfeststellungsverfahren (§§ 72 ff. VwVfG). In diesen umfangreichen und komplexen Verfahren spielt die Bürgerbeteiligung eine bedeutsame Rolle. Jeder, der in seinen Belangen berührt ist, kann Einwendungen erheben (§ 73 Abs. 4 VwVfG).[54] Hier kann es insbesondere darum gehen, eine Vielzahl von Individualinteressen einzubringen, zu verarbeiten und in Kommunikation mit den Beteiligten zu einem gemeinwohlorientierten Ergebnis zu bündeln. Die Diskussion um die Frage, wo und in welchem Abstand Windräder aufgestellt werden können, ist nur ein Beispiel. Diese Bürgerbeteiligung kann auch durch den Einsatz moderner Formen der digitalen Kommunikation gefördert werden. Ansätze elektronischer Bürgerbeteiligung gibt es bereits.[55]

IV. Die Ausgestaltung von Kommunikation – Digitale Verwaltung

In der Bundesrepublik Deutschland besteht das politische Ziel einer digitalen Verwaltung.[56] Der Weg dahin ist zwar beschritten, es stellen sich aber viele offene Fragen der Umsetzung. Die Digitalisierung hat vielfältige Facetten und wirft auch verfassungsrechtliche Fragen auf. Die unterschiedlichen Kompetenzen für Gesetzgebung und Verwaltung müssen für das komplexe Vorhaben in abgestimmter Form genutzt und synchronisiert werden. Angesichts der erforderlichen Zusammenarbeit von Bund und Ländern gerade auch bei der Digitalisierung von Verwaltungsvorgängen wurde der Begriff des „kooperativen Digitalföderalismus" vorgeschlagen.[57]

Dem trägt Art. 91c Abs. 5 GG Rechnung, der 2017 in die Verfassung eingefügt wurde.[58] Er regelt den informationstechnischen Zugang zu den Verwaltungsleistungen von Bund und Ländern. Dieser soll möglichst einfach und praktisch möglich sein. Dabei geht es auch und gerade um die effektive Aufgabenerfüllung der Behörden selbst. Hier können die entsprechenden technischen Vorkehrungen erhebliche Hilfestellung leisten, wenn die Infra-

---

54 *N. Kämper*, in: J. Bader/M. Ronellenfitsch (Hrsg.), Beck-OK VwVfG, 47. Ed. 2020, § 73 Rn. 46.

55 *B. Hartmann*, MMR 2017, 383.

56 *B. Lohmann*, Die digitale Verwaltung, in: H. Hill/D. Kugelmann/M. Martini (Hrsg.), Digitalisierung in Recht, Politik und Verwaltung, 2018, 9.

57 *I. Härtel*, LKV 2019, 49 (52).

58 *J. Suerbaum*, in: V. Epping/C. Hillgruber (Hrsg.), Beck-OK GG, 42. Ed. 2019, Art. 91c Rn. 2a.

strukturen vorhanden und die entsprechenden Programme beschafft, einsatzfähig und funktionsfähig sind.[59] Der Einsatz von Algorithmen kann einen Beitrag zur effektiven und einfachen Aufgabenerfüllung durch die Behörden leisten. Dabei ist den Anforderungen der IT-Sicherheit und des Datenschutzes Rechnung zu tragen.[60] Dies kann im Einzelfall allerdings nicht unerheblichen Aufwand verursachen.

Nach der Ergänzung des Grundgesetzes um Art. 91c Abs. 5 GG wurde auf dieser Grundlage das Online-Zugangsgesetz erlassen.[61] Im Kontext mit einer Reihe von weiteren spezialgesetzlichen Vorschriften verstärkt dies die Notwendigkeit, Verwaltung auch digital zu modernisieren.[62] Das Online-Zugangsgesetz des Bundes (OZG) bildet die Grundlage für die konkreten Schritte zu einer Digitalisierung von Leistungen der und Vorgängen in der Verwaltung.[63] Nach § 1 Abs. 1 OZG sind alle Behörden von Bund und Ländern einschließlich der Kommunen verpflichtet, ihre Verwaltungsleistungen innerhalb von fünf Jahren, also bis 2022, den Nutzerinnen und Nutzern auch elektronisch und über Verwaltungsportale zur Verfügung zu stellen.[64] Damit wird ein Portalverbund erforderlich (§ 1 Abs. 2 OZG), in dem Nutzerkonten einzurichten sind (§ 3 Abs. 2 OZG). Dies bedeutet den Übergang von einem lockeren Koordinierungsregime zu einem zentralen Steuerungsmodell, wobei allerdings Zentralisierung allein noch kein erfolgreiches E-Government garantiert.[65]

Während das OZG im Schwerpunkt auf die erleichterte Erreichbarkeit der Online-Anwendungen zielt und damit ein infrastrukturelles Ziel der Verwaltungsorganisation verfolgt, gehören die E-Government-Gesetze zum materiellen Verwaltungsrecht und richten sich auf erleichterte digitale Verfahrensabläufe. Das E-Government-Gesetz des Bundes aus dem Jahr 2013 bezweckt die Digitalisierung der Kommunikation zwischen Bürger und Verwaltung, um insbesondere durch Anwendung elektronischer Instrumente eine Modernisierung herbeizuführen.[66] Ziel ist die Schaffung eines Rahmens für die medienbruchfreie Verwaltungskommunikation zwischen Bür-

---

59 *W. Denkhaus*, Vom E-Government zur Digitalisierung, in: M. Seckelmann (Hrsg.), Digitalisierte Verwaltung, Vernetztes E-Government, 2019, Rn. 9 ff.
60 G. Hornung/M. Schallbruch (Hrsg.), IT-Sicherheitsrecht, 2020.
61 *M. Martini*, DÖV 2017, 443.
62 *U. Schliesky*, Der bundesrechtliche Rahmen und die Kooperationstatbestände, in: M. Seckelmann (Hrsg.), Digitalisierte Verwaltung, Vernetztes E-Government, 2019, Rn. 30 ff.
63 BGBl. 2017 I S. 3122; *M. Herrmann/K. Stöber*, NVwZ 2017, 1401; *T. Siegel*, DÖV 2018, 185.
64 Das OZG ist am 18.08.2017 in Kraft getreten, die Frist endet damit am 31.12.2022.
65 *W. Denkhaus*, Vom E-Government zur Digitalisierung, in: M. Seckelmann (Hrsg.), Digitalisierte Verwaltung, Vernetztes E-Government, 2019, Rn. 37.
66 Gesetz zur Förderung der elektronischen Verwaltung v. 25.07.2013, BGBl. I S. 2749.

ger und Verwaltung.[67] E-Government-Gesetze gibt es inzwischen auch in der Mehrzahl der Länder. Sie gehen nach § 1 Abs. 3 VwVfG bundesrechtlichen Regelungen vor.[68]

Das Verwaltungsverfahrensrecht hat in den letzten Jahren eine Reihe von Änderungen hin zur Ermöglichung und Erweiterung digitalisierter Verwaltung erfahren. Im Jahr 2016 wurde mit § 35a VwVfG eine Regelung eingefügt, die den vollständig automatisierten Erlass eines Verwaltungsaktes zulässt.[69] Mit dem gleichen Gesetz wurde dies auch für die Steuerverwaltung (§ 155 Abs. 4 AO) und die Sozialverwaltung erlaubt (§ 31 SGB X).[70] Diese Regelungen weisen bestimmte Voraussetzungen auf.[71] Zulässig sollen nur Konstellationen sein, in denen eine strikte Bindung der Verwaltung vorliegt, also kein Ermessen ausgeübt werden kann. Im Zusammenhang des E-Government-Gesetzes des Bundes wurden zudem gesetzliche Regelungen zum elektronischen Schriftformersatz geändert (§ 3a Abs. 2 VwVfG, § 36a SGB I und § 87a AO).

Die Kommunikation im Verwaltungsverfahren trägt der Technisierung und Informatisierung des kommunikativen Lebens Rechnung. Hier müssen zusehends und zunehmend Formen und Wege gefunden werden, um die Interessen der Bürgerinnen und Bürger angemessen und nutzerorientiert durchzusetzen. Die Frage ist, ob hier nicht auch Chancen für verstärkte Wege der Partizipation von Bürgerinnen und Bürger an Verwaltungsentscheidungen liegen. Dies könnte gerade große Verfahren betreffen. Elektronische Bürgerbeteiligung ist ein Gedanke, der hier aufgegriffen und weiter ausgebaut werden könnte.[72]

Automatisierungen in den Abläufen und Verfahren der Verwaltung sind auf den Prüfstand des Schutzes von kommunikativen Freiheiten zu stellen. Das Persönlichkeitsrecht und der Datenschutz treffen dabei Vorgaben, die zwingend zu berücksichtigen sind.[73] Die Gewährleistung der Datensicherheit stellt eine ebenso bedeutsame Vorgabe dar. Akzeptanz durch die Bürgerinnen und Bürger ist nur zu erreichen, wenn eine sichere Kommunika-

---

67 *W. Denkhaus/E. Richter/L. Bostelmann*, in: dies. (Hrsg.), E-Government-Gesetz/Onlinezugangsgesetz, 1. Aufl. 2019, Einleitung E-GovG Rn. 16.

68 *S. Schulz*, Der landesrechtliche Rahmen von E-Government, in: M. Seckelmann (Hrsg.), Digitalisierte Verwaltung, Vernetztes E-Government, 2019, Rn. 5.

69 BGBl. 2016 I S. 1679.

70 *N. Braun-Binder*, Vollautomatisierte Verwaltungsverfahren, vollautomatisiert erlassene Verwaltungsakte und elektronische Aktenführung, in: M. Seckelmann (Hrsg.), Digitalisierte Verwaltung, Vernetztes E-Government, 2019, Rn. 6.

71 *U. Stelkens*, Der vollständig automatisierte Erlass eines Verwaltungsaktes als Regelungsgegenstand des VwVfG, in: H. Hill/D. Kugelmann/M. Martini (Hrsg.), Digitalisierung in Recht, Politik und Verwaltung, 2018, 81.

72 *W. Denkhaus*, Vom E-Government zur Digitalisierung, in: M. Seckelmann (Hrsg.), Digitalisierte Verwaltung, Vernetztes E-Government, 2019, Rn. 52; *B. Hartmann*, MMR 2017, 383.

73 *M. Martini/D. Nink*, NVwZ – Extra 10/2017, 1.

tion mit der Verwaltung besteht, deren Rahmen die Rechtswahrung und den Rechtsschutz des Einzelnen berücksichtigt.

V.   Abwehr von Überwachung

Die grundrechtlichen Kommunikationsfreiheiten formen nicht nur in ihrer Funktion als Schutzpflichten die Rahmenbedingungen der Kommunikation zwischen Bürger und Staat mit, sie wirken auch als Abwehrrechte gegen staatliche Eingriffe. Die Individualrechte gegen staatliche Überwachung dienen der Sicherung von Freiheit. Individuelle Freiheit ist immer auch kommunikative Freiheit, wenn und soweit es darum geht, Informationen zu erhalten oder die Erhebung von Informationen über eine Person abzuwehren. Dabei handelt es sich um einen wichtigen Regelungsgegenstand des modernen Verwaltungsrechts.

1.   Individualrechte gegen staatliche Überwachung

Staatliche Überwachung findet insbesondere, aber nicht nur im Zusammenhang des Rechts der Gewährleistung öffentlicher Sicherheit statt. Das Polizeirecht und das Recht der Nachrichtendienste sind Materien, in denen Überwachungsmaßnahmen festgelegt sind. Dies betrifft im repressiven Zusammenhang auch die Strafprozessordnung. Einschlägige Maßnahmen greifen in die Freiheit individueller Kommunikation dadurch ein, dass staatliche Stellen die Vertraulichkeit der Kommunikation brechen oder Informationen über das Wann, Ob und Wie von Informationsbeziehungen sammeln.[74] Rechte zur Sicherung der kommunikativen Freiheit betreffen die Abwehr oder Begrenzung der Informationsbegehren und entsprechender offener oder verdeckter Maßnahmen staatlicher Stellen.[75] Die Sicherheitsbehörden wollen Informationen über den Einzelnen und seine Kommunikationsbeziehungen erheben und sammeln, um sie zu ihrer Aufgabenerfüllung zu verarbeiten. Die entgegenstehenden Rechte der Individuen sind auf die Abwehr staatlicher Überwachung gerichtet und entfalten insbesondere bei heimlichen Maßnahmen erhebliche Auswirkungen.[76]

Aspekte staatlicher Überwachung können auch im besonderen Verwaltungsrecht eine Rolle spielen.[77] Hier geht es um die Risiken digitalisierter Verwaltungsabläufe. Gerade das Online-Zugangsgesetz und weitere gesetzliche Regelungen im Zusammenhang der elektronischen Abwicklung von

---

74 *D. Kugelmann*, Polizei und Kommunikationsfreiheit in der Informationsgesellschaft, in: ders. (Hrsg.), Polizei und Menschenrechte, 2019, 462 (465).

75 *T. Schwabenbauer*, Informationsverarbeitung im Polizei- und Strafverfahrensrecht, in: H. Lisken/E. Denninger (Hrsg.), Handbuch des Polizeirechts, 6. Aufl. 2018, Rn. 1.

76 BVerfGE 141, 220 (Rn. 90 ff.).

77 Vgl. *U. DiFabio*, in: T. Maunz/G. Dürig, Grundgesetz, Juli 2001, Art. 2 Abs. 1, Rn. 151 ff.

Verwaltungsvorgängen sind tauglicher Gegenstand von Maßnahmen, die in den Kontext staatlicher Eingriffe in Kommunikation gehören. Denn in digitalisierten Verwaltungsverfahren können Informationen über Personen, aber auch weitere Informationen etwa zu Sachzusammenhängen erhoben werden. Das Vorhaben, eine einheitliche Personenkennziffer in der Bundesrepublik Deutschland einzuführen, ist ein aktuelles Beispiel dafür, dass die sachliche Erleichterung von Verwaltungsabläufen auch zu Einbußen in der Freiheit des Einzelnen führen kann.[78] Die Abwägung zwischen diesen unterschiedlichen Interessen obliegt dem Gesetzgeber.

Ein nahezu schon klassisches Thema der staatlichen Überwachung ist die Vorratsdatenspeicherung. Sie gleicht einer Untoten, die immer wiederkehrt. In seiner Rechtsprechung zur Vorratsdatenspeicherung hat der EuGH die Richtlinie 2006/24/EG für nichtig erklärt.[79] Vor dem Hintergrund der Richtlinie 2002/58/EG zum Datenschutz in der elektronischen Kommunikation hat er zudem hohe Anforderungen an die Rechtmäßigkeit von umfassenden Eingriffen durch innerstaatliche Regelungen zur Vorratsspeicherung gestellt.[80] Eine anlasslose Vorratsdatenspeicherung dürfte kaum zulässig sein.[81] Das Bundesverfassungsgericht hat in der Entscheidung zur Vorratsdatenspeicherung in der Bundesrepublik Deutschland die ihm vorliegende Regelung verworfen.[82]

Diese Rechtsprechung des Bundesverfassungsgerichts (BVerfG) und des Europäischen Gerichtshofes (EuGH) hat dem Grunde nach dazu geführt, dass eine Vorratsdatenspeicherung zumindest äußerst erschwert, wenn nicht unmöglich gemacht wird.[83] Auch die neu gefassten gesetzlichen Regelungen in der Bundesrepublik Deutschland aus dem Jahr 2015 zur Einführung einer Vorratsdatenspeicherung, die am 1. Juli 2017 in Kraft treten sollten,[84] begegnen Zweifeln hinsichtlich ihrer Vereinbarkeit mit dem Verfassungsrecht und dem Unionsrecht. Das Oberverwaltungsgericht für das Land Nordrhein-Westfalen (OVG NRW) in Münster hat diese Bedenken

---

78 Vgl. die Entschließung der Konferenz der unabhängigen Datenschutzaufsichtsbehörden des Bundes und der Länder vom 12. September 2019 „Digitalisierung der Verwaltung – datenschutzkonform und bürgerfreundlich gestalten!", https://www.datenschutz-mv.de/static/DS/Dateien/Entschliessungen/Datenschutz/20190912_Ent_Digitalisierung_der_Verwaltung.pdf (letzte Abfrage am 27.07.2020).

79 EuGH, Urt. v. 08.04.2014, Rs. C-293/12 und C-594/12, NJW 2014, 2169 (Digital Rights Ireland und Seitlinger u. a.), Rn 44.

80 EuGH, Urt. v. 21.12.2016, Rs. C-203/15 und C-698/15, NJW 2017, 717 (Tele2 Sverige AB und Secretary of State for the Home Department/Watson), Rn. 93, 96 ff.

81 *R. Priebe*, EuZW 2017, 136; *A. Roßnagel*, NJW 2017, 696; *S. Schiedermair/A. Mrozek*, DÖV 2016, 89; zur Neuregelung durch den Bundesgesetzgeber *A. Roßnagel*, NJW 2016, 533.

82 BVerfGE 125, 260.

83 *S. Schiedermair/A. Mrozek*, DÖV 2016, 89.

84 Gesetz zur Einführung einer Speicherpflicht und einer Höchstspeicherfrist für Verkehrsdaten v. 10.12.2015, BGBl. I S. 2218; *A. Roßnagel*, NJW 2016, 533.

geteilt und einen einzelnen Provider von der Speicherpflicht befreit, woraufhin die Bundesnetzagentur die Umsetzung der Speicherverpflichtung zunächst generell ausgesetzt hat.[85] Mehrere Verfassungsbeschwerden vor dem Bundesverfassungsgericht sind anhängig.[86] Das Bundesverwaltungsgericht hat auf Klagen von Dienstleistern der Telekommunikation im September 2019 dem EuGH Fragen zur Vereinbarkeit der Neufassung der §§ 113a, 113b TKG mit der Richtlinie 2002/58/EG zum Datenschutz in der elektronischen Kommunikation vorgelegt.[87] Die neuen Regelungen werden daher nach wie vor nicht angewendet.

2. Individualrechte gegen private Überwachung

Die Privatheit und die Kommunikationsfreiheit der Einzelnen werden in der modernen digitalen Welt nicht nur von staatlichen Stellen, sondern auch von privaten Stellen gefährdet. Private Überwachung findet statt. Dies betrifft schon immer das Verhältnis des Arbeitgebers zum Arbeitnehmer. Denn die in gewissem Umfang durchaus legitimen Interessen des Arbeitgebers an der Kontrolle von Arbeitnehmerinnen und Arbeitnehmern und der Funktionsfähigkeit der Arbeitsabläufe stehen den Interessen der Arbeitnehmerinnen und Arbeitnehmer gegenüber. Die Gewichtung dieser Interessen wird auch durch die Bezüge des Personalvertretungsrechts deutlich, die eine Mitbestimmung bei entsprechenden Betriebsvereinbarungen regelmäßig vorsehen. Auch das Verhältnis zwischen Kunde und Verkäufer trägt durchaus Züge von Überwachung. Der Verkäufer will wissen, wie er den Kunden zu einem Kaufvertrag oder einer sonstigen vertraglichen Beziehung bringen kann. Je mehr Wissen über die Kundinnen und Kunden vorhanden ist, desto höher die Wahrscheinlichkeit, dass es dem Verkäufer gelingt, eine vertragliche Beziehung herzustellen. Darin liegt die Bedeutung des Profiling, also der Herstellung und Ausschärfung eines Profils, um Verhalten vorherzusagen (Art. 4 Nr. 4 DS-GVO). Profiling hat viele Erscheinungsformen.[88] Ziel ist insbesondere das Ermöglichen auf die Person zugeschnittener Werbung. Individualbezogene Werbung ist inzwischen eine der bedeutendsten Finanzierungsquellen für vielfältige Dienste insbesondere im Internet.

Eine zentrale Rolle bei der Überwachung von Privatpersonen spielen die Intermediären. Intermediäre stehen zwischen dem Einzelnutzer und der Einzelnutzerin auf der einen und den Anbietern von Waren und Dienstleistungen auf der anderen Seite. Soziale Netzwerke wie Facebook oder Google, Dienstleister wie Amazon und andere leiten nicht nur Signale von A nach B,

---

85 OVG NRW, Beschl. v. 22.06.2017, 13 B 238/17.

86 Das BVerfG, Beschl. v. 26.03.2017, 1 BvR 3156/15, hat den Erlass einer einstweiligen Anordnung abgelehnt.

87 BVerwG, Beschl. v. 25.09.2019, 6 C 12.18, ZD 2020, 167.

88 *M. Atzert*, in: R. Schwartmann/A. Jaspers/G. Thüsing/D. Kugelmann (Hrsg.), DS-GVO/BDSG, 2. Aufl. 2020, Art. 22, Rn. 60.

sie verfolgen auch eigene geschäftliche Interessen und entscheiden über Inhalte. In der Konsequenz obliegt ihnen auch eine eigene Verantwortlichkeit.[89]

Mit dem Netzwerkdurchsetzungsgesetz hat der bundesdeutsche Gesetzgeber versucht, die Verantwortung von Intermediären in bestimmten Punkten festzulegen.[90] Das Netzwerkdurchsetzungsgesetz richtet sich an die Anbieter von Telemediendiensten, also insbesondere an soziale Netzwerke.[91] Es war bereits bei seinem Erlass umstritten,[92] dies gilt ebenso für die im Jahre 2020 vorgenommene Änderung des Gesetzes.[93] Das Verfahren im Hinblick auf Beschwerden, die sich gegen angeblich rechtswidrige Inhalte richten, ist dabei modifiziert worden. In der Diskussion geht es vorrangig um die Problematik, dass die privaten Diensteanbieter Inhalte prüfen sollen. Zentrales Beispiel ist YouTube. Der Betreiber von YouTube, also die Muttergesellschaft auch von Google, nämlich Alphabet, hat dafür zu sorgen, dass keine rechtswidrigen Inhalte in YouTube auffindbar sind. Dies führt dazu, dass YouTube wie andere betroffene Dienstleister auch Prüfstellen eingerichtet hat, die Inhalte aus dem Netz entfernen. Kritik daran wird vor dem Hintergrund der Meinungsfreiheit des Art. 5 Abs. 1 GG geäußert, aber auch zur Frage, ob dem Bund überhaupt eine Kompetenz in diesem Zusammenhang zusteht. Die Intermediären stellen hierbei in den Vordergrund, dass bereits nach ihren privatrechtlichen Nutzungsbedingungen eine Reihe von Inhalten etwa pornographischer oder gewaltverherrlichender Natur nicht eingestellt werden darf.

Dem Grunde nach ist festzuhalten, dass eine Verantwortlichkeit der Intermediären für die von ihnen bereit gestellten Inhalte besteht. Ihre Ausgestaltung und Ausprägung sind sicherlich diskussionswürdig und diskussionsfähig. Die Intermediären können sich aber nicht von der Verantwortlichkeit für die Inhalte, mit denen sie auch ihr Geld verdienen, völlig freisprechen, weil nur sie den entsprechenden Zugriff haben. Dies führt zu rechtlichen Verpflichtungen, denen die Intermediären, die auf dem Binnenmarkt der Europäischen Union tätig werden, gerecht werden müssen. Im Kern steht die Sicherung der freiheitlichen Werteordnung im Mittelpunkt, die einen Rahmen für Kommunikation erfordert. Diesen rechtlichen Rahmen, der etwa die Verbreitung strafbarer Inhalte wie im Fall von Volksverhetzung oder übler Nachrede verbietet, muss letztlich der Staat gestalten und sichern.

---

89 *M. Eifert*, NJW 2017, 1450 f.

90 Netzwerkdurchsetzungsgesetz v. 01.09.2017, BGBl. I S. 3352, das durch Artikel 274 der Verordnung vom 19.06.2020, BGBl. I S. 1328 geändert worden ist.

91 *N. Guggenberger*, NJW 2017, 2577.

92 *F. Fechner*, Fake News und Hate Speech als Gefahr für die demokratische Willensbildung. Staatliche Gewährleistung kommunikativer Wahrheit?, in: A. Uhle (Hrsg.), Information und Einflussnahme, 2018, 157; *F. Kalscheuer/C. Hornung*, NVwZ 2017, 1721.

93 BGBl. 2020 I, S. 1328.

VI. Kommunikation als Essentiale der Demokratie

Verfassungsrechtliche Kommunikationsfreiheiten wirken zu Gunsten des Bürgers aufgrund ihrer einfachrechtlichen und gerade auch verwaltungsrechtlichen Ausgestaltung. Dies geschieht in vielfältigen Zusammenhängen. Zum einen betrifft es die Rechte der Informationsfreiheit, zum anderen aber auch die tradierten Beziehungen zwischen Bürger und Staat im Zusammenhang des Verwaltungsverfahrens. Ausprägungen des E-Government und moderne Portallösungen für die Verwirklichung von Dienstleistungen der Verwaltung schaffen ein geändertes Umfeld für die Verwaltungskommunikation. An solch ein sich änderndes Umfeld sind die Kommunikationsrechte beständig anzupassen, um die effektive Rechtsbehauptung und Rechtsdurchsetzung des Bürgers oder der Bürgerin zu gewährleisten. Die verwaltungsrechtlich ausgeformte Freiheit der Kommunikation mit öffentlichen Stellen steht vor dem Hintergrund dieser Zielverfolgung und bringt zugleich das Ziel mit anderen Interessen in Einklang.

Ein zentrales Thema der Sicherung von Freiheit der Kommunikation ist und bleibt die Abwehr staatlicher Eingriffe insbesondere zur Überwachung. Die Erweiterung technischer Möglichkeiten in der digitalisierten Welt führt auch zu einer Erweiterung der Begehrlichkeiten staatlicher Stellen, Informationen über Bürgerinnen und Bürger zu erhalten. Die gesetzgeberische Abwägung steht hier vor dem Hintergrund, dass den öffentlichen Stellen eine effektive Aufgabenerfüllung möglich sein muss, zugleich aber die Freiheit des Einzelnen so wenig wie möglich eingeschränkt werden darf. Diese allgemeine Feststellung hat vielfältige Konsequenzen, die insbesondere auf der differenzierten Anwendung des Grundsatzes der Verhältnismäßigkeit beruhen.[94]

Vorkehrungen gegenüber Überwachung durch Private über die Datenschutz-Grundverordnung hinaus sind erforderlich. Zwar gewährt bereits die DS-GVO schlagkräftige Instrumente, um gegen Privatunternehmen einschließlich den Intermediären vorzugehen. Die Schutzwirkungen der Art. 7, 8 EU-Grundrechtecharta sind jedoch auch im Hinblick auf juristische Personen weitreichend.[95] Auch die Kommunikationsfreiheiten des Grundgesetzes erfordern ein nachhaltiges Tätigwerden des Gesetzgebers und der Behörden, um Risiken für die individuelle Freiheit durch Private im Kontext der Kommunikation zu verringern.[96]

Die moderne demokratische Rechtsordnung muss den Einzelnen mit durchsetzbaren Rechten im Kontext der Kommunikation ausstatten. Nur dann kann er in der digitalisierten Welt seine Rechtspositionen wahren. Die bestehenden Regelungen bedürfen der Anpassung an sich dynamisch

---

94 BVerfGE 141, 220 (Rn. 98).
95 Vgl. *N. Marsch*, Das europäische Datenschutzgrundrecht, 2018, S. 260 ff.
96 *M. Eifert*, NJW 2017, 1450.

ändernde Rahmenbedingungen, um stetig die Effektivität der Rechtsdurchsetzung sicherzustellen. Die grundrechtlichen Verbürgungen wirken dabei in Richtung auf die Sicherung personaler und sozialer Geltungsansprüche und auf die freiheitliche Gestaltung von Privatheit und Kommunikation. Die grundrechtlichen Freiheiten, die Kommunikation sichern, sind im Verbund mit den verwaltungsrechtlichen Rechten in den Kommunikationsbeziehungen unabdingbare Elemente der freiheitlichen Demokratie des 21. Jahrhunderts.

Grundrechtsschutz im öffentlichen Dienst

von
Krzysztof Ślebzak, Posen*

---

* *Krzysztof Ślebzak* ist Inhaber des Lehrstuhls für Arbeits- und Sozialrecht an der Adam-Mickie-
wicz-Universität Posen.

Zunächst möchte ich den Veranstaltern ganz herzlich für die Einladung zu diesem Verwaltungskolloquium danken. In meinem kurzen Vortrag versuche ich die Fragen des Grundrechtsschutzes im öffentlichen Dienst in Polen näherzubringen. Weil die angesprochene Problematik sehr umfangreich ist, müssen in erster Linie einige terminologische und systematische Klärungen vorgenommen werden. Aus rechtsvergleichenden Gründen sind auch gewisse Vereinfachungen notwendig. Dieser Vortrag hat überwiegend einen informativen Charakter (einen Berichtwert), um einen Überblick über den Grundrechtsschutz im öffentlichen Dienst in Polen zu ermöglichen.

I. Der öffentliche Dienst

1. Begriff des öffentlichen Dienstes

Was den Begriff des öffentlichen Dienstes angeht, muss festgestellt werden, dass im polnischen Rechtssystem eine legale und eindeutige Definition des öffentlichen Dienstes fehlt. Dieser Rechtsbegriff wurde in Art. 60 der polnischen Verfassung (PV) verwendet, in dem das Grundrecht auf den gleichen Zugang zum öffentlichen Dienst verankert ist. Im Gegensatz zu Deutschland, wo überwiegend das formale Kriterium der Beschäftigung im Dienst einer juristischen Person des öffentlichen Rechts für maßgeblich gehalten wird, wird bei der Definierung des öffentlichen Dienstes mehr auf die wesentlichen Merkmale der Beschäftigung im öffentlichen Dienst und des Beschäftigungsverhältnisses zurückgegriffen.[1] Dazu gehören: a) die durch den Staat (Gesetzgeber) einseitig bestimmten Dienst- oder Arbeitsbedingungen, b) die Stabilität des Dienstverhältnisses, c) besondere Pflichten des Bediensteten (z. B. Treuepflicht), die mit dem ausgeübten Dienst zusammenhängen, d) der Gehorsam und die Loyalität gegenüber dem Staat und dem Dienstherrn und e) die Disziplinarverfahren.

Bemerkenswert ist auch, dass es in Polen kein einheitliches und allgemeines Gesetz gibt, das sowohl den materiellen oder institutionellen Inhalt des öffentlichen Dienstes als auch die Beschäftigung im öffentlichen Dienst regelt. Demgegenüber verbergen sich unter der Bezeichnung des öffentlichen Dienstes verschiedenen Personengruppen. Es handelt sich u. a. um Soldaten, Polizisten, Richter, Bedienstete der Exekutive oder das Verwaltungspersonal, das als Beschäftigte im zivilen Bereich oder als Arbeitnehmer der öffentlichen Verwaltung tätig ist. Aus diesem Grunde wird in der

---

1 *M. Florczak-Wątor*, in: M. Safjan/L. Bosek (Hrsg.), Konstytucja RP, t. 1: Komentarz. Art. 1–86, 2016, Art. 60 Konstytucji RP, S. 1412–1413; *J. Jagielski*, Prawo dostępu do służby publicznej, Annales Universitatis Mariae Curie – Skłodowska Lublin – Polonia, Vol. LXIV, 2, 2017.

polnischen Rechtslehre der Schwerpunkt auf die Charakterisierung von einzelnen Beschäftigungsverhältnissen gelegt.[2]

2. Regelungsebenen des öffentlichen Dienstes

Die normative Ausgestaltung von einzelnen Beschäftigungsverhältnissen im öffentlichen Dienst ist sehr differenziert geregelt. Die Bestandsaufnahme der Rechtsvorschriften, denen sie unterliegen, lässt auf die Gliederung nach verschiedenen Ebenen der Normhierarchie, abhängig von der jeweiligen Personengruppe, die dem öffentlichen Recht angehört, schließen. Die überwiegende Zahl von Rechtsvorschriften ist im einfachen Recht enthalten, obwohl die wohl relevanteste die Verfassungsebene ist.[3] Will man die Bestimmungen der polnischen Verfassung zum öffentlichen Dienst untersuchen, so muss festgestellt werden, dass das polnischen Grundgesetz an verschiedenen Stellen einzelne Aspekte des öffentlichen Dienstes anspricht. Die wohl relevantesten Regelungen betreffen: 1) den gleichen Zugang zum öffentlichen Dienst – Art. 60 der polnischen Verfassung[4], 2) die Aufgaben des Staatsdienstes (Art. 153 PV) und 3) den Richterstatus (Art. 178–180 PV), was im Einzelnen im weiteren Teil dieses Vortrages angesprochen wird. Hier muss jedoch aus Klarheitsgründen betont werden, dass aus der verfassungsrechtlichen Sicht der Staatsdienst (auch Zivildienst genannt) nicht dem öffentlichen Dienst gleich ist. Der Letztere ist inhaltlich viel breiter. Demgegenüber umfasst der Staatsdienst nur die Anstellung in den Ämtern, die der Regierungsverwaltung angehören.

Während sich die polnische Verfassung überwiegend auf die Festlegung von Grundsätzen bezüglich der oben angedeuteten Fragen beschränkt, werden die substanziellen und ins Detail gehenden Regelungen des öffentlichen Beschäftigungsrechts auf der Ebene des einfachen Gesetzesrechts getroffen. In Polen werden diese Rechtsakte als Dienstpragmatik bezeichnet. Wie oben angedeutet, lässt sich jedoch keine zentrale Kodifizierung z. B. in einem Beamtengesetz oder Beamtengesetzbuch feststellen. Die einzelnen Gesetze regeln die Funktionen und Aufgaben eines bestimmen Teils des öffentlichen Dienstes sowie die Grundsätze der Beschäftigung in diesem Sektor.

Obwohl in der Literatur zahlreiche Vorschläge betreffend der Systematisierung von Beschäftigungsverhältnissen im öffentlichen Dienst gemacht

---

2 *T. Kuczyński*, Pojęcie i przedmiot prawa stosunków służbowych, in: R. Hauser/Z. Niewiadomski/A. Wróbel (Hrsg.), System prawa administracyjnego, Stosunek służbowy, Tom 11, 2011, 1–52.

3 Weil das Ziel des Vortrages die Darstellung des öffentlichen Dienstes im polnischen Recht ist, wird das supranationale Recht, das das polnische Rechtssystem beeinflusst, nicht angesprochen.

4 Im Nachfolgenden als PV bezeichnet.

Krzysztof Ślebzak

worden sind,[5] wird im Nachfolgenden eine dichotomische Einteilung angenommen. Zu den im öffentlichen Dienst Beschäftigten gehören: 1) Personen, die in einem öffentlich-rechtlichen Dienst- oder Ausbildungsverhältnis stehen, und 2) Personen, die in einem öffentlich-rechtlichen Arbeitsverhältnis stehen. Diese Differenzierung ergibt sich aus dem Wortlaut der jeweiligen Gesetze, in denen entweder expressis verbis der Begriff des Dienstverhältnisses oder des Arbeitsverhältnisses verwendet wird.

3. Angehörige des öffentlichen Dienstes

a. Personen, die in einem öffentlich-rechtlichen Dienstverhältnis stehen

Ein Teil der Angehörigen des öffentlichen Dienstes steht in einem Dienstverhältnis, das sich direkt aus dem jeweiligen Gesetz ergibt. Diese Rechtsverhältnisse werden in der Literatur sehr verschieden bezeichnet, z. B. als Dienstverhältnisse sensu stricto[6], öffentlich-arbeitsrechtliche oder arbeitsöffentlich-rechtliche Dienstverhältnisse.[7] Die zusätzliche Bezeichnung dieser Rechtsverhältnisse scheint jedoch überflüssig zu sein, weil es de lege lata nur Dienstverhältnisse gibt. Zu der Personengruppe, die in einem Dienstverhältnis steht. gehören Richter, Staatsanwälte und Funktionäre der sog. Uniformdienste (damit sind u. a. Polizisten, Soldaten, Funktionäre der Agentur für Innere Sicherheit oder des Zentralen Amtes für Korruptionsbekämpfung gemeint). Bei diesen Berufsgruppen bestimmt der Gesetzgeber ausdrücklich, dass es zur Entstehung „eines Dienstverhältnisses" („stosunek służbowy") kommt.

b. Personen, die in einem öffentlich-rechtlichen Arbeitsverhältnis stehen

Andere Personengruppen, die dem öffentlichen Dienst angehören, stehen in einem Arbeitsverhältnis, das in vielen Fällen die wesentlichen Merkmale typischer Dienstverhältnisse aufweist. Deswegen wird dieses Verhältnis als öffentlich-rechtliches Arbeitsverhältnis bezeichnet[8]. Abhängig von der Art

---

5 T. *Kuczyński*, Pojęcie i przedmiot prawa stosunków służbowych, in: R. Hauser/Z. Niewiadomski/A. Wróbel (Hrsg.), System prawa administracyjnego, Stosunek służbowy, Tom 11, 2011, 13 ff.; *J. Stelina*, Strony i nawiązanie stosunków służbowych, in: R. Hauser/Z. Niewiadomski/A. Wróbel (Hrsg.), System prawa administracyjnego, Stosunek służbowy, Tom 11, 2011, 153–179.

6 *J. Stelina*, Strony i nawiązanie stosunków służbowych, in: R. Hauser/Z. Niewiadomski/A. Wróbel (Hrsg.), System prawa administracyjnego, Stosunek służbowy, Tom 11, 2011, 156 ff.

7 T. *Kuczyński*, Pojęcie i przedmiot prawa stosunków służbowych, in: R. Hauser/Z. Niewiadomski/A. Wróbel (Hrsg.), System prawa administracyjnego, Stosunek służbowy, Tom 11, 2011, 38–39.

8 *J. Stelina*, Strony i nawiązanie stosunków służbowych, in: R. Hauser/Z. Niewiadomski/A. Wróbel (Hrsg.), System prawa administracyjnego, Stosunek służbowy, Tom 11, 2011, 156 ff.

des Zustandekommens des Arbeitsverhältnisses werden die eingestellten Personen als Beamte (bei einer Ernennung) oder Arbeitnehmer (bei einem Arbeitsvertrag) bezeichnet. Auf die Beschäftigten des öffentlichen Dienstes aufgrund eines Arbeitsvertrages finden sowohl verschiedene Spezialvorschriften als auch die allgemeinen Vorschriften des polnischen Arbeitsgesetzbuches eine entsprechende Anwendung. Abhängig von der jeweiligen Personengruppe nähern sich die Rechtsbeziehungen zwischen dem Arbeitnehmer des öffentlichen Dienstes und seinem Arbeitgeber den Grundsätzen, die für das öffentlich-rechtliche Dienstverhältnis gelten. Es kommt jedoch nicht zu einer völligen Angleichung. Wie oben schon angedeutet, gibt es kein besonderes Gesetz für das Arbeitsverhältnis im öffentlichen Dienst. Stattdessen wird das gesamte Rechtsgebiet durch eine Vielzahl von einzelnen Normen geregelt.

4. Die Art des Zustandekommens des Beschäftigungsverhältnisses im öffentlichen Dienst

Man könnte behaupten, dass die Art des Zustandekommens des Beschäftigungsverhältnisses ein Differenzierungsmerkmal zwischen den (öffentlich-rechtlichen) Dienst- und Arbeitsverhältnissen darstellt, weil grundsätzlich für die Entstehung von Dienstverhältnissen eine Ernennung charakteristisch ist. Die Analyse der Vielzahl von verschiedenen Regelungen, die die Beschäftigungsverhältnisse im öffentlichen Dienst betreffen, führt jedoch zu dem Schluss, dass eine strikte Abgrenzung zwischen den Dienst- und Arbeitsverhältnissen im öffentlichen Dienst nicht eindeutig und nachvollziehbar ist. Die Grenze zwischen öffentlich-rechtlichen und arbeitsrechtlichen Dienstverhältnissen kann anhand des jeweiligen Begründungsaktes nicht gezogen werden. Dies liegt an der Inkonsequenz des polnischen Gesetzgebers, der dieselben Begriffe in zahlreichen Pragmatiken mit unterschiedlicher Bedeutung verwendet. Als Beispiel kann man die „Ernennung" anführen, die sowohl die Entstehung des Dienst- als auch des Arbeitsverhältnisses begründet. Will man die Perspektive des polnischen Arbeitsgesetzbuches annehmen, dann müsste man behaupten, dass alle Beschäftigungsverhältnisse im öffentlichen Dienst als Arbeitsverhältnisse zu qualifizieren sind, denn laut Art. 2 des polnischen Arbeitsgesetzbuches ist Arbeitnehmer jede Person, deren Arbeitsverhältnis durch privatrechtlichen Vertrag, Ernennung, Berufung (einiger Personen, die an der Spitze der Verwaltung stehen) oder Wahl (z. B. Bürgermeister) begründet ist. Es gibt aber auch Regelungen, nach denen eine Ernennung zur Entstehung des öffentlich-rechtlichen Dienstverhältnisses führt. Daraus folgt, dass die Beschäftigten aufgrund der Ernennung in manchen Spezialregelungen in einem Dienst- oder Arbeitsverhältnis stehen. In diesem zweiten Fall werden diese Beschäftigten auch als Beamte bezeichnet.

Daraus folgt, dass es rein theoretisch grundsätzlich zwei Grundtypen der Begründung und Ausgestaltung öffentlicher Dienstverhältnisse gibt. Beim ersten Typ kommt es zur Begründung und inhaltlichen Ausgestaltung durch einen einseitigen Hoheitsakt der Verwaltung. Beim zweiten Typ folgt die Begründung aus dem Vertrag zwischen der Verwaltung und dem Bediensteten, aber viele, wenn nicht in manchen Fällen alle inhaltlichen Elemente der durch diesen Vertrag entstandenen Rechtsverhältnisses sind gesetzlich zwingend geregelt. Somit bleibt fast kein Raum für die autonome, privatrechtliche Ausgestaltung des Inhalts dieser Rechtsbeziehung. Diese idealtypische juristische Charakterisierung kann jedoch in der Praxis nicht bestätigt werden.

II. Diskussionsstand über den Grundrechtsschutz im öffentlichen Dienst

Die Frage nach der Bedeutung der Grundrechte und der Notwendigkeit des Grundrechtsschutzes im öffentlichen Beschäftigungsverhältnis stellt sich besonders für die öffentlich-rechtliche Dienstverhältnisse, aber auch für jene öffentlich-rechtlichen Arbeitsverhältnisse, die aufgrund einer Ernennung oder Berufung entstehen. Es lassen sich auch Bereiche feststellen, die ausdrücklich verfassungsrechtlich geregelt sind, wie beispielweise das Recht auf Zugang zum öffentlichen Dienst, die Aufgaben der Beamtenschaft in den Behörden der Regierungsverwaltung oder die einzelnen Grundrechte, die entweder eine bestimmte Personengruppe betreffen (z. B. Richter) oder Jedermann-Rechte sind, aber auch für die Beschäftigung im öffentlichen Dienst relevant sind. Dies gilt auch für die Schrankenvorbehalte, weil es in der polnischen Verfassung an einem ausdrücklichen Schrankenvorbehalt, um unerlässliche Grundrechtsbeschränkungen in einzelnen Beschäftigungsverhältnissen im öffentlichen Dienst zu ermöglichen, fehlt. Deswegen findet ein allgemeiner Schrankenvorbehalt Anwendung, der die Zulässigkeit der verhältnismäßigen Einschränkung von Grundrechten bestimmt (Art. 31 der polnischen Verfassung).

Es muss auch betont werden, dass die Besonderheit der Einstellung im öffentlichen Dienst darin liegt, dass sich die Beschäftigten in einer Doppelrolle befinden. Einerseits kommt es zu der Eingliederung in die staatliche Organisation, woraus besondere Pflichten mit grundrechtsbeschränkender Wirkung folgen. Andererseits sind sie Grundrechtsträger wie alle anderen Einzelnen oder Staatsbürger. Dieses besondere Beschäftigungsverhältnis kann auch unter Umständen, soweit seine inhaltlichen Elemente aus den einzelnen Verfassungsregelungen zu entnehmen sind (wie z. B. bei den Richtern oder der Beamtenschaft in der öffentlichen Verwaltung), eine Beschränkungsermächtigung darstellen, was als eine verfassungsrechtliche Schranke des gesetzgeberischen Handlungsspielraumes anzusehen ist. Ganz allgemein kann davon ausgegangen werden, dass dieser besondere Inhalt des Beschäftigungsverhältnisses eine Voraussetzung eines funktionsfähigen öffentlichen Dienstes ist und deswegen eine Einschränkung der Grundrechte erfordert.

Deswegen ist die Hauptebene der Diskussion des Grundrechtsschutzes im öffentlichen Dienst in Polen auf der Problematik der Zulässigkeit der Einschränkung der Grundrechte konzentriert, was im Einzelfall im Kontext der Pflichten der Beschäftigten, die sich aus dem konkreten Beschäftigungsrechtsverhältnis ergeben, erörtert wird. Darüber hinaus muss an dieser Stelle auch wiederholt werden, dass sich die verfassungsrechtliche Problematik des Grundrechtsschutzes nicht nur auf die angedeuteten Rechtsfragen beschränkt, weil dazu auch das Grundrecht auf den gleichen Zugang zum öffentlichen Dienst, die Aufgabenbestimmung der Beamtenschaft der öffentlichen Verwaltung und die soziale Sicherung der Richter gehören.

III. Zugang zum öffentlichen Dienst

Nach Art. 60 PV haben polnische Staatsbürger, die die vollen bürgerlichen Ehrenrechte genießen, das Recht auf gleichen Zugang zum öffentlichen Dienst. Auch auf der Gesetzesebene wird dieses Recht oftmals wiederholt und konkretisiert. Die meisten kontroversen Fragen betreffen die inhaltliche, verfassungsrechtliche Bestimmung des „öffentlichen Dienstes", die inländische Staatsangehörigkeit und den Zugang zum öffentlichen Dienst für EU-Mitgliedsstaatsbürger und Drittstaatsangehörige, die Auswahlgrundsätze und den Charakter dieses Grundrechts.

1. Inländische Staatsangehörigkeit und Zugang zum öffentlichen Dienst für EU-Mitgliedsstaatsbürger und Drittstaatsangehörige

Vor dem Inkrafttreten der polnischen Verfassung im Jahre 1997 war der Anwendungsbereich des Art. 60 PV in der Literatur strittig. Während einige behaupteten, dass vom gleichen Zugang zum öffentlichen Dienst alle ausländischen Staatsbürger ausgeschlossen sind[9], verbietet laut anderen Vertretern der Lehre der Art. 60 PV dem einfachen Gesetzgeber nicht, bei der Vergabe von Ämtern Ausländer zu berücksichtigen. Nicht verfassungswidrig ist demnach ein einfaches Gesetz, das das Recht auf gleichen Zugang auch den

---

9 Z. *Witkowski*, Prawo dostępu do służby publicznej, in: M. Chmaj/W. Orłowski/W. Skrzydło/ Z. Witkowski/ A. Wróbel (Hrsg.), Wolności i prawa polityczne, t. 3, 2010, 187–188; *W. Skrzydło*, Konstytucja Rzeczypospolitej Polskiej. Komentarz, 2013, S. 72.

nichtpolnischen Staatsbürgern einräumt,[10] was auch der polnische Verfassungsgerichtshof bestätigt hat.[11]

Darüber hinaus könnte man auch die Ansicht vertreten, dass sich der Art. 60 PV nur auf die Gleichheit beschränkt, was bedeuten würde, dass der gleiche Zugang zum öffentlichen Dienst nur den polnischen Staatsbürgern zusteht. Demgegenüber dürften die nichtpolnischen Bewerber ungleich behandelt werden. Somit kommt es auf der Verfassungsebene zur Privilegierung zugunsten polnischer Bewerber, was die Vergabe öffentlicher Ämter in erster Linie an Polen ermöglicht.[12] Soweit jedoch der einfache Gesetzgeber zu einem bestimmten Sektor des öffentlichen Dienstes auch Ausländer zulässt, findet in diesem Fall das Gebot einer Gleichbehandlung in Art. 32 PV Anwendung[13], was bedeutet, dass die Ausländer nicht ungleich behandelt werden dürfen. Fraglich ist auch, ob die in der Verfassung gewollte Privilegierung der polnischen Staatsbürger durch Art. 45 Abs. 4 des Vertrages über die Arbeitsweise der EU tangiert ist. Es scheint dies nicht der Fall zu sein, weil die in dieser Regelung gewährleistete Freizügigkeit der Arbeitnehmer nicht für die Beschäftigung in der öffentlichen Verwaltung gilt. Es muss jedoch betont werden, dass in der EuGH-Rechtsprechung Art. 45 Abs. 4 entgegen seinem Wortlaut sehr restriktiv ausgelegt wird. Er bezieht sich nur auf diejenigen Stellen in der öffentlichen Verwaltung, die eine unmittelbare oder mittelbare Teilnahme an der Ausübung hoheitlicher Befugnisse und an der Wahrnehmung solcher Aufgaben mit sich bringen, die auf die Wahrung der allgemeinen Belange des Staates oder der anderen öffentlichen Körperschaften gerichtet sind und deshalb ein Verhältnis besonderer Verbundenheit des Stelleninhabers zum Staat sowie die Gegenseitigkeit von Rechten und Pflichten voraussetzen, die dem Staatsangehörigkeitsband zugrunde liegen.[14]

2. Auswahlgrundsätze

Wie dem Art. 60 der polnischen Verfassung entnommen werden kann, liegt bei der Auswahl öffentlicher Bediensteter der Grundsatz des gleichen Zugangs zugrunde. Darüber hinaus muss der Bewerber die vollen bürgerlichen Ehrenrechte genießen. Diese zwei Voraussetzungen bestimmen auf der Verfassungsebene die materiellen Auswahlgrundsätze. Die weiteren Bedin-

---

10 *J. Jagielski*, Ustawy o służbie cywilnej, in: J. Jagielski/K. Rączka, Ustawa o służbie cywilnej. Komentarz, 2010, Art. 4, S. 53; *G. Lubieńczuk*, Prawo do równego dostępu do służby publicznej, Annales Universitatis Mariae Curie-Skłodowska Lublin – Polonia, LXIV, 2, 2017, S. 54–55.

11 Wyrok TK z dnia 11.05.2005 r., K 18/04, OTK-A 2005/5/49.

12 *M. Florczak-Wątor*, in: M. Safjan/L. Bosek (Hrsg.), Konstytucja RP, t. 1: Komentarz. Art. 1–86, 2016, Art. 60 Konstytucji RP, S. 1411.

13 *M. Florczak-Wątor*, in: M. Safjan/L. Bosek (Hrsg.), Konstytucja RP, t. 1: Komentarz. Art. 1–86, 2016, Art. 60 Konstytucji RP, S. 1411.

14 EuGH, Urt. v. 27.11.1991, C-4/91 (Annegret Bleis/Ministère de l'Education Nationale).

gungen werden in zahlreichen Pragmatiken geregelt, was auch die Pflicht des einfachen Gesetzgebers ist.[15] Einigkeit besteht, dass diese nicht willkürlich bestimmt werden können,[16] was sowohl für die materiellen als auch formellen Voraussetzungen gilt. Sie müssen transparent und objektiv sein. Erfüllen mehrere Bewerber die Auswahlgrundsätze, so soll sich die Wahl nach dem Leistungsprinzip richten. Praktisch gesehen, soll der am besten geeignete und befähigte Bewerber eingestellt werden.

3. Kein Anspruch auf Ernennung/Anstellung/Einstellung im öffentlichen Dienst

Artikel 60 PV hat keinen anspruchsbegründenden Charakter.[17] Die Verletzung des Gleichheitssatzes kann jedoch einen Entschädigungsanspruch begründen, vor allem für jene Bediensteten, die in einem öffentlich-rechtlichen Arbeitsverhältnis stehen, weil in diesen Fällen das Arbeitsgesetzbuch entweder direkte oder indirekte Anwendung findet (je nach der jeweiligen Regelung). Für andere Bewerber, die den Eintritt in ein öffentlich-rechtliches Dienstverhältnis anstreben, gibt es fast keine Ansprüche, wie z. B. eine Konkurrentenklage. Soweit für die Durchführung der Auswahl der Kandidaten spezielle Gremien oder Institutionen geschaffen werden (auch gesetzlich), besteht manchmal die rechtliche Möglichkeit, deren Beschlüsse anzufechten. Dies ist der Fall bei den Richtern. Die Auswahlverfahren werden vor dem Nationalrat der Justiz durchgeführt. Nach der Beendigung des Verfahrens werden die Kandidaten zum Richteramt dem Präsidenten vorgestellt, der über die Berufung zum Richteramt entscheidet.

IV. Rechtliche Grundlagen der Einschränkungszulässigkeit von Grundrechten im öffentlichen Dienst

1. Allgemeine Grundsätze der Zulässigkeit der Einschränkung von Grundrechten

Es ist unstrittig, dass die Beschränkung der Grundrechte im öffentlichen Dienst einer formell gesetzlichen Regelung oder einer Ermächtigung bedürfen. Dem polnischen Grundgesetz mangeln jedoch die Schrankenvorbehalte, die notwendige Grundrechtsbeschränkungen in einzelnen öffentlich-rechtlichen Dienst- oder Arbeitsverhältnissen ermöglichen. Deswegen sind

---

15 Verfassungsgerichtshof (Trybunał Konstytucyjny), Urt. v. 9.06.1998, K. 28/97, OTK 1998/4/15; Verfassungsgerichtshof (Trybunał Konstytucyjny), Urt. v. 14.12.1999, SK 14/98, OTK 1999/7/163.

16 *M. Florczak-Wątor*, in: M. Safjan/L. Bosek (Hrsg.), Konstytucja RP, t. 1: Komentarz. Art. 1–86, 2016, Art. 60 Konstytucji RP, S. 1417.

17 *M. Florczak-Wątor*, in: M. Safjan/L. Bosek (Hrsg.), Konstytucja RP, t. 1: Komentarz. Art. 1–86, 2016, Art. 60 Konstytucji RP, S. 1416.

in Polen die allgemeinen Grundsätze der Zulässigkeit der Begrenzung von Grundrechten in Art. 31 Abs. 3 PV verankert. Einschränkungen, verfassungsrechtliche Freiheiten und Rechte zu genießen, dürfen nur in einem Gesetz beschlossen werden und nur dann, wenn sie in einem demokratischen Staat für seine Sicherheit oder die öffentliche Ordnung oder zum Schutz der Umwelt, Gesundheit, der öffentlichen Moral oder der Freiheiten und Rechte anderer Personen notwendig sind. Diese Einschränkungen dürfen das Wesen der Freiheiten und Rechte nicht verletzen. Von besonderem Umfang ist die Notwendigkeit der Wahrung der öffentlichen Ordnung, was auch die Ausübung der öffentlichen Aufgaben im Rahmen des öffentlichen Dienstes betrifft. Art. 31 Abs. 3 S. 1 PV beinhaltet also zwei Regelungsbereiche, den Gesetzesvorbehalt und die Verhältnismäßigkeit. Er kann also sowohl auf der Ebene der Schranke des Grundrechts als auch auf der Ebene der Schranken-Schranke des Grundrechts zur Anwendung kommen. Demgegenüber enthält Art. 31 Abs. 3 S. 2 PV eine ausdrückliche Garantie des Wesensgehalts.

2. Pflichten der Beschäftigten im öffentlichen Dienst- und Arbeitsverhältnis als Schranken der Grundrechte

a. Rechtsquellen der Pflichten im öffentlichen Dienst- und Arbeitsverhältnis

Weil der Status des öffentlichen Dienstes verfassungsrechtlich und gesetzlich geregelt ist, bilden auch diese Rechtsakte die Grundlagen der Rechtsquellen der Pflichten der Beschäftigten im öffentlichen Dienst. Auf der Verfassungsebene wurden ausdrücklich die Pflichten der Beamtenschaft in den Behörden der Regierungsverwaltung sowie der Richter geregelt. Nach Art. 153 PV gewährleistet die Beamtenschaft in den Behörden der Regierungsverwaltung, die berufsmäßige, redliche, unparteiische und politisch neutrale Erfüllung der Staatsaufgaben. Viel Aufmerksamkeit widmet man auch in der PV den Richtern, die bei der Ausübung ihres Amtes unabhängig sein müssen und nur der Verfassung und den Gesetzen unterworfen sind (Art. 178 Abs. 1 PV). Ein Richter darf weder einer politischen Partei oder einer Gewerkschaft angehören, noch eine öffentliche Tätigkeit ausüben, die mit den Grundsätzen der Unabhängigkeit der Gerichte und der Richter nicht vereinbar ist (Art. 178 Abs. 2 PV). Sehr relevante Pflichten ergeben sich auch aus dem Diensteid, dessen Ablegung eine Pflicht und zugleich die letzte Voraussetzung für das Zustandekommen des Dienstverhältnisses ist. Im Einzelnen sind die Pflichten der Beschäftigungen im öffentlichen Dienst sehr vielfältig, weswegen sie im Rahmen dieses Vortrages nicht detailliert dargestellt werden. Vielmehr soll nur auf einige Typen von Grundpflichten näher eingegangen werden, die einem Teil der öffentlichen Bediensteten obliegen und zugleich auch als eine Grundrechtseinschränkungsermächtigung angesehen werden können.

b. Neutralitätspflicht, Verfassungs- und Rechtstreue, Loyalität als Grundrechtsgarantie und -einschränkung

Das besondere Beschäftigungsverhältnis (Gewaltverhältnis), das zwischen dem Staat und dem Bediensteten im öffentlichen Dienst entsteht, begründet zahlreiche Pflichten, die dem Beschäftigten auferlegt sind und die als eine Grundrechtseinschränkung angesehen werden können. Diese Pflichten werden entweder explizit auf der Verfassungs- und/oder Gesetzesebene bestimmt oder können aus den allgemeinen verfassungsrechtlichen Grundsätzen indirekt abgeleitet werden. Die Analyse von zahlreichen Rechtsvorschriften führt zu dem generellen Schluss, dass zu den relevantesten Pflichten der öffentlich Bediensteten Neutralität, Loyalitätspflicht und Verfassungstreue gehören. Ausdrücklich geregelt wurden die folgenden Pflichten u. a. für die Beamtenschaft in der Regierungsverwaltung (politische Neutralität, Redlichkeit), uniformierte Dienste (Verfassungstreue, Unparteilichkeit) und Richter, Staatsanwälte (Rechtstreue, Unparteilichkeit). Aus der Perspektive der polnischen Verfassung sind von größter Bedeutung die schon oben angesprochenen Art. 153 und Art. 178 Abs. 3. Nicht weniger bedeutsam sind jedoch Art. 2 PV, der die Republik Polen als Rechtsstaat definiert, und Art. 8 PV, nach dem die Verfassung das oberste Recht der Republik Polen ist. Aus diesen Regelungen kann eine besondere Pflicht zur Verfassungstreue entnommen werden. Diese Pflicht bestimmt auch unmittelbar das Ethos des öffentlichen Dienstes im demokratischen Rechtsstaat. Der seit 2015 in Polen dauernde Streit um die Reform der Justiz macht dies sehr deutlich. Es geht nicht um die Sicherung eines stabilen Justizwesens (dieses Ziel deklariert die regierende Mehrheit für den Umbau des Justizsystems), sondern um den Schutz der Einzelnen (sind Personen oder einzelne Gesetzesvorschriften gemeint?) vor den verfassungswidrigen Gesetzesänderungen, die sowohl das Justizwesen als auch den Status der Richter selbst betreffen. Deswegen berufen sich die Richter auf ihre besondere Pflicht zur Verfassungstreue. Das ist auch eine moderne Art des zivilen Ungehorsams, der sich gegen das einfache Recht richtet, das nicht auf die Verfassungsmäßigkeit durch den funktionsfähigen Verfassungsgerichtshof kontrolliert werden kann (oder besser: der sich dagegen richtet, dass das einfache Recht nicht mehr durch einen funktionsfähigen Verfassungsgerichtshof auf seine Verfassungsmäßigkeit kontrolliert werden kann). Anderseits erfüllen sie ihre Pflicht, sich für die demokratische Grundrechtsordnung und die Grundwerte der Verfassung einzusetzen. Das Gleiche gilt für die Loyalitätspflicht, die nicht auf den Gehorsam gegenüber dem Dienstherrn (Arbeitgeber) reduziert werden darf. Es stellt sich nämlich auch die Frage nach der Grenze der Loyalität, wenn es zu einem politischen Eingriff in die verfassungsrechtliche Grundordnung kommt. Somit ist zu betonen, dass der Vorrang der Verfassungstreue den Grundrechtsschutz für andere Einzelheiten (siehe oben) gewährleistet. Sie ist demnach die Grundrechtsschutzgarantie, die im Interesse aller Staatsbürger liegt. Die gleiche Bedeutung wird der Neutralitätspflicht zugeschrieben, deren Erfüllung durch die Personen, die im öffentlichen Dienst eingestellt sind, im öffentlichen Interesse liegt.

Die Analyse der einzelnen Regelungen, die den Inhalt des öffentlich-rechtlichen Dienst- oder Arbeitsverhältnisses betreffen, führt zu der allgemeinen Schlussfolgerung, dass einige Pflichten der Bediensteten als Grundlage für die Einschränkung bestimmter Grundrechte angesehen werden können. Weil dieser Vortrag einen mehr informativen Charakter hat, werden die im Nachfolgenden anzusprechenden Grundrechte nicht im Detail dargestellt; vielmehr wird eine breitere Perspektive, die sich aus dem polnischen Recht ergibt, präsentiert.

3.   Pflichten als Schranken der politischen Grundrechte

Wie oben schon angedeutet, ist mit der Neutralitätspflicht in erster Linie die politische Neutralität gemeint. Das Ziel ist die Sicherung der Unparteilichkeit und Unabhängigkeit des öffentlichen Dienstes. Auf der Verfassungsebene wurde ein Parteiverbot nur bei den Richtern geregelt. Ein Richter darf weder einer politischen Partei angehören, noch eine öffentliche Tätigkeit ausüben, die mit den Grundsätzen der Unabhängigkeit der Gerichte und der Richter nicht vereinbar ist (Art. 178 Abs. 3 PV). Mittelbar kann auch aus der Pflicht zur Redlichkeit der Beamtenschaft in der öffentlichen Verwaltung das Gebot der Unparteilichkeit entnommen werden.

Wiederum findet man in den einfachen Gesetzen viele Vorschriften, die die Unparteilichkeit bestimmter Bediensteter im öffentlichen Dienst sichern. Nach dem Wortlaut der einzelnen einfachen Regulierungen geht es um:

1) das Verbot der Parteigründung oder Parteimitgliedschaft (uniformierte Dienste, Richter, Staatsanwälte);
2) das Verbot von politischen Aktivitäten und der Teilnahme daran;
3) das Verbot politischer Meinungsäußerungen in der Öffentlichkeit (Beamtenschaft in der Regierungsverwaltung);
4) das Verbot, bei der Aufgabenwahrnehmung politischen Ansichten zu folgen (Arbeitnehmer der Justiz und Staatsanwaltschaft).

In allen diesen Fällen kommt es zu der Einschränkung des Rechts auf Bildung politischer Parteien. Dieses Recht wird durch Art. 58 Abs. 1 PV geschützt, der die Vereinigungsfreiheit für jedermann gewährleistet.[18]

---

18 *L. Wiśniewski*, „Biuletyn KKZN" nr XI, s. 204 oraz nr XII, s. 42; *J. Majchrowski*, Partie polityczne w świetle nowej Konstytucji, PiP 1997, z. 11–12, S. 169; *M. Dąbrowski*, Zrzeszanie się obywateli UE w partiach politycznych w Polsce, PiP 2006, z. 4, S. 62.

Bemerkenswert ist jedoch, dass die Freiheit der Bildung und Tätigkeit der politischen Parteien auch in Art. 11 PV verankert ist. Systematisch gesehen, gibt es in der polnischen Verfassung zwei Regelungen, die das Parteirecht betreffen und verschiedene Aspekte des politischen Lebens bestimmen. Soweit in Art. 11 PV die Freiheit der Bildung und Tätigkeit politischer Parteien als dienende Institution des politischen Lebens anzusehen ist, beinhaltet Art. 58 Abs. 1 PV ein Grundrecht, das dieser Freiheit entspricht.[19] Die Zulässigkeit der Einschränkbarkeit des Rechts auf Bildung politischer Parteien ergibt sich grundsätzlich aus den anderen verfassungsrechtlichen Regelungen (wie z. B. bei den Richtern – Art. 178 Abs. 3 PV) oder der allgemeinen Schranke (Art. 31 PV).[20] Es ist auch zu beachten, dass laut Art. 58 Abs. 2 und 3 PV Vereine verboten sind, deren Ziel oder Tätigkeit verfassungs- oder gesetzwidrig ist. Über die Ablehnung der Eintragung oder ein Tätigkeitsverbot für einen solchen Verein entscheidet ein Gericht. Das Gesetz bestimmt auch, welche Vereine einer gerichtlichen Eintragung bedürfen, das Verfahren der Eintragung sowie Formen der Überwachung solcher Vereine.

Zu den politischen Rechten, die ebenfalls einer Einschränkung im öffentlichen Dienst unterliegen, gehört das Recht auf Gründung und Teilnahme an einer Gewerkschaft. Laut Art. 59 Abs. 1 PV wird die Koalitionsfreiheit, die Freiheit der Bildung von gesellschaftlich-beruflichen Bauernorganisationen sowie Arbeitgeberorganisationen gewährleistet. Abhängig von der Art der Beschäftigung im öffentlichen Dienst- oder Arbeitsverhältnis oder im Sektor des öffentlichen Dienstes hat das Verbot eine jeweils verschiedene Form. Die weitgehenden Einschränkungen betreffen die uniformierten Dienste. Nach dem Wortlaut einzelner Gesetze geht es um:

1) das Verbot der Gewerkschaftsgründung oder Mitgliedschaft in einer Gewerkschaft (Agentur für innere Sicherheit, Zentrales Amt für Korruptionsbekämpfung)
2) die Zulässigkeit der Mitgliedschaft nur in einer Berufsgewerkschaft (Polizei, Grenzschutz)

Bei den anderen Personen, die im öffentlichen Dienst aufgrund eines Arbeitsvertrages eingestellt sind, betrifft das Verbot der Gewerkschaftsgründung oder -mitgliedschaft nur einige Bedienstete (die Richter, den Chef des Obersten Rechnungshofes oder den Generalstaatsanwalt). Die Reichweite der Koalitionsfreiheit sowie der Umfang anderer gewerkschaftlicher Freiheiten kann auch einer Einschränkung unterliegen, wobei ihre Zulässigkeit drei Schranken unterliegt. Einer allgemeinen Schranke aus Art. 31 PV, einer Schranke aus Art. 58 PV, die für Vereinigungsfreiheit maßgeblich ist, und

---

19 *M. Zubik*, in: L. Garlicki/M. Zubik (Hrsg.), Konstytucja Rzeczypospolitej Polskiej, Komentarz, Tom II, 2016, Art. 11 Konstytucji, Rn. 4.
20 S. o. Punkt IV. 1.

einer besonderen Schranke aus Art. 59 Abs. 4 PV. Danach darf die Reichweite der Koalitionsfreiheit sowie der Umfang anderer gewerkschaftlicher Freiheiten nur solchen gesetzlichen Einschränkungen unterstehen, welche von den für die Republik Polen verbindlichen völkerrechtlichen Verträgen zugelassen werden.[21] In der Rechtsprechung des polnischen Verfassungsgerichtshofes wird jedoch der Schwerpunkt auf Art. 31 Abs. 3 gelegt.[22] Zu beachten ist aber, dass sich die Vereinigungsfreiheit aus ILO-Konvention Nr. 151 ergibt, die ausdrücklich eine Einschränkung dieser Freiheit für die „öffentlichen Funktionäre" zulässt.

Verfassungsrechtlich geschützt ist auch das Recht auf Streik (Art. 59 Abs. 3 PV). Den Gewerkschaften steht das Recht zu, einen Streik der Arbeitnehmer und andere Protestaktionen in den vom Gesetz bestimmten Grenzen zu veranstalten. Im Hinblick auf das Gemeinwohl kann das Gesetz die Durchführung eines Streiks einschränken oder in Bezug auf bestimmte Gruppen von Arbeitnehmern oder in bestimmten Bereichen verbieten. Auf Grund dieses Gesetzesvorbehalts kam es zur Einschränkung des Streikrechts für bestimmte Berufsgruppen. Dies gilt für die Funktionäre der uniformierten Dienste und alle anderen Beschäftigten, die in Organen der Staatsgewalt, der Regierungsverwaltung und territorialen Verwaltung eingestellt sind.

4. Pflichten als Schranken der ökonomischen Grundrechte

Die Einstellung im öffentlichen Dienst unterliegt einem Grundrecht auf freie Wahl und Ausübung des Berufes sowie auf freie Wahl des Arbeitsplatzes, wobei die Ausnahmen das Gesetz regelt (Art. 65 Abs. 1 PV). Zur Beschränkung dieses Grundrechts im öffentlichen Dienst kommt es vorwiegend durch das Nebentätigkeitsverbot. Sein Ziel ist es, die Unparteilichkeit der Bediensteten im öffentlichen Dienst bei der Wahrnehmung ihrer Aufgaben zu sichern. Dieses Verbot ist abhängig von der jeweiligen Berufsgruppe differenziert. Ein absolutes Verbot gilt vor allem für die Funktionäre der Uniformdienste und Beamtenschaft in der Regierungsverwaltung. Bei vielen anderen Berufen ist die Aufnahme einer Nebentätigkeit zulässig, wird aber in Bezug auf Zeitdauer oder Art der Tätigkeit sehr differenziert.

5. Pflichten als Schranken der persönlichen Grundrechte

Zu den persönlichen Grundrechten, die auch kurz angesprochen werden müssen, gehören die Meinungsäußerungsfreiheit und die Gewissens- und Religionsfreiheit. Laut Art. 54 Abs. 1 PV wird die Freiheit, Anschauungen

21 *W. Sokolewicz/K. Wojtyczek*, in: L. Garlicki/M. Zubik (Hrsg.), Konstytucja Rzeczypospolitej Polskiej, Komentarz, Tom II, 2016, Art. 59 Konstytucji RP, Rn. XI.

22 Verfassungsgerichtshof (Trybunał Konstytucyjny), Urt. v. 01.07.2008 r., K 23/07, OTK-A 2008/6/100; Verfassungsgerichtshof (Trybunał Konstytucyjny), Urt. v. 28.09.2006 r., K 45/04, OTK-A 2006/8/111.

zu äußern sowie Informationen zu beschaffen oder zu verbreiten, jedermann gewährleistet. Die Meinungsfreiheit umfasst die Äußerung von Ansichten und die Gewinnung und Verbreitung von Informationen.[23] Sie ist von elementarer Bedeutung für den Einzelnen.[24] Nach der Rechtsprechung des Verfassungsgerichtshofes kann dieses Recht jedoch notwendigen Einschränkungen unterworfen werden und unterliegt der allgemeinen Schranke.[25] In den einfachen Gesetzen, die die Pflichten in einem öffentlich-rechtlichen Dienst- oder Arbeitsverhältnis regeln, wird die Meinungsäußerungsfreiheit nur im politischen und religiösen Kontext beschränkt. Das gilt für die Beamtenschaft in der Regierungsverwaltung, die Aufsichtsprüfer des Obersten Rechnungshofes und die Arbeitnehmer, die bei den Gerichten und Staatsanwaltschaften angestellt sind. Es ist verboten, bei der Amtsführung politische Ansichten zu äußern (Regierungsverwaltung und Aufsichtsprüfer) oder zu befolgen (Arbeitnehmer der Gerichte und Staatsanwaltschaften). Bei der letzten Berufsgruppe ist zusätzlich von den religiösen Ansichten die Rede. Dieses Meinungsäußerungsverbot kann auch bei den Richtern aus dem verfassungsrechtlichen Unparteilichkeitsgebot abgeleitet werden.

Darüber hinaus fraglich ist auch die Pflicht der weltanschaulichen und religiösen Neutralität der Bediensteten im öffentlichen Dienst. Diese Frage muss aber aus einer breiteren verfassungsrechtlichen Perspektive erörtert werden. Einerseits wird jedermann die Gewissens- und Religionsfreiheit gewährleistet, was sich aus dem Art. 53 Abs. 1 PV ergibt, andererseits wahrt die öffentliche Gewalt laut Art. 25 Abs. 2 PV die Unparteilichkeit in Angelegenheiten der religiösen, weltanschaulichen und philosophischen Anschauungen und gewährleistet die Freiheit, diese im öffentlichen Leben zu äußern. Die zweite Regelung stellt somit eine selbständige Schranke für die Einschränkung von Grundrechten im öffentlichen Dienst dar. Darüber hinaus ist die Glaubens- und Religionsfreiheit mit einem eigenen Schrankenvorbehalt ausgestattet, der den allgemeinen Vorbehalt des Art. 31 Abs. 3 PV fast wörtlich wiederholt. Es fehlt lediglich der Schutz der Umwelt als zulässiger Eingriffszweck.[26]

V. Recht auf soziale Sicherheit im öffentlichen Dienst

Die Frage nach der normativen Ausgestaltung der sozialen Sicherheit im öffentlichen Dienst führt zwangsläufig zur Bestandsaufnahme der Rechtsvorschriften. Will man die Bestimmungen der polnischen Verfassung zur

---

23 A. *Biłgorajski*, Granice wolności wypowiedzi, 2014, S. 188.

24 Verfassungsgerichtshof (Trybunał Konstytucyjny), Urt. v. 20.04.1995 r., W 3/95.

25 Verfassungsgerichtshof (Trybunał Konstytucyjny), Urt. v. 30.10.2006 r., P 10/06, OTK-A 2006/9/128; M. *Florczak-Wątor*, in: P. Tuleja, Konstytucja Rzeczypospolitej Polskiej, Komentarz, 2019, Art. 5 Rn. 5.

26 T. *Diemer-Benedict*, ZäöRV 59 (1998), 233.

sozialen Sicherung (oder Sicherheit) untersuchen, so muss festgestellt werden, dass im polnischen Grundgesetz außer dem Grundrecht auf die soziale Sicherheit nur der Versorgungsstatus der Richter normiert ist, und zwar nur in Bezug auf das Ruhestandsgehalt (Art. 180 PV i. V. m. Art. 178 Abs. 2 PV). Die polnische Konzeption des Ruhestandes beruht auf der lebenslangen Ernennung des Richters. Das öffentlich-rechtliche Dienstverhältnis ist lebenslang, was in der Praxis bedeutet, dass im Ruhestand das Rechtsverhältnis weiter besteht, aber der Richter zur Wahrnehmung seines Amtes oder zur Ausführung seiner Dienstaufgaben nicht mehr verpflichtet ist. Verfassungsrechtlich geregelt ist nur, dass den Richtern die Arbeitsbedingungen und eine Vergütung gewährleistet werden, die der Würde ihres Amtes und dem Umfang ihrer Pflichten entsprechen, und ein Gesetzesvorbehalt, dass das Gesetz die Altersgrenze, bei deren Erreichung die Richter in den Ruhestand treten, bestimmen wird. Der Eintritt in den Ruhestand kann auch aus gesundheitlichen Gründen erfolgen. Ähnliche Regelungen wurden aber auf der Gesetzesebene für Staatsanwälte vorgesehen. In beiden Fällen sind Pensionen ein Teil der Personalkosten und werden allein von dem öffentlichen Arbeitgeber (Gericht oder Staatsanwaltschaft) gezahlt.

Eine spezielle Dienstunfähigkeits- und Altersversorgung ist für die Funktionäre der uniformierten Dienste vorgesehen. Das ist ein gesondertes System der sozialen Sicherheit, das dem zuständigen Minister unterliegt. Die Funktionäre erhalten nach Eintritt in den Ruhestand ein Ruhegehalt. Es bemisst sich an den bezogenen ruhegehaltfähigen Dienstbezügen und der ruhegehaltfähigen Dienstzeit. Gerade bei den Funktionären ist das Ruhegehalt mit dem Erreichen der gesetzlich bestimmten Altersgrenze verbunden. Bei einem Dienstunfall wird eine spezielle Dienstunfähigkeitsrente ausgezahlt.

Die anderen Angehörigen des öffentlichen Dienstes unterliegen der allgemeinen, gesetzlichen Sozialversicherung. Deswegen gelten nur Richter, Staatsanwälte und Funktionäre der uniformierten Dienste als privilegierte Dienstgruppen.

Grundrechtsschutz im öffentlichen Dienst

von

Heinrich Amadeus Wolff, Bayreuth[*]

I. Einleitung

Der Grundrechtsschutz im öffentlichen Dienst ist ein altes Thema, das man auf einem verwaltungsrechtlichen Kolloquium im Jahr 1949 genauso hätte diskutieren können wie 1979, 1999, 2009, 2019. Der Inhalt der Behandlung wäre jeweils anders gewesen. 1949 wäre das neu erlassene Grundgesetz beherrschend gewesen. 1979 wäre es der Vergleich zum Grundrechtsschutz im Angestelltenverhältnis gewesen. 1999 wäre die Dogmatik völlig in den Hintergrund getreten; Hauptsache, man hätte es geschafft, dass die Pensionslasten nicht weiter ansteigen. 2009 wäre es, vor dem Hintergrund der Kompetenzverschiebungen durch die Föderalismusreform im Jahr 2006, darum gegangen, ob es den Grundrechten und Art. 33 Abs. 5 GG gelingen wird, ein Auseinanderdriften der Landesregelungen zu verhindern. Und 2019?

2019 ist es die Globalisierung i. w. S., die das Thema wesentlich bestimmt, d. h. die Stärkung der Ökonomisierung der Verwaltung, die Vielfalt der Gesellschaft und die Angleichung des Beamtenrechtsverhältnisses durch das Unionsrecht. Sichtbar wird dies an spektakulären Entscheidungen der letzten Jahre, d. h. natürlich an den Entscheidungen des Bundesverfassungsgerichts zum religiös motivierten Kopftuch, zum Streikrecht sowie der Rechtsprechung der Verwaltungsgerichte zur Tätowierung und zur Diskriminierung wegen einer Behinderung.

---

[*] *Heinrich Amadeus Wolff* ist Inhaber des Lehrstuhls für Öffentliches Recht an der Universität Bayreuth.

II. Ausgewählte Rechtsprechung

1. Kopftuchfälle

Die Frage der Zulässigkeit des Verbots des religiös motivierten Tragens des Kopftuchs im staatlichen Raum hat Entscheidungen des BVerfG, des EuGH und des EGMR hervorgebracht.

Das BVerfG hat zunächst 2003 ein Verbot für Lehrerinnen noch für verfassungsrechtlich zulässig gehalten, sofern eine hinreichend bestimmte gesetzliche Grundlage bestehe.[1] Damals hielt das BVerfG es für verfassungsrechtlich hinnehmbar, wenn der Gesetzgeber von einer abstrakten Gefährdung des Schulfriedens und der religiös-weltanschaulichen Neutralität des Staates ausging und deshalb eine entsprechende gesetzliche Grundlage über ein Verbot religiös konnotierter Kleidung schuf. Daraufhin erließen mehrere Bundesländer gesetzliche Regelungen über Kopftuchverbote, unter anderem das Land Nordrhein-Westfalen in § 57 Abs. 4 SchulG NRW.[2] Am 27.01.2015 erklärte das BVerfG dann allerdings gerade diese Regelung für teilweise verfassungswidrig und ließ der Sache nach ein Verbot nur zu, sofern eine konkrete Gefährdung des Schulfriedens oder der religiös-weltanschaulichen Neutralität des Staates ein Kopftuchverbot rechtfertigen könne,[3] wobei es davon allerdings schwer verständliche Ausnahmen formulierte. Kurz darauf wurde diese Linie mit einer begründeten Kammerentscheidung auf Kindergärtnerinnen in öffentlichen Kindergärten übertragen.[4] Die Verwaltungsgerichtsbarkeit hat diese Linie auf andere Gestaltungen übertragen: Eine Beamtin, die als Sachbearbeiterin in der Abteilung Allgemeine Soziale Dienste eines Jugendamtes beschäftigt ist, darf trotz Publikumsverkehrs während des Dienstes ein Kopftuch tragen.[5]

Ob für Bedienstete im Richterdienst etwas anderes gilt, ist noch offen[6] – gewisse Tendenzen im Sinne einer strengeren Bewertung der Richtertätigkeit sind erkennbar; da das BVerfG im Wege einer einstweiligen Anordnung das Verbot des Tragens von Kopftüchern bei der Ausübung von Hoheitsgewalt gestattet hat[7] und der BayVerfGH dies in einer Hauptsacheentschei-

---

1 BVerfG, Urt. v. 24.09.2003, 2 BvR 1436/02, BVerfGE 108, 282 ff. = NJW 2003, 3111 ff.

2 In Folge dessen hat das BVerwG eine fehlende Eignung bei fehlendem Verzichtswillen angenommen, BVerwG, Urt. v. 24.06.2004, 2 C 45/03 (VGH BW), NJW 2004, 3581.

3 BVerfG, Beschl. v. 27.01.2015, 1 BvR 471/10 = BVerfGE 138, 296 ff.

4 BVerfG, Kammer, Beschl. v. 18.10.2016, 1 BvR 354/11, NZA 2016, 1522 ff.

5 VG Kassel, Urt. v. 28.02.2018 1 K 2514/17.KS

6 Verneinend etwa *Mehrdad Payandeh*, Das Kopftuch der Richterin aus verfassungsrechtlicher Perspektive, DÖV 2018, 482 ff.

7 Ablehnung einer einstweiligen Anordnung gegen Kopftuchverbot für Rechtsreferendarinnen in Hessen BVerfG (Kammer), Beschl. v. 27.6.2017, 2 BvR 1333/17 mit Anm. *Noreen v. Schwanenflug/Simone Szczerbak*: Das Tragen eines Kopftuches im Lichte des Neutralitätsgebots im Öffentlichen Dienst, NVwZ 2018, 441 ff.: Das BVerfG betont die Bedeutung „unbedingter Neu-

dung hinsichtlich der bayerischen Verfassung genauso sah.[8] Auch eine Schöffin darf mit einem Kopftuch nicht an der Verhandlung teilnehmen.[9]

Für die freie Privatwirtschaft hat das BVerfG die Ansicht des BAG, eine Kündigung sei nur möglich, wenn eine Störung des betrieblichen Friedens oder wirtschaftliche Nachteile plausibel gemacht werden könnten, nicht für grundrechtswidrig gehalten.[10].

Der EGMR lässt den Konventionsstaaten für die Frage des Verbotes von religiösen Zeichen im staatlichen Raum, zumindest im Erziehungsbereich, wie Schule[11] und Universität,[12] und im Krankenhausbereich[13] einen erheblichen Beurteilungsspielraum zu. Sie können sich auf die Grundsätze des Laizismus und der Neutralität berufen, um das Tragen von religiösen Zeichen durch ihre Bediensteten einzuschränken.

Der EuGH hat sich als Letztes geäußert[14]. Er hat einem privaten Unternehmen, das für Kunden aus dem öffentlichen und privaten Sektor unter anderem Rezeptions- und Empfangsdienste anbietet, gestattet, von seinen Mitarbeiterinnen das sichtbare Tragen politischer, philosophischer und religiöser Symbole zu untersagen, sofern diese Politik konsequent im Betrieb umgesetzt wird. Darin sei zwar eine mittelbare Diskriminierung im Sinne der Anti-Diskriminierungs-Richtlinie (Art. 2 Abs. 2 Buchst. b der Richtlinie 2000/78 EWG) zu sehen, die jedoch sachlich gerechtfertigt sein könne.

---

tralität" für Richter gegenüber den Verfahrensbeteiligten, die sich aus Art. 97 GG, Art. 101 GG und dem Rechtsstaatsprinzip ergibt.

8 BayVerfGH, Entsch. v. 14.03.2019, Vf. 3-VII-18, NVwZ 2019, 721 ff.; s.a. zur Ablehnung einer Fortsetzungsfeststellungsklage VGH München, Urt. v. 7.03.2018, 3 BV 16.2040, NJOZ 2019, 749.

9 AG Fürth, Beschl. v. 07.12.2018, 441 AR 31/18, BeckRS 2018, 31935.

10 BVerfG (Kammer), Beschl. v. 30.07.2003, 1 BvR 792/03, NZA 2003, 959 ff.

11 EGMR (Zweite Sektion), Entscheidung vom 15. 2. 2001, Nr. 42393/98 Dahlab/Schweiz), NJW 2001, 2871: zulässiges Verbot für eine Grundschullehrerin, während des Unterrichts ein Kopftuch zu tragen.

12 Bezogen auf eine Studentin der Medizin EGMR (Große Kammer), Urt. v. 10. 11. 2005, 44774/98 Leyla Sahin/Türkei, NVwZ 2006, 1389; s.a. EGMR, Urt. v. 18.9.2018, 3413/09, Lachiri gegen Belgien, becklink 2010960 Rn. 31: Zutritt zu einem Gerichtssaal darf wegen Kopftuch nicht verwehrt werden; EGMR (IV. Sektion), Urt. v. 5.12.2017, 57792/15 (Hamidović / Bosnien Herzegowina), NVwZ 2018, 965: islamischer Zeuge darf wegen Nichtabnehmen eines Käppchens nicht zum Ordnungsgeld verurteilt werden.

13 Bezogen auf eine Mitarbeiterin in einer Klinik EGMR, Urt. v. 26.11.2015, 64846/11 (Ebrahimian/Frankreich), NZA-RR 2017, 62 ff.: Nichterneuerung eines Arbeitsvertrages bei Weigerung, das Kopftuch im Dienst abzulegen, ist zulässig; s. zur freien Wirtschaft: EGMR, Urt. v. 15.1.2013, 48420/10 u. a. (Eweida ua/United Kingdom), NJW 2014, 1935, Rn. 80; u. a. Kreuz einer Check-In-Mitarbeiterin einer privaten Fluggesellschaft durfte nicht untersagt werden.

14 EuGH (Große Kammer), Urt. v. 14.3.2017, C-157/15 (Samira Achbita u. Centrum voor gelijkheid van kansen en voor racismebestrijding/G4S Secure Solutions NV), NJW 2017, 1087 ff.

Gesetzliche und tarifvertragliche Regelungen eines Verbotes der Vollverschleierung im öffentlichen Dienst stoßen demgegenüber auf keinen nennenswerten rechtlichen Widerstand.[15]

Die Entscheidungen sind ähnlich, aber nicht gleich. Der Umstand, dass beim BVerfG einmal eine beamtete Lehrerin zu prüfen war, einmal eine beim Staat angestellte Lehrerin bzw. Kindergärtnerin betroffen war, beim EuGH eine Angestellte in der Wirtschaft und beim EGMR einmal eine Studentin und dann wieder eine Angestellte eines staatlichen Krankenhauses prägten die Entscheidungsgründe wenig, auf jeden Fall weniger, als die relevanten Rechtsgrundlagen und die Wertungen der jeweiligen Gerichte, wobei das BVerfG am strengsten ist.

Im Ergebnis darf nach dem EuGH ein privates Unternehmen und nach dem EGMR bei entsprechender Ausrichtung ein Konventionsstaat stärker auf einen bekenntnisfreien Raum bestehen, als es in Deutschland nach dem BVerfG im Schulbereich zulässig ist, da nur letzteres eine konkrete Gefährdung des „Betriebsfriedens" im weiteren Sinne verlangt. Wegen dieser Differenzen hat u. a. das BAG dem EuGH mehrere Fragen vorgelegt, insbesondere die Frage, ob ein Bekundungsverbot stets angemessen ist oder die unternehmerische Freiheit mit der Religionsfreiheit abzuwägen ist.[16]

Die Entscheidungen des BVerfG überzeugen im Ergebnis als Einzelfallentscheidungen, weil in den dort relevanten Fällen den im Dienst stehenden Lehrerinnen plötzlich das fortgesetzte Tragen ihres Kopftuches untersagt worden war.[17] Als generelle Leitlinie sind die Entscheidungen des BVerfG dennoch nicht überzeugend, weil sie die Ausübung von Hoheitsgewalt zu einem Raum werden lassen, in dem Individualität stärker zur Entfaltung kommt als im Dienstleistungsgewerbe der freien Wirtschaft.[18] Nach dem BVerfG ist das Neutralitätsgebot des Staates im Schulbereich nicht so zu verstehen, dass jede religiöse Bekundung schon untersagt sei, sondern nur eine, die werbend sei oder die dem Staat konkret zurechenbar sei. Dieses Ergebnis wird von der Literatur teilweise mit dem Hinweis gebilligt, in Deutschland sei die Trennung von Staat und Kirche weniger streng als in Frankreich.[19]

---

15 *Alexandra-Isabel Reidel*, Die Zulässigkeit von Gesichtsverhüllungsverboten im öffentlichen Dienst: Symbolpolitik oder vorausschauendes Handeln des Gesetzgebers?, öAT 2019, 71, 72 f.; *Holger Greve/Paul Kortländer/Michael Schwarz*, Das Gesetz zu bereichsspezifischen Regelungen der Gesichtsverhüllung, NVwZ 2017, 992 ff.

16 BAG, Vorlagebeschl. v. 30.1.2019, 10 AZR 299/18, NZA 2019, 693 ff.; s. dazu *Christian Hoppe/ Great Groffy*, „Solange IV"? Religiöse Symbole am Arbeitsplatz im Spiegel der deutschen Rechtsprechung und des EuGH, ArbRAktuell 2019, 211 ff.

17 *Heinrich Amadeus Wolff*, Anmerkung zum Beschluss des Bundesverfassungsgerichts vom 27.01.2015, 1 BvR 471/10 u. a. zum pauschalen Kopftuchverbot, BayVBl., 2015, 489, 493 f.

18 So sachlich auch ArbG Berlin, Urt. v. 24.05.2018, 58 Ca 7193/17, BeckRS 2018, 9662, Rn. 32, aufgehoben durch LAG, Berlin-Brandenburg, Urt. v. 27.11.2018, 7 Sa 963/18, NZA-RR 2019, 280.

19 *Stefan Muckel*, Kopftuchverbot in öffentlichen Kindertagesstätten, JA 2017, 393, 396.

Dies ist nicht richtig. Die Ausübung von Hoheitsgewalt ist nur zu legitimieren, wenn sie dem Staat zugerechnet werden kann und wenn sie von Menschen ausgeübt wird, die ihre persönliche Weltanschauung i. w. S. nach außen tragen. Die neutrale – möglichst gleichmäßige Gesetzesanwendung – muss sichergestellt werden und es darf – nach der hier vertretenen Ansicht – entgegen dem BVerfG – auch im Erscheinungsbild der öffentlichen Verwaltung dies äußerlich symbolisiert werden. So wie der Staat verlangen kann, dass alle Amtswalter Uniformen tragen zu dem Zweck der Verbildlichung der Objektivität der Hoheitsgewaltausübung, darf er auch – eine Stufe darunter – die Abwesenheit von ausbrechenden Bekundungen auffallender Individualität untersagen – mögen sie nun religiös, politisch, künstlerisch oder persönlich motiviert sein.

Dies sieht das BVerfG selbst, indem es andeutet, für die rechtsprechende Gewalt genau diese Forderung aufzustellen. Der Fehler des BVerfG reduziert sich darauf, den staatlichen Schulbereich nicht als Hoheitsbereich anzusehen.[20] Da die Schulpflicht den am längsten andauernden staatlichen Eingriff begründet mit dem erklärten Ziel, den Grundrechtsträger zu erziehen und somit seine Persönlichkeit zu formen, ist die Vorstellung, darin läge keine Hoheitsgewalt, fernliegend, aber dem BVerfG ist insofern zu verzeihen, da es sie schon in anderem Zusammenhang vertreten hat, als es vor Jahren irrig angenommen hat, Lehrerinnen müssten nicht zwingend verbeamtet sein, so dass wenigstens ein sog. Folgefehler vorliegt, der bekanntlich weniger schwer wiegt.

2. Streikrecht

Mit Urteil v. 12.06.2018 hat das BVerfG[21] vier Verfassungsbeschwerden gegen fachgerichtliche Entscheidungen abgelehnt, die den Betroffenen (Beamtinnen), die an Streikmaßnahmen für Streiks zum Abschluss eines Tarifvertrages der Angestellten des öffentlichen Dienstes teilnahmen, keinen Rechtsschutz gegen disziplinarische Maßnahmen gewährten. Die Entscheidung bezieht eindeutig zu Gunsten des Dienstherrn Stellung und nimmt die denkbar konservativste rechtliche Position ein. Kurz gefasst gilt:[22] Es gibt einen hergebrachten Grundsatz des Berufsbeamtentums, der ein Streikverbot zum Inhalt hat, und eine enge Verbindung zu anderen tragenden Grund-

---

20 Positiv zu der Differenzierung des BVerfG dagegen: *v. Schwanenflug/Szczerbak* (Fn. 7), NVwZ 2018, 441, 444; und *Stefan Muckel*, Entscheidungsanmerkung, NVwZ 2017, 1132, 1133.

21 BVerfG, Urt. v. 12.06.2018, 2 BvR 1738/12 u. a., juris = NVwZ 2018, 1121 = ZBR 2018, 238 ff.; s. dazu *Thomas Haug*, Die Pflicht deutscher Gerichte zur Berücksichtigung des EGMR, NJW 2018, 2674 ff., *Martin Stuttmann*, Anmerkung NVwZ 2018, 1120 f.; *Jürgen Lorse*, Der Beamtenstreik ist abgesagt, das Urteil des Bundesverfassungsgerichts vom 12.06.2018 stärkt das deutsche Berufsbeamtentum, ZBR 2018, 325 ff.; *Ulrich Battis*, Streikverbot für Beamte, ZBR 2018, 289 ff.; *Torsten von Roetteken*, Kein Streikrecht für Beamte und Beamtinnen, ZBR 2018, 292 ff.

22 S. zum Inhalt ausführlich *Battis* (Fn. 21), ZBR 2018, 289 ff.

sätzen des Berufsbeamtentums besitzt (insbesondere zum Treuegebot, Alimentationsprinzip und dem Gesetzesvorbehalt im Besoldungsrecht) und für alle Beamtinnen gilt, unabhängig davon, ob diese nur Tätigkeiten wahrnehmen, die notwendigerweise dem Beamtenverhältnis zu unterstellen sind. Das Streikverbot bildet einen Eingriff in Art. 9 Abs. 3 GG, der aber verfassungsrechtlich nach den Grundsätzen der praktischen Konkordanz gerechtfertigt sei. Das Streikverbot besitze weiter eine ausreichende gesetzliche Grundlage, die den Anforderungen des Art. 9 Abs. 3 GG genüge. Die gegenwärtige Ausgestaltung des Beteiligungsrechts der Beamtengewerkschaften (Beteiligungsrecht gemäß § 118 BBG/§ 53 BeamtStG) kompensiere zudem in ausreichendem Maße die Einschränkung des Art. 9 Abs. 3 GG und sei damit kaum ausweitbar.[23]

Ein Eingriff in das Grundrecht aus Art. 11 EMRK sei darin nicht zu sehen, und selbst wenn, sei dieser über Art. 11 Abs. 2 EMRK gerechtfertigt, da das Lehrerverhältnis unter Art. 11 Abs. 2 EMRK fiele[24]. Hilfsweise wird als drittes Sicherungselement die Frage aufgeworfen, ob das Streikverbot als tragendes Element der deutschen Staatsarchitektur zu qualifizieren sei. Die Frage bleibt zwar formal offen,[25] dennoch wird deutlich, dass das Gericht an einer solchen Qualifizierung keine wirklichen Zweifel hätte.[26]

Die Entscheidungsgründe[27] sind imperativer formuliert als notwendig,[28] dies vermutlich, weil das BVerfG sich der Sache nach gegen den EGMR[29] und gegen das BVerwG[30] stellt.[31] Die Begründung ist in ihrem Kern, hinsichtlich der Aussage, dass Beamtinnen nicht zwingend streiken dürfen, durchaus überzeugend, nicht aber hinsichtlich der Aussagen im Randbereich. Die Annahme eines verfassungsrechtlichen Gebots und nicht nur einer verfassungsrechtlichen Gestattung eines gesetzlichen Streikverbots ist übertrieben und nicht begründbar.[32] Die Annahme, das Beamtenrecht ent-

---

23 BVerfG, Urt. v. 12.06.2018, 2 BvR 1738/12 u. a., juris Rn. 158.

24 Offen lassend noch EGMR, Entsch. v. 22.11.2001, Nr. 39799/98 (Volkmer gegen Deutschland), NJW 2002, 3087, 3089.

25 BVerfG, Urt. v. 12.06.2018, 2 BvR 1738/12 u. a., juris Rn. 163.

26 BVerfG, Urt. v. 12.06.2018, 2 BvR 1738/12 u. a., juris Rn. 172; zutreffend *Lorse* (Fn. 21), ZBR 2018, 325, 332; *Battis* (Fn. 21), ZBR 2018, 289, 291.

27 S. insbesondere BVerfG, Urt. v. 12.06.2018, 2 BvR 1738/12 u. a., juris Rn. 119, 138, 144, 147, 149, 158 f. 163, 172, 181.

28 Ebenso *Battis* (Fn. 21), ZBR 2018, 289, 291.

29 EGMR, Entsch. v. 22.11.2001, Nr. 39799/98 (Volkmer gegen Deutschland), NJW 2002, 3087, 3089.

30 BVerwGE 149, 117 ff. = ZBR 2014, 195 ff.

31 *Robert Tietze/Heinrich Amadeus Wolff*, ZBR 2019, 78, 78; *Lorse* (Fn. 21), ZBR 2018, 325, 330; *Battis* (Fn. 21), ZBR 2018, 289, 291.

32 *Robert Tietze/Heinrich Amadeus Wolff*, ZBR 2019, 78, 79; ähnlich *Lorse* (Fn. 21), ZBR 2018, 325, 330; *v. Roetteken* (Fn. 21), ZBR 2018, 292, 299.

halte gegenwärtig eine hinreichende gesetzliche Grundlage,[33] ist schwer vertretbar,[34] und die Ansicht, das Lehrerverhältnis falle unter Art. 11 Abs. 2 EMRK,[35] ist in sich widersprüchlich,[36] wenn das BVerfG an anderer Stelle darauf hinweist, Lehrerinnen könnten selbstverständlich auch im Angestelltenverhältnis beschäftigt werden.[37]

Der Hinweis am Rande, die Beteiligungsrechte der Beamtengewerkschaften seien erstens ausreichend und zweitens kaum ausweitbar,[38] ist oberflächlich und unkundig.[39] Wieso wäre etwa die Stärkung der Beteiligungsrechte dahingehend, dass man Regelungen unterhalb des förmlichen Gesetzes für rechtswidrig erklären würde,[40] wenn sie unter Verletzung des Beteiligungsrechtes ergangen sind, nicht möglich? Eine solche Stärkung des Beteiligungsrechts wäre ohne Weiteres denkbar, würde die Kompensationswirkung erhöhen und keine demokratietheoretischen Probleme aufwerfen, wird aber vom BVerfG ohne jede Begründung konkludent verworfen. Der Hinweis, das fehlende Streikrecht werde auch durch das Alimentationsprinzip ausgeglichen,[41] verkennt, dass Beschäftigungsbedingungen i. S. v. Art. 9 Abs. 3 GG mehr sind als Bezahlungsfragen.[42]

3. Tätowierung

Ist man, wie der Autor, jüngst in den Stand des Großvaters eingetreten, muss man zur Kenntnis nehmen, dass nicht nur der Umgang mit digitalen Medien die jüngere Generation von einem trennt, sondern auch das Verständnis mit Tattoos. Bis zu 40 % der Jugend kann ein solches vorweisen.[43] Es ist daher nicht überraschend, dass die Frage, ob und falls ja, Tätowierungen eine feh-

---

33 BVerfG, Urt. v. 12.06.2018, 2 BvR 1738/12 u. a., juris Rn. 155

34 Vgl. *Lorse* (Fn. 21), ZBR 2018, 325, 330.

35 BVerfG, ZBR 2018, 238 ff. (Rn. 184 ff., insbesondere Rn. 187: „Nach Auffassung des Senats sind beamtete Lehrerinnen und Lehrer als Angehörige der Staatsverwaltung iSv Art. 11 II 2 EMRK anzusehen.").

36 Ebenso *Lorse* (Fn. 21), ZBR 2018, 325, 332; s.a. *Battis* (Fn. 21), 289, 292: „steile Behauptung".

37 BVerfGE 119, 247, 267; krit. hierzu *Stefan Werres*, ZBR 2017, 109, 113.

38 BVerfG, Urt. v. 12.06.2018, 2 BvR 1738/12 u. a., juris Rn. 158 ff.

39 A. A. (positiv zum BVerfG): *Timo Hebeler*, Ausweitung der gewerkschaftlichen Beteiligung bei der Vorbereitung gesetzlicher Regelungen der beamtenrechtlichen Verhältnisse?, NVwZ 2018, 1368 ff.

40 Zur gegenwärtigen Rechtslage: BVerwG, Beschl. v. 25.10.1979, 2 N 1/78, juris Rn. 9 ff. = BVerwGE 59, 48 ff.; OVG Berlin-Brandenburg, Urt. v. 25.10.2007, OVG 4 B 10.07, juris, Rn. 20; OVG Berlin, Beschluss vom 30.12.2003 – 4 S 51.03 –, juris Rn. 20; *Gerhard Pfohl*, Koalitionsfreiheit und öffentlicher Dienst, ZBR 1997, 78, 87; *Jürgen Jekewitz*, Die Beteiligung der gewerkschaftlichen Spitzenorganisationen des öffentlichen Dienstes an der Regelung beamtenrechtlicher Verhältnisse, Der Staat 34 (1995), 79, 102

41 S. dazu *Battis* (Fn. 21), ZBR 2018, 289, 290; *Martin Stuttmann*, Anmerkung, NVwZ 2018, 1121, 1137.

42 Ebenso *v. Roetteken* (Fn. 21), ZBR 2018, 292, 300.

43 BVerwG, Urt. v. 17.11.2017, 2 C 25/17, BVerwGE 160, 370 ff., Rn. 50.

lende Eignung für eine Beamtenernennung bilden, in letzter Zeit wiederholt die Gerichte nicht nur beschäftigt hat, sondern diese auch eine Lösung gefunden haben. Das besondere des Hautschmucks liegt darin, dass man das darin liegende Bekenntnis oder Bildnis auf die Haut einbrennt oder dauerhaft malt und die unfreiwillige Entfernung einen Eingriff in Art. 2 Abs. 2 GG darstellt.

Die Rechtsprechung differenziert zunächst danach, ob das Tattoo einen fragwürdigen Inhalt hat, zweitens, ob es großflächig und drittens, ob es sichtbar ist oder nicht.

Tattoos mit rechtsradikalem Inhalt oder mit einer Verbindung zum Rockermilieu[44] begründen einen Eignungsmangel und ggf. zugleich ein disziplinarrechtlich zu ahndendes Fehlverhalten[45]. Eine spezielle gesetzliche Grundlage ist nicht erforderlich, da nicht an das Tattoo, sondern an den Inhalt angeknüpft wird. Insofern steht die Rechtsprechung in einer Linie mit der Ansicht, auch das Tragen einer der rechten Gesinnung zuzuordnenden Kleidermarke könne einen Eignungsmangel begründen.[46]

Inhaltlich neutrale Tattoos können einen Eignungsmangel begründen, müssen es aber nicht.[47] Es ist Aufgabe des Gesetzgebers, diese festzulegen, und überwiegend fehlt es noch an gesetzlichen Grundlagen, da die Normen zur Dienstkleidung nicht genügen.[48] Die Rechtsprechung macht dabei deutlich, dass Tattoos, die kleiner als eine Handfläche sind, in der Regel zu tolerieren sind, und Stellen, die von der Kleidung verdeckt werden, wohl außer Betracht zu lassen sind; streitig ist nur, ob auf das Langarmhemd oder auf das Kurzarmhemd abzustellen ist.[49] Relevant wurde das neutrale Tattoo bisher nur bei Ämtern mit Uniformpflicht.

4. Behinderung

Gem. Art. 33 Abs. 2 GG hat jeder Deutsche nach seiner Eignung, Befähigung und fachlichen Leistung gleichen Zugang zu jedem öffentlichen Amte. Eine Beamtin ist dabei nur dann geeignet, wenn sie auch den Anforderungen des jeweiligen Amtes in gesundheitlicher Hinsicht entspricht. Die Beamtin

---

44 VG Arnsberg, Urt. v. 27.04.2015, 2 K 172/15, juris Rn. 37: Schriftzüge „La Familia" „Mi Vida Loca" auf dem Oberarm.
45 BVerwG, Urt. v. 17.11.2017, 2 C 25/17, BVerwGE 160, 370–396 juris Rn. 24; was bei einem „mexikanischen Zuckerschädel" noch nicht der Fall sein soll, VG Düsseldorf, Urt. v. 05.08.2014, 2 K 778/14, juris Rn. 32.
46 VG Potsdam, Urt. v. 01.06.2011, 2 K 1258/08, juris Rn. 17: „Thor Steinar".
47 Ausführlich VG Darmstadt, Beschl. v. 27.05.2014, 1 L 528/14.DA, juris Rn. 51 ff.
48 BVerwG, Urt. v. 17.11.2017, 2 C 25/17, BVerwGE 160, 370 ff., juris Rn. 32 ff.; VG Meiningen, Urt. v. 21.06.2018, 1 K 457/18 Me, juris Rn. 32; VG Düsseldorf, Urt. v. 08.05.2018, 2 K 15637/17, juris Rn. 35.
49 Überdeckung durch Langarmhemd reicht aus, VG Düsseldorf, Urt. v. 05.08.2014, 2 K 778/14, juris Rn. 61; a. A. VG Darmstadt, Beschl. v. 27.05.2014, 1 L 528/14.DA, juris Rn. 58 f.

muss in körperlicher und psychischer Hinsicht den Anforderungen des Amtes gewachsen sein.[50]

Die Eignung in gesundheitlicher Hinsicht ist in der Regel nach dem allgemeinen Maßstab gegeben, wenn sich nach der prognostischen Einschätzung des Dienstherrn künftige Erkrankungen der Beamtin und dauernde vorzeitige Dienstunfähigkeit mit einem hohen Grad an Wahrscheinlichkeit ausschließen lassen.[51] Die aktive Beamtin ist dann voll dienstfähig im Sinne der beamtenrechtlichen Vorschriften, wenn sie die ihrem Amt im abstrakt-funktionellen Sinn entsprechenden Aufgaben während der regelmäßigen Arbeitszeit verrichten kann.[52]

Die Beurteilung der Eignung erfordert insoweit eine Prognose, die eine konkrete und einzelfallbezogene Würdigung der gesamten Persönlichkeit der Bewerberin verlangt. Entscheidend ist, ob Anhaltspunkte dafür vorliegen, dass sich an der gesundheitlichen Eignung bis zum Erreichen der gesetzlichen Altersgrenze mit überwiegender Wahrscheinlichkeit etwas ändert. Bei aktuell vorhandener gesundheitlicher Eignung kann diese wegen künftiger Entwicklungen nur verneint werden, wenn tatsächliche Anhaltspunkte die Annahme rechtfertigen, die Bewerberin werde mit überwiegender Wahrscheinlichkeit vor Erreichen der gesetzlichen Altersgrenze wegen dauernder Dienstunfähigkeit vorzeitig in den Ruhestand versetzt oder sie werde mit überwiegender Wahrscheinlichkeit bis zur Pensionierung über Jahre hinweg regelmäßig krankheitsbedingt ausfallen und deshalb eine erheblich geringere Lebensdienstzeit aufweisen.[53]

Dabei kann die gesundheitliche Eignung nur im Hinblick auf Erkrankungen, insbesondere chronische Erkrankungen, verneint werden, nicht aber unter Berufung auf gesundheitliche Folgen, die mit dem allgemeinen Lebensrisiko, wie z. B. einem Unfall bei sportlichen Aktivitäten der Bewerberin, verbunden sind.[54]

Eine chronische Krankheit kann daher zu einem Eignungsmangel führen. Dies wird aber in den Fällen abgemildert, in denen diese Krankheit zugleich eine Behinderung i. S. v. Art. 3 Abs. 3 S. 2 GG darstellt. Gemäß § 9 BeamtStG ist die Ernennung unabhängig von einer Behinderung vorzunehmen, was als einfachrechtliche Ausgestaltung von Art. 33 Abs. 2 GG verstanden wird. Die jüngere Rechtsprechung geht davon aus, dass zumindest dann, wenn eine Schwerbehinderung vorliegt, eine Benachteiligung wegen

---

50 OVG Nds., Urt. v. 25.01.2011, 5 LC 190/09, juris, Rn. 32.
51 Vgl. BVerwG, Urt. v. 18.7.2001, BVerwG 2 A 5.00, juris Rn. 16 = NVwZ-RR 2002, 49; BVerwG, Beschl. v. 23.4.2009, BVerwG 2 B 79.08, juris Rn. 8; OVG Nds., Urt. v. 25.01.2011, 5 LC 190/09, juris, Rn. 32.
52 BVerwG, Beschl. v. 20.06.2013, 2 VR 1.13, juris Rn. 28; VGH BW, Urt. v. 24.06. 2019, 4 S 1716/18, Rn. 34 f.
53 VGH BW, Urt. v. 24. 06.2019, 4 S 1716/18, juris Rn. 38.
54 BVerwG, Urt. v. 30.10.2013, 2 C 16.12, juris.

der Behinderung besteht, wenn man wegen dieser Behinderung die Eignungsvoraussetzungen nicht erfüllt.[55]

Nach allgemeiner Gleichheitsdogmatik sind daher zwingende Gründe zur Rechtfertigung nötig, was wiederum die Beachtung des Leistungsprinzips bilden kann.

Die auf diese Weise gebotene praktische Konkordanz führt dazu, dass die gesundheitliche Eignung nur verneint werden darf, wenn im Einzelfall zwingende Gründe für das Festhalten an dem allgemeinen Maßstab sprechen.[56]

Art. 33 Abs. 2 GG, § 9 BeamtStG, Art. 3 Abs. 3 Satz 2 GG und § 164 Abs. 2 S. 1 SGB IX begründen für schwerbehinderte Bewerberinnen um öffentliche Ämter einen individualrechtlichen Anspruch darauf, dass die Eignungsfrage behindertengerecht beurteilt wird.[57]

Der VGH BW hat jüngst das erforderliche Mindestmaß dahingehend konkretisiert, dass im Falle einer erstmaligen Ernennung die gesundheitlichen Anforderungen so zu fassen sind, wie wenn es um die Frage ginge, ob eine Beamtin trotz später eintretender Erkrankung im Amt verbleiben kann. Danach wäre eine gesundheitliche Eignung bei einer Schwerbehinderung schon dann gegeben, wenn sie die Anforderungen des funktionalen Amtes voraussichtlich die nächsten fünf Jahre zumindest teilzeitförmig erfüllen kann.[58]

Die behinderte Bewerberin muss sich dabei nicht mit einer Position im Angestelltenverhältnis zufrieden geben. Nach den Art. 21 und Art. 26 EUGrdRCh, Art. 5 EGRL 78/2000, Art. 3 Abs. 3 S. 2 GG sowie §§ 7, 8, 24 AGG iVm § 9 BeamtStG ist ein diskriminierungsfreier Zustand nicht bereits dann hergestellt, wenn ein behinderter Mensch in irgendeiner Weise eine Tätigkeit ausüben kann, die regelmäßig im Beamtenverhältnis ausgeübt wird (hier Lehrerinnen im Angestelltenverhältnis); vielmehr müssen Gesetzgeber und Dienstherr die Voraussetzungen zum Zugang zum Beamtenverhältnis in einer Weise modifizieren, dass ein diskriminierungsfreier Zugang zur Ausübung der Tätigkeit gerade im Beamtenverhältnis ermöglicht wird.[59]

---

55 OVG Nds., Urt. v. 25.01.2011, 5 LC 190/09, juris Rn. 36 unter Berufung auf BVerfG, Beschl. v. 19.01.1999, 1 BvR 2161/94, juris Rn. 55 = BVerfGE 99, 341 ff.

56 Vgl. BVerwG, Beschl. v. 23.4.2009, BVerwG, Beschluss vom 23. April 2009 – 2 B 79/08, juris Rn. 8; OVG Nds., Urt. v. 25.01.2011, 5 LC 190/09, juris Rn. 38.

57 VGH BW, Urt. v. 24.06.2019, 4 S 1716/18, juris Rn. 55.

58 VGH BW, Urt. v. 24.06.2019, 4 S 1716/18, juris Rn. 50: Andernfalls würde sie vom Zugang zu dem von ihr angestrebten öffentlichen Amt ausgeschlossen, obwohl sie jedenfalls in der Sekunde nach ihrer Berufung in das Beamtenverhältnis gemäß § 164 Abs. 5 Satz 3 Halbs. 1 SGB IX i. V. m. § 27 BeamtStG Anspruch auf eine seiner Behinderung entsprechende Reduzierung der regulären Arbeitszeit hätte (Rn. 55).

59 Hess LSG, Urt. v. 19.06.2013, L 6 AL 116/12, juris Rn. 29.

Umstritten ist in der Rechtsprechung, ob für diese Anforderungsabsenkung eine förmliche Anerkennung einer Schwerbehinderung bzw. eine formale Gleichstellung nach § 2 Abs. 3 SGB IX vorliegen muss oder ob eine „einfache" Behinderung ausreicht.

Das Niedersächsische OVG hat eine Eignungskorrektur auch für erforderlich gehalten, wenn die Beamtin behindert aber nicht schwerbehindert ist;[60] mit dem Hinweis, Art. 3 Abs. 3 S. 2 GG spreche nur von „Behinderung". Es hat für diese Fälle eine Erleichterung in der Prognose angenommen, nach der es ausreicht, dass die dauerhafte Dienstfähigkeit wahrscheinlicher ist als das Gegenteil.[61] Dieser Rechtsansicht wird teilweise ausdrücklich die Gefolgschaft verneint,[62] mit dem nicht überzeugenden Argument, die Heranziehung der allgemeinen Eignungsanforderungen bilde keine Benachteiligung im Sinne von Art. 3 Abs. 3 S. 2 GG.[63]

Wird nicht auf einen förmlichen Zustand der Schwerbehinderung, sondern auf eine materielle Behinderung abgestellt, wird die Abgrenzung zwischen Krankheit und Behinderung relevant. Die Rechtsprechung zieht sowohl den geltenden Begriff in SBX IX[64] als auch parallel den einfachrechtlichen Begriff des alten Schwerbehindertengesetzes heran,[65] weil dieser dem verfassungsändernden Gesetzgeber bei der Einfügung von Art. 3 Abs. 3 S. 2 GG vorschwebte.[66]

Die Modifikation der gesundheitlichen Eignungsanforderung über das Verbot der Diskriminierung wegen der Behinderung führt zu einer erheblichen Veränderung der Ernennungsvoraussetzungen, die erstens neu ist und zweitens zu Lasten des Dienstherrn geht. Die Übertragung der Grundsätze „Rehabilitation vor Dienstunfähigkeit" auf die Situation der Ernennung erhöht das Koordinationserfordernis des Dienstherrn enorm und modifiziert das im Beamtenrecht eigentlich heilige Prinzip, die Beamtin müsse alle Ämter des Statusamtes wahrnehmen können und der Diensherr

---

60 OVG Nds., Urt. v. 25.01.2011, 5 LC 190/09, juris Rn. 38.

61 OVG Nds., Urt. v. 25.01.2011, 5 LC 190/09, juris Rn. 36 ff.; OVG Nds., Urt. v. 25.01.2011, 5 LC 190/09, juris Rn. 36 ff.

62 VG Düsseldorf, Urt. v. 06.11.2012, 2 K 3956/11, juris Rn. 84; offen gelassen VG Magdeburg, Urt. v. 25.10.2012, 5 A 256/11, juris Rn. 63.

63 VG Düsseldorf, Urt. v. 06.11.2012, 2 K 3956/11, juris Rn. 86

64 § 2 Abs. 1 Satz 1 SGB IX verlangt für eine Behinderung, dass zum einen die körperliche Funktion oder seelische Gesundheit mit hoher Wahrscheinlichkeit länger als sechs Monate von dem für das Lebensalter typischen Zustand abweicht, und zum anderen zusätzlich, dass daher eine Teilnahme am Leben in der Gesellschaft beeinträchtigt ist.

65 Danach ist Behinderung entweder die Auswirkung einer nicht nur vorübergehenden Funktionsbeeinträchtigung, die auf einem regelwidrigen körperlichen, geistigen oder seelischen Zustand beruht.

66 Vgl. BVerfG, Beschl. v. 8.10.1997 –1 BvR 9/97, juris Rn. 65 = BVerfGE 96, 288 ff.; OVG Nds., Urt. v. 25.01.2011, 5 LC 190/09, juris Rn. 35; OVG Lüneburg, Urt. v. 31.07.2012, 5 LC 216/10, juris Rn. 68.

habe das Recht, sie überall dorthin umzusetzen[67] und zu versetzen,[68] wo dies aus dienstlichen Gründen erforderlich erscheint, wobei die Versetzung ausscheide, wenn eine Umsetzung möglich ist.[69]

Die neue Linie ist dennoch richtig, weil sie einen Ausgleich zwischen Art. 3 Abs. 3 S. 2 GG und Art. 33 Abs. 2 GG herstellt. Ob allerdings schon eine rechtssichere Abgrenzungslinie zwischen Behinderung und sonstiger fehlender gesundheitlicher Eignung gefunden wurde, die der Bedeutung dieser Abgrenzung gerecht wird, erscheint nicht sicher.

5. Diskriminierungsverbote

Vom Unionsrecht her kommend gelten die Diskriminierungsverbote im Beschäftigungsverhältnis auch für Beamtinnen. Relevant wurden in Deutschland insbesondere das Verbot der Diskriminierung wegen der sexuellen Ausrichtung und wegen des Alters. Dieser Komplex war Thema meines Vortrages vor diesem Kreis auf unserem Kolloquium in Greifswald im Jahr 2011, so dass ich mich hier kurzfassen kann.[70] Das erste Verbot (Diskriminierung wegen der sexuellen Ausrichtung) zwang Deutschland dazu, im Versorgungsrecht die gleichgeschlechtliche Lebensgemeinschaft der Ehe vollständig gleichzustellen, das zweite führte zu einer Überführung der Dienstaltersstufen in Erfahrungsstufen.

Das Besondere dieses Grundrechtsschutzes liegt darin, dass er zu einem erheblichen Argumentationsaufwand führt, gleich, ob man die Verletzung oder die Rechtfertigung annimmt, und dass die Art des Beschäftigungsstatus völlig gleichgültig ist.

III. Dogmatische Entwicklungslinien

Diese unterschiedlichen Entwicklungslinien in der Rechtsprechung folgen gewissen einheitlichen Linien. Die Entwicklung der Grundrechte besitzt dabei eine dogmatische und eine normative Seite.

1. Bereichsspezifische Intensitäten

a) Beamtenspezifische Anpassungen

Die grundlegende Dogmatik der Geltung der Grundrechte im öffentlichen Dienstrecht ist durch eine gewisse Simplifizierung und Unschärfe geprägt,

---

67 Vgl. nur OVG HH. Beschl. v. 01.02.2007, 1 Bs 170/06, juris, Rn. 9.

68 Vgl. nur OVG LSA, Beschluss vom 07.11.2013, 1 M 108/13, juris Rn. 4 ff.

69 BVerwG, Beschl. v. 16.07.2012, 2 B 16/12, juris Rn. 19.

70 *Heinrich Amadeus Wolff*, Diskriminierung aufgrund der sexuellen Ausrichtung: Verfassungs- und verwaltungsrechtliche Perspektiven aus deutscher Sicht, in: Uwe Kischel/ Johannes Masing (Hg.), Unionsgrundrechte und Diskriminierungsverbote im Verfassungsrecht, 2012, S. 121 ff.

wie die Grundrechtsdogmatik in Deutschland insgesamt. Diese lässt Raum für die Kraftentfaltung allgemeiner Gedanken, um auf diese Weise die im konkreten Fall entstandenen Probleme zu bewältigen. Die Eckdaten sind:

1. Die Grundrechte gelten auch im Beamtenrechtsverhältnis, unbestritten seit der Strafgefangenen-Entscheidung von 1972 (BVerfGE 33, 1). So war bei den angesprochenen fünf Fallgruppen (Kopftuch/Streik/Tattoo/Behinderung/Diskriminierung) die Anwendung des thematisch jeweils relevanten Grundrechts jeweils unumstritten (Art. 4 GG/ Art. 9 GG/ Art. 2 Abs. 2 bzw. Art. 2 Abs. 1, Art. 1 Abs. 1 GG/ Art. 3 Abs. 3 S. 2 GG bzw. Art. 33 Abs. 2 GG/ Art. 3 Abs. 1 GG).

2. Das freiwillig eingegangene Beamtenrechtsverhältnis mindert im Ergebnis den Grundrechtsschutz. Das Ergebnis ist so einleuchtend, dass man sich über die Begründung nicht wirklich Gedanken machen muss. Die Begründung liegt in einer Kombination der Zustimmung der Beamtin, der Rückführung auf gesetzliche Grundlagen für die Eingriffe, der Besonderheit der Staatsgewalt und ihre normative Fixierung in Art. 33 Abs. 4 GG, nach dem die Ausübung der Hoheitsgewalt den Beschäftigten überlassen bleibt, die in einem öffentlich-rechtlichen Dienst- und Treueverhältnis stehen und Art. 33 Abs. 5 GG, nach dem das öffentliche Dienstrecht in Übereinstimmung mit den hergebrachten Grundsätzen des Beamtentums zu regeln ist.

3. Die im Ergebnis bestehende Schutzminderung offenbart sich an verschiedenen Stellschrauben:

a) in einer schwer messbaren Form bei der Frage des Eingriffs, so wird erst ab einer gewissen Belastung ein Eingriff angenommen;[71]

b) deutlicher dagegen bei der Frage der Dichte der erforderlichen gesetzlichen Regelung bei einem Eingriff. So kann das dienstliche Weisungsrecht durchaus zu einem Grundrechtseingriff ermächtigen.[72] So wird in den Tattoofällen die Inhaltskontrolle Art. 33 Abs. 2 GG für ausreichend gehalten, nicht aber für die Formkontrolle. Bei dieser wird deutlich, dass gerade im Beamtenverhältnis die Geltung des Vorbehalts des Gesetzes gerade in jüngster Zeit deutlich stärker von der Rechtsprechung umgesetzt wird, wie v.a. die Entscheidung des BVerwG von Januar 2019 zur fehlenden gesetzlichen Grundlage des Haarerlasses der Bundeswehr zeigt,[73] ebenso wie die voraus-

---

71 S. etwa VG Osnabrück, Urt. v. 17.12.2014, 3 A 45/12, juris Rn. 14: Die Verpflichtung zu einer Beibringung einer Personalausweiskopie zum Beantragen einer Signaturkarte greift nicht in den Schutzbereich des Grundrechts auf informationelle Selbstbestimmung aus Art. 1 Abs. 1 GG i. V. m. Art. 2 Abs. 1 GG ein. OVG Berlin-Brandenburg, Urt. v. 05.09.2018, OVG 4 B 4.17, juris Rn. 31; Namensschild einer Polizeibeamtin kann einen Eingriff darstellen, muss es aber nicht.

72 BayVGH, Beschl. v. 02.11.2011, 6 CE 11.1342, juris Rn. 12: Einführung einer qualifizierten elektronischen Signatur.

73 BVerwG, Beschl. v. 31.01.2019, 1 WB 28/17, juris.

gehenden Entscheidungen zu den Beihilfevorschriften[74] und zu den Höchstaltersgrenzen.[75] Entscheidungen zu Spezialproblemen schließen sich an.[76]

c) Die stärkste Besonderheit bildet der Umstand, dass die Bedürfnisse des Staates an einem besonderen Personalkörper Grundrechteingriffe rechtfertigen kann. Ob das dienstliche Bedürfnis eher allgemein formuliert sein darf oder konkretisiert sein muss, wird unterschiedlich gesehen. So ist bei den Streikfällen ein allgemeines Bedürfnis ausreichend, während bei den Kopftuchfällen eine konkrete Gefahr des Betriebsklimas verlangt wird.

4. Art. 33 Abs. 5 GG spielt in der Rechtsprechung eine völlig untergeordnete Rolle. Nur bei Rechtsfragen, die es in dieser Form nur im Beamtenverhältnis gibt, wird auf Art. 33 Abs. 5 GG zurückgegriffen (Streikverbot, Tattoo, Behinderung mitsamt der Ernennung oder dem Disziplinarrecht)[77], ansonsten wird mit den Besonderheiten der Hoheitsgewalt argumentiert. Diese Vorgehensweise erlaubt es, den Umstand zu bewältigen, dass in vielen Funktionen Angestelltinnen neben Beamtinnen tätig werden.

5. In der Praxis sind es für das Beamtenrecht meist nicht die spezifischen Freiheitsgrundrechte, die relevant werden, sondern Grundrechte, die nahe an der allgemeinen Handlungsfreiheit angesiedelt sind, wie die Vertragsfreiheit, das allgemeine Persönlichkeitsrecht und leichte Eingriffe in Art. 2 Abs. 2 GG. Dies ist leicht zu erklären. Bezogen auf den Inhalt des Rechtsverhältnisses hat die Beamtin wegen des Gesetzesvorbehalts wenig Einfluss.[78] Der Grundrechtsschutz übernimmt hier, in Ergänzung zu Art. 33 Abs. 5 GG, daher die Funktion, die im Bereich des Zivilrechts die Einwilligung in den Arbeitsvertrag und die Inhaltskontrolle des Weisungsrechts und die AGB-Kontrolle übernimmt.

2. Auswirkung auf die Grundrechtsfunktionen

Die Grundrechtswirkung entfaltet sich im Beamtenrechtsverhältnis in unterschiedlicher Form:
– Die Abwehrwirkungen sind eher stark ausgeprägt; auch das hat wieder mit der Kompensationsfunktion der Grundrechte für die fehlende Vertragsfreiheit zu tun.

---

74 BVerwG, Urt. v. 28.05.2008, 2 C 24/07, juris Rn. 32.

75 BVerwG, Urt. v. 19.02.2009, 2 C 18/07, juris Rn. 9 = BVerwGE 133, 143 ff.

76 BVerwG, Beschl. v. 28.03.2018, 1 WB 8/17, juris Rn. 19: Mehrjährige Restdienstzeit als Zulassungsaltersgrenze für die Laufbahn der Offiziere des militärfachlichen Dienstes bedarf normativer Regelung.

77 S. etwa BVerwG, Urt. v. 18.03.1998, 1 D 88/97, BVerwGE 113, 208 ff.; dies gilt auch für Telekom-Beamte: BVerfG, Kammer, 05.06.2002, 2 BvR 2257/96, juris Rn. 25 ff.

78 Vgl. etwa VGH BW, Urt. v. 29.06.2015, 9 S 280/14, juris Rn. 147; s.a. *Heinrich Amadeus Wolff*, Der Gesetzesvorbehalt im Versorgungsrecht, Zugleich eine Urteilsanmerkung zum Urteil des BVerwG vom 7. April 2005 – 2 C 5.04, ZBR 2006, 331 ff.

– Die Teilhabewirkungen werden weitgehend überlagert von den Ansprüchen aus dem Leistungrundsatz des Art. 33 Abs. 2 GG.

– Die verfahrensrechtlichen Wirkungen und die leistungsrechtlichen Wirkungen sind eher schwach ausgeprägt und werden substituiert durch das aus Art. 33 Abs. 5 GG folgende Fürsorgeprinzip. Stark sind die verfahrensrechtlichen Wirkungen dann, wenn die Grundrechte selbst materiell beschränkt sind, wie beim Konkurrentenstreitverfahren.

Noch nicht ganz abzusehen ist die Dynamik, die durch die prozeduralen Pflichten, die das BVerfG aus Art. 33 Abs. 5 GG über das Alimentationsprinzip hergeleitet hat, entstanden ist. So hat das OVG Lüneburg die Erhöhung der Regelstundenzahl für verbeamtete Lehrkräfte an Gymnasien in Niedersachsen mit höherrangigem Recht für unvereinbar erklärt, weil der Verordnungsgeber seine Erwägungen nicht vollständig offengelegt hat.[79]

3. Normative Entwicklungslinien

a) Drei Bereiche

Dogmatisch gesehen bildet der Grundrechtsschutz der Beamtinnen eine Erfolgsgeschichte für die Grundrechte, die mit einem Verlust der Gestaltungsmöglichkeiten des Staates verbunden ist. Das Ausmaß des Fortschritts ist allerding unterschiedlich. Es lassen sich wohl drei Bereiche formulieren:

aa) Grundrechtsschutz einer Beamtin

Der Grundrechtsschutz gegenüber Pflichten, die es nur im Beamtenverhältnis gibt, ist am schwächsten ausgebildet. Er reduziert sich weitgehend auf eine Verschärfung des Vorbehalts des Gesetzes, wie die Tattoo-Fälle zeigen.

Dies hat seinen guten Grund. Das Beamtenrechtsverhältnis soll die dauernde und gesetzestreue Erfüllung der Aufgaben im Sinne von Art. 33 Abs. 4 GG ermöglichen. Grundrechtswirkungen, die dem entgegenstehen, werden daher von Art. 33 Abs. 5 GG weitgehend zurückgedrängt. Eine weitere Stärkung des Grundrechtsschutzes würde die Rechtfertigung des Beamtentums relativieren. Dies ist nur möglich, wenn das Beamtenrecht eine funktionsfähige Verwaltung besser garantieren kann als das Angestelltenverhältnis.

So darf eine Postbeamtin sich nicht aus Gewissensgründen weigern, Postwurfsendungen der Scientology-Kirche International zu verteilen.[80] Eine Gemeindebeamtin darf nicht Gemeindesratsmitglieder auffordern, von der Sitzung fernzubleiben, um auf diese Weise die Beschlussunfähigkeit herbeizuführen.[81] Selbst eine Unterzeichnung eines in einer Zeitung veröffentlich-

---

79 OVG Nds., Urt. v. 09.06.2015, 5 KN 148/14, juris Rn. 78; OVG Nds., Urt. v. 09.06.2015, 5 KN 162/14, juris Rn. 72.

80 BVerwG, Urt. v. 29.06.1999, 1 D 104/97, juris Rn. 11 ff.= BVerwGE 113, 361 ff.

81 Vgl. VG Magdeburg, Urt. v. 14.02.2012, 8 A 6/11, juris Rn. 19 f. (SV vereinfacht).

ten „Aufrufs" mit sachlich und rechtlich unrichtigem Inhalt, der sich gegen eine Maßnahme der Dienstvorgesetzten richtet, unter Angabe des Namens, der Dienststellung und des Dienstortes der Beamtin, ist unzulässig.[82] Auch darf Ehegatten die gemeinsame Ausübung des Polizeidienstes untersagt werden, weil die Sachverhaltsaufklärung eventueller Vorfälle durch das Auskunftsverweigerungsrecht erschwert würde.[83]

Einen klaren Ausreißer in dieser Kategorie bildet die Entscheidung des BVerwG, die einem Soldaten gestattet, einen Befehl zu verweigern, weil dieser eine subsidiäre Unterstützungsleistung für die amerikanischen Truppen im Irakkrieg verweigerte, den er selbst für völkerrechtswidrig hielt.[84] Es dürfte sich hier um einen durch Art. 26 GG zu rechtfertigenden Sonderfall handeln.

bb)   Zugangsschutz auf dem Weg zur Ernennung

Im Bereich des Zugangs zum Beamtenrechtsverhältnis sind maßvolle Stärkungen des Grundrechtsschutzes zu verzeichnen. Die Relativierung der Altersgrenzen und die Rechtsprechung[85] zur Relativierung der Eignungsvoraussetzungen im Fall einer Behinderung[86] sind nicht unerhebliche Verschiebungen.

Der Grund dafür ist nicht, dass eine Rechtsperson ihre Grundrechte im öffentlichen Dienst entfalten möchte, sondern, dass sie in den öffentlichen Dienst hinein möchte.[87] Wer gerne Polizistin, Lehrerin oder Richterin werden will, kann dies faktisch weitgehend nur im öffentlichen Dienst tun. Der Anspruch auf gleichberechtigten Zugang zum öffentlichen Dienst ist gem. Art. 33 Abs. 2 GG ein grundrechtsgleiches Recht, das den Staat dazu zwingt, bei der Definition des Anforderungsprofils nicht nur auf seine eigenen Interessen und die Interessen der Effizienz zu schauen, sondern auch die Interessen der Grundrechtsträger in den Blick zu nehmen. Der Staat darf die Eignungsvoraussetzung heute nicht mehr ganz frei gestalten, sondern muss Einschränkungen hinnehmen, um so den Berufswunsch des Einzelnen stärker zu berücksichtigen. Fragen der Teil-Dienstunfähigkeit, Fragen der sachlichen Rechtfertigung bestimmter Anforderungselemente sind deutlich stärker rechtfertigungsbedürftig als früher. Generelle Einschränkungen nach dem Motto, Frauen seien körperlich weniger leistungsfähig als Männer, bilden keine Rechtfertigung mehr, um den Polizeiberuf oder den Militärberuf der Hälfte der Bevölkerung vorzuenthalten. Erforderlich ist eine konkrete Betrachtung.

---

82 VGH BW, Urt. v. 26.11.1982, 4 S 819/80, NJW 1983, 1215.
83 OVG NRW, Beschl. v. 01.03.2016, 1 A 1459/14, juris Rn. 6.
84 BVerwG, Urt. v. 21.06.2005, 2 WD 12/04, juris Ls 8 = BVerwGE 127, 302 ff.
85 S. o. Fn. 70.
86 S. o. Fn. 50 ff.
87 S. etwa VGH BW, Urt. v. 24.06.2019, 4 S 1716/18, juris Rn. 39.

cc)   **Grundrechtsschutz im Beamtenverhältnis**

Der dritte und letzte Bereich ist der Grundrechtsschutz im Beamtenverhältnis. Gemeint ist der Bereich, der bei allen Beschäftigungsverhältnissen entstehen kann – in diesem Feld ist die Entwicklung relativ stark. Hier wurde über weite Strecken eine weitgehende Angleichung der Situation von Angestelltinnen und Beamtinnen erreicht. So gibt es bei den Kopftuchfällen und den Diskriminierungsfällen faktisch keinen Unterschied zwischen beamteten Betroffenen und angestellten Betroffenen im öffentlichen Dienst i. w. S. Unterschiede bleiben bestehen, sofern es um beamtenspezifische Pflichten geht. So sind etwa über die Mäßigungspflicht das allgemeine Persönlichkeitsrecht oder speziellere Grundrechte stärker eingeschränkt als beim Angestelltenverhältnis. So werden etwa private Trunkenheitsfahrten nur bei Beamtinnen geahndet,[88] ebenso die Verletzung von Pflichten, die nur für Beamtinnen gelten, wie das Streikverbot.

Die Stärkung des Grundrechtsschutzes ist dabei enorm: Noch 1961 hatte das BVerwG keine grundsätzlichen Bedenken gegen eine der vorläufigen Durchführungsverordnungen zu § 5 PBG, die bestimmte, dass Wachtmeister der kasernierten Einheiten der Schutzpolizei der Heiratserlaubnis bedürfen und dass diese vor Vollendung des 25. Lebensjahres nicht erteilt werden darf.[89] Heute ist das undenkbar. Das BVerwG war aber immerhin schon damals der Auffassung, dass die Versagung der von einem Beamten der Bereitschaftspolizei beantragten Erlaubnis zur Eheschließung jedenfalls dann gegen Art. 6 Abs. 1 GG verstößt, wenn zu besorgen ist, dass ein von dem Beamten bereits gezeugtes Kind unehelich geboren wird.[90]

Weitreichend ist etwa die Entwicklung beim einheitlichen Erscheinungsbild der Verwaltung. Das Verbot des Vollbarts wurde 1987 für möglich gehalten, sofern es notwendig war, zur Aufrechterhaltung einer gewissen formalen äußeren Ordnung, ohne die die Funktionstüchtigkeit uniformierter Personalkörper, wie insbesondere das Militär, nicht gewährleistet werden könne.[91] Noch 1991 hielt das BVerfG es für verfassungsgemäß, wenn – gestützt auf die Normen über die Dienstkleidung – der Dienstherr das Tragen von Ohrschmuck durch uniformierte männliche Zollbeamte untersagt, um auf diese Weise die Funktion der einheitlichen Dienstkleidung abzusichern.[92] Auch eine solche Regelung wäre heute nicht ernsthaft mehr denk-

---

88 S. z. B. VG München, Urt. v. 07.10.2014, M 13 DK 12.6122, juris.

89 BVerwG, Urt. v. 22.02.1962, II C 145.59, juris Rn. 36 = BVerwGE 14, 21 ff.

90 BVerwG, Urt. v. 22.02.1962, II C 145.59, juris Rn. 36 = BVerwGE 14, 21 ff., LS 1

91 BDiG Frankfurt, Beschl. v. 14.11.1983, XIV BK, 10/83, juris Rn. 17 f., aber abgelehnt für den Bundesgrenzschutz, wegen des Fehlens einer Dienstanweisung; ebenso VG Schles-Holst., Urt. 06.12.1979, II A 292/78, DÖD 1980, 119 f.

92 BVerfG, Kammer, Beschl. v. 10.01.1991, 2 BvR 550/90, juris Rn. 6; BVerwG Urt. v. 25.01.1990, 2 C 45/87, juris Rn. 13 ff.; ebenso VGH BW, Urt. v. 04.03.1986, 4 S 2875/85, juris = ZBR 1986,

bar. Immerhin fand das BVerwG aber schon 1984, dass ein Norm, wonach nur weiblichen, nicht auch männlichen Soldaten zur Betreuung und Pflege von Kindern unter sechzehn Jahren Sonderurlaub unter Wegfall der Bezüge gewährt werden konnte, eine unzulässige Geschlechterdiskriminierung darstelle.[93]

Beachtlich ist auch die Lockerung im Bereich der Gewährleistung der Unparteilichkeit und Unbefangenheit, sowie das Vertrauen in die Integrität der öffentlichen Verwaltung von Ruhestandsbeamtinnen. Ruhestandsbeamtinnen können durch ihre Tätigkeit nach heutiger Auffassung kaum noch das Ansehen des öffentlichen Dienstes beeinträchtigen. So darf etwa die Tätigkeit eines Ruhestandsbeamten der Deutschen Rentenversicherung Knappschaft-Bahn-See als selbständiger Rentenberater nicht allein unter Hinweis auf sein im aktiven Dienst erworbenes „Amtswissen" untersagt werden.[94] Allerdings bleibt es möglich, das Auftreten eines in den Ruhestand versetzten Richters als Rechtsanwalt vor dem Gericht, an dem er zuvor tätig war, begründe die Besorgnis der Beeinträchtigung dienstlicher Belange und rechtfertige es, ihm diese Tätigkeit für eine Übergangszeit zu untersagen.[95]

Weniger messbar, aber der Sache nach vorhanden, sind auch die Liberalisierungszüge beim Mäßigungsgebot und beim Treuegebot. Nach den Gerichten wird heute die Pflicht zur Mäßigung und Zurückhaltung in erster Linie erst dann berührt, wenn die Beamtin die jedem Bürger gezogenen Grenzen überschreitet, etwa Strafgesetze zum Schutze der Ehre verletzt. Darüber hinaus muss sie sich bei politischer Betätigung aber generell so verhalten, dass das Vertrauen der Allgemeinheit auf strikte Sachlichkeit und Objektivität seiner Amtsführung nicht gefährdet wird.[96]

So wird das Eintreten für extreme Parteien zwar heute immer noch missbilligt, aber nicht mehr so streng wie früher. Heute noch relevant sind Äußerungen in öffentlichen Talkshows wie: „[...] *mir geht sogar emotional die Massentierhaltung viel näher als Auschwitz. Alle 20 Minuten sterben 6 Millionen Tiere, das geht mir emotional viel näher. [...]*"[97] Auch heute noch darf sich eine Beamtin nicht nahezu täglich in kritischer Weise zur Bundesregierung und zur Person des damaligen Bundespräsidenten äußern,[98] die Partnerin eines Kollegen anonym beschimpfen,[99] und sich nicht als Gewerk-

---

334 ff.; s.a. VG Hamburg, Urt. v. 26.09.2012, 20 K 3364/10, juris Rn. 38; *Friedhelm Hufen*, Entscheidungsanmerkung, JuS 1991, 956 ff.

93 BVerwG, Beschl. v. 10.07.1984, 1 WB 121/83, BVerwGE 83, 320 ff.

94 VG Aachen, Urt. v. 26.06.2008, 1 K 1271/07, juris Rn. 28.

95 BVerwG, Urt. v. 04.05.2017, 2 C 45/16, juris Rn. 25.

96 VG Münster, Urt. v. 16.10.2009, 4 K 1765/08, juris Rn. 20.

97 VG Gelsenkirchen, Urt. v. 04.11.2015, 1 K 515/15, juris Rn. 20.

98 BVerwG, Urt. v. 31.08.2017, 2 A 6/15, juris Rn. 69.

99 BVerwG, Urt. v. 12.10.1983, 1 D 83/82, juris.

schaftsfunktionär in Uniform äußern.[100] So wie früher das Eintreten für die DKP untragbar war,[101] ist es heute das Eintreten für die NPD.[102]

Aber ob allein der Verkauf einer extremen Parteizeitung heute genügen würde, darf bezweifelt werden,[103] genauso wie allein das Vertreten verfassungsfeindlicher Ansichten.[104] Vielmehr ist heute auch ein Beamter berechtigt, Kritik zu artikulieren und für Änderungen bestehender Verhältnisse[105] einzutreten, oder als Referent für die AfD aufzutreten.[106]

So darf eine Beamtin heute beim Kampf ums Recht auch harte Worte gebrauchen.[107] Nicht zulässig ist es aber, in einem Schreiben im Rahmen eines Auswahlverfahrens um eine Beförderungsstelle dem Dienstherrn ohne Sachkenntnis ins Blaue hinein vorzuwerfen, offensichtliche Willkür im Rahmen der Personalpolitik zu betreiben sowie Gesetze und Vereinbarungen zur Integration Schwerbehinderter vorsätzlich nicht zu beachten.[108]

4. Grundrechtsschutz und Staatsverständnis

Die Reichweite des Grundrechtsschutzes im Beamtenverhältnis ist ein Seismograph für das Verständnis der Bedeutung des Individuums im Verwaltungsdienst. Ist der Mensch als Amtswalter Teil der Verwaltung oder bleibt er eine individuelle Person?

Im 19. Jahrhundert war das Verständnis klar. Als Beamtin ging die Person in der Verwaltung auf. Dies galt nur dann nicht, wenn sie verschuldet ihre Amtspflichten verletzte; dann wurde sie wieder zur Privatperson, weil sie haftete. Bekanntlich beruht bis heute der deutsche Amtshaftungsanspruch auf der Idee, dass eine Amtsträgerin, die rechtswidrig handelt, als individuelle Person haftbar bleibt (§ 839 BGB). Der Staat befreit sie für die Haftung für leicht fahrlässiges Handeln, um auf diese Weise vor einer eventuell haftungsrechtlich bedingten Beamtenstarre zu verhindern. Freundlicherweise leitete er zudem die Haftung auch auf sich selbst über.

Mit der schon genannten Strafgefangenen-Entscheidung hat das BVerfG den Grundstein für einen immer stärkeren Grundrechtsschutz gelegt, der

---

100 Hess. VGH, Beschl. v. 31.08.2011, 1 B 1413/11, juris Rn. 21.
101 BVerwG, Urt. v. 20.01.1987, 1 D 114/85, juris Rn. 17; s.a. BVerwG, Urt. v. 27.11.1980, 2 C 38/79, BVerwGE 61, 176 ff.
102 VG Wiesbaden, Beschl. v. 23.07.2018, 3 L 5382/17.WI, juris.
103 BVerwG, Urt. v. 09.06.1981, 2 C 24/79, BVerwGE 62, 280 ff.: Verkauf der kommunistischen Volkszeitung; s.a. VGH BW, Urt. v. 21.12.1976, IV 1244/76, Referat auf einer Schulkampfwoche von einem Referendar.
104 BVerfG, Beschl. v. 22.05.1975, 2 BvL 13/73, BVerfGE 39, 334 ff.
105 VG Wiesbaden, Beschl. v. 23.07.2018, 3 L 5382/17.WI, juris Rn. 66.
106 VG Würzburg, Beschl. v. 28.09.2018, W 1 E 18.1234, juris Rn. 26: Es wird nur kritisch, wenn dies in Kombination mit anderen Rednern geschieht, die verfassungsfeindliche Ziele aktiv verfolgen.
107 VG Düsseldorf, Urt. v. 23.02.2011, 31 K 7929/10, juris Rn. 14.
108 BVerfG, Beschl. v. 20.09.2007, 2 BvR 1047/06, juris Rn. 9.

gleichzeitig auch zu einer Veränderung unserer Wahrnehmung des öffentlichen Dienstes führte. Die jüngere Rechtsprechung ist durch die Bereitschaft geprägt, dem Personalkörper des Staates nicht mehr als monolithischen Block wahrzunehmen und wahrnehmen zu müssen. Differenzierungen im Erscheinungsbild und im Verhältnis zum Staat sind weitgehender erlaubt als früher. Kopftuch, Tätowierung, lange Haare, Riesen und Zwerge sind heute kein Problem mehr für den Personalkörper des Staates.

Äußerlich betrachtet ist der Grundrechtsschutz im Dienstrechtsverhältnis auf dem Vormarsch. Es gibt kein Feld, bei dem die Position des Staates im Dienstrechtsverhältnis stärker geworden ist, es gibt nur Fälle, bei denen der Verlust schneller und weniger schnell gekommen ist. Die Entwicklung des Grundrechtsschutzes im Beamtenrechtsverhältnis entspricht daher einer allgemeinen gesellschaftlichen Entwicklung hin zu stärkerer Ausbildung des Individualismus und dem Verlust des Werts des Gemeinwohls. Bereichsdogmatisch hat sie einen Teil der Aufgaben übernommen, die auch den hergebrachten Grundsätzen des Berufsbeamtentums gem. Art. 33 Abs. 5 GG zugewiesen werden können.

Die Stärkung des Grundrechtsschutzes der Beamtinnen ergeht nicht ohne Einbußen. Die Stärkung individueller Rechte von Beschäftigten eines so großen Personalkörpers lässt Kooperationsbedarf entstehen, erzeugt Reibungen und geht oft auf Kosten der Effektivität der Verwaltung. Die Vorstellung, eine stärkere Berücksichtigung der Individualität würde dazu führen, dass die Betroffenen sich als Person ernst genommen fühlen und sich daher verstärkt für ihren Dienstherrn ins Zeug legen, mag vertretbar sein, flächendeckend richtig dürfte sie dennoch kaum sein.

Fragt man nach den Gründen, weshalb dennoch der Staat nicht zerbricht, wird man die Antwort in dem Umstand finden, dass es sich die Verwaltung heute stärker als früher leisten kann, individuelle Reibungen aufzufangen, und zwar aus verschiedenen Gründen:

- Einer der Gründe ist, dass die Einheitlichkeit des Personalkörpers der öffentlichen Verwaltung heute nicht mehr so wichtig ist wie früher, weil der Einfluss der öffentlichen Verwaltung insgesamt zurückgegangen ist, insbesondere wegen der stärkeren Durchdringung des Rechts über den Grundsatz des Vorbehalts des Gesetzes und des Bestimmtheitsgebotes.
- Weiter nimmt die Bedeutung der Einheitlichkeit des Personalkörpers ab, weil durch die Digitalisierung und die erhöhten Rechenleistungen Zentralisierungswirkungen erreicht werden, die die Gleichförmigkeit des Personalkörpers nicht mehr in gleicher Weise erforderlich macht.
- Der dritte wesentliche Grund dürfte die Steigerung der Ökonomisierung der Verwaltung sein. Damit geht eine stärkere Angleichung der Verwaltung im Vergleich zur zivilen Wirtschaft einher. Die schlanke Verwaltung, die moderne Verwaltung, die Dienstleistungsverwaltung arbeitet ähnlicher als die Wirtschaftsverwaltung im Vergleich zur alten Hoheitsverwal-

tung mit der Folge, dass das Personalrechtsstatut sich stärker an die Wirtschaft angleichen können muss.

– Viertens ist auch der Umstand, dass das deutsche Beamtenrecht aus europäischer Sicht der Sache nach Arbeitsrecht ist, ein Grund dafür, dass die Grundrechtsstandards von Angestelltinnen einerseits und Beamtinnen andererseits sich auf weitgehend angleichen.

– Fünftens verändert sich auch die Erwartung der Bevölkerung an den Staat und seinen Personalkörper.[109] Dieser wird nicht mehr primär als Inhaber einer Hoheitsgewalt verstanden, die neutral und unpersönlich auszuüben ist, sondern mehr als umfassender Dienstleistungskonzern.

IV. Schluss

Will man die Entwicklung kennzeichnen, ließe sich mit einer gehörigen Portion von Theatralik sagen: Grundrechtsschutz besteht, Beamtenrecht vergeht und nur das Streikverbot überlebt.

---

109 Vgl. VG Darmstadt, Beschl. v. 27.05.2014, 1 L 528/14.DA, juris Rn. 54 (zu Tattoos).